Luigi De Marchi
Der Urschock

W0076821

Luigi De Marchi

Der Urschock

Unsere Psyche,
die Kultur
und der Tod

Aus dem Italienischen von
Christoph Helferich

Luchterhand
Literaturverlag

Titel der italienischen Originalausgabe:
Scimietta ti amo. Psicologia, cultura, esistenza:
da Neandertal agli scenari atomici

CIP-Titelaufnahme der Deutschen Bibliothek

DeMarchi, Luigi:
Der Urschock: unsere Psyche, d. Kultur u. d. Tod /
Luigi DeMarchi. Aus d. Ital. von Christoph Helferich. –
Darmstadt: Luchterhand-Literaturverl., 1988
Einheitssacht.: Scimietta ti amo ⟨dt.⟩
ISBN 3-630-88027-4

Lektorat: Wieland Eschenhagen
Herstellung: Friedrich Weskott

© 1988 für die deutschsprachige Ausgabe by Luchterhand
Literaturverlag GmbH, Darmstadt
© 1984 by Longanesi & Co., Mailand
Gesamtherstellung: Clausen & Bosse, Leck
ISBN 3-630-88027-4

Für Daniela

Seit langem schon, seit sie auf so schreckliche Weise gestorben war, waren meine naturalistischen Mythen in eine Krise geraten. Ich sah im Menschen nicht mehr den mißratenen Sohn einer guten und weisen Natur – der modernen Version des alten, bärtigen Lieben Gottes –, sondern einen ebenso unglückseligen wie phantastischen Affen des kosmischen Laboratoriums. Zwar war dieser Affe wegen der extremen Spannungen seiner existentiellen Lage ziemlich verrückt, aber es war ihm doch auch gelungen, mit seinen Flohaugen das Universum zu erforschen und von Liebe und Harmonie, von Freiheit, Recht und einem unbeschränkten Glück zu träumen, um sich gegenüber dem gnadenlosen und eintönigen Dschungel der Natur zu behaupten.

Eines Morgens sah ich plötzlich auf der Mauer eines ruhigen römischen Sträßchens hinter meinem Haus die gigantische Botschaft eines jungen Mannes an seine Freundin: »Äffchen, ich liebe dich!« Und ich fühlte sofort, daß diese Worte auch meine neue und endgültige Liebeserklärung an den Menschen waren.*

---

* »Äffchen, ich liebe Dich!« lautet der italienische Originaltitel dieses Buches. (*Der Übersetzer*)

Inhalt

Einführung in die existentielle Psychopolitik

> Weder die Sonne noch den Tod
> kann man mit starren Augen
> betrachten.
>
> *Francois de la Rochefoucauld*

Mit *Sesso e civiltà* (1959) [Sexualität und Kultur], meinem ersten
Buch, bis hin zu *Psicopolitica* (1976) [Psychopolitik] habe ich eine
differenzierte Analyse der soziokulturellen Dynamiken erarbeitet, die ich mit dem Begriff »Psychopolitik« definiere. Diesen Neologismus[1] verwende ich absichtlich, um den umfassenden und neu-
artigen Charakter dieses Zugangs gegenüber seinen Vorgängern
zu unterstreichen: gegenüber Wilhelm Reich, Erich Fromm und
anderen Neofreudianern wie auch Marcuse und der Frankfurter
Schule im allgemeinen.

Für die Werke dieser Autoren waren immer zwei Schranken be-
stimmend geblieben: 1) die Beschränkung der Untersuchungen
auf bestimmte Bereiche (konzentriert entweder auf den Faschismus oder die calvinistischen Ursprünge des Kapitalismus oder auf
die Dritte Welt und den Neokapitalismus); 2) die Unfähigkeit,
einige theoretische Voraussetzungen des Marxismus zu überwinden und den psychologischen Faktoren eine vorrangige, autonome
Stellung im historisch-sozialen Prozeß zuzubilligen. Selbst bei
Reich, dem bedeutendsten Vorläufer des psychopolitischen Ansatzes, fehlt ein systematischer Versuch, die Psychologie der Massen und der Führungseliten auch auf die anderen Gebiete des sozialen Ganzen auszudehnen; bis zum Ende der 30er Jahre bleibt
Reich dem Marxismus verhaftet, um dann auch die psychologische
Forschung aufzugeben und sich der biologischen und biophysi-
schen zu widmen.

Was Fromm betrifft, so hat er ein besonderes Werk dem Nachweis der »Überlegenheit« von Marx über Freud und dem ökonomischen Zugang zur Analyse der Gesellschaft Vorrang vor dem
psychodynamischen gewidmet. Nicht zufällig ist dieses Buch Ende
der 60er Jahre erschienen, zu einer Zeit, als der Marxismus

den größten Anklang fand. Wie ich bereits in meiner Biographie über Reich nachwies,[2] ist Fromms ganzes Werk von der stillschweigenden Übernahme zahlreicher Begriffe von Reich sowie der unwiderstehlichen Tendenz erfüllt, sich nach den gerade gängigen Moden zu richten, vom Roosevelt-Reformismus der 30er und 40er Jahre zur radikalen Systemkritik der 60er bis hin zur mystischen Gegenbewegung der 70er Jahre.

Die Psychopolitik war daher nicht nur auf nationaler, sondern auch auf internationaler Ebene der erste Versuch, die verschiedenartigsten Phänomene und gesellschaftlichen Probleme unter einem psychologischen Blickwinkel zu betrachten.

Als ich mit *Sesso e civiltà* den ersten Schritt unternahm, habe ich bereits in den 50er Jahren mit dem psychopolitischen Ansatz nicht nur den italienischen und deutschen Faschismus psychodynamisch zu analysieren versucht (wie dies Reich und Fromm unternommen hatten), sondern auch den Kommunismus leninistischer, stalinistischer und maoistischer Varianz und ihre Abwandlungen; nicht nur den politischen Fanatismus, sondern auch den religiösen; nicht nur die ökonomische Pathologie, die der Kapitalismus hervorgebracht hat, sondern auch die des Stalinismus. Kurz, nicht nur bestimmte politische Probleme der 30er Jahre, sondern die wichtigsten politischen, ökonomischen, ökologischen, demographischen und kulturellen Themen der Gegenwart.

Meine psychopolitische Methode hat sich im Laufe von etwa zwanzig Jahren weiterentwickelt. Aber schon von Anfang an erlaubte sie es, einige grundlegende Irrtümer der marxistischen Linken präzise zu erfassen und – weit früher als die »Neuen Philosophen« und andere »avantgardistische« Intellektuelle – ihren unvermeidbaren Zusammenbruch vorherzusehen. Ich glaube, daß diesbezüglich einige Zeilen aus dem Jahre 1963 genügen:

»Die geschichtliche Wirklichkeit und die psychopolitische Analyse zwingen uns zur Einsicht, daß die marxistischen und leninistischen Theorien keine Gültigkeit mehr beanspruchen können. Es ist die Absicht dieses Buches, die fortschrittlich Gesinnten zu ermahnen, daß es an der Zeit ist aufzuwachen. Sie müssen aufhören, mit Theorien und einer Politik zu spielen, welche die Volksmassen unzähliger Länder ins größte Elend stürzten, selbst wenn dieser Weg häufig als strahlender Sieg ausgegeben wurde und nicht selten auch so erschien. Es ist an der Zeit zu begreifen, daß die ökonomischen Revolutionen, denen soviele Energien, soviele Rechte und soviele Menschenleben geopfert wurden, trotz all des Lärms der marxistischen Politisierer nicht in der Lage sind noch jemals sein werden, die grundlegenden Probleme des Menschen und der Gesellschaft zu lösen. Dies vor allem deshalb, weil sie gerade die wesentlichen psychischen Faktoren der sozialen Dynamik vernachlässigen. Es ist an der Zeit, das soziale Handeln ausgehend von der Grundthese der Psychopolitik neu zu bestimmen: daß die Brücken der Geschichte auf den Charakterstrukturen der Massen und der Führungseliten und auf den Pfeilern der psychischen Konditionierungen ruhen, so daß die ökonomischen, ideologischen und institutionellen Flüsse, die unter diesen Brücken hindurchströmen, wenig oder gar keine Bedeutung besitzen.«[3]

Wenn ich heute diese Zeilen wieder lese, die den gerade gängigen »mutigen Infragestellungen« der offiziellen Kultur um fünfundzwanzig Jahre vorauseilten, kann mich die Erinnerung an die vergifteten Jahre des linken Jargons nur mehr verbittern – die Erinnerung an den platten intellektuellen Konformismus, der sich je nach Mode hinter bunten Etiketten versteckte (*contestazione, maoismo, situazionismo, movimentismo, autonomia*, etc.)*, und an die Isolierung, ja die Lynchjustiz, der ich wegen meiner beharrlichen Behauptung ausgesetzt war, der Marxismus-Leninismus als Theorie und Praxis des 19. Jahrhunderts habe auch für die Zukunft ausgedient. In diesen Jahren wurde ich in Artikeln und anonymen Anrufen von Potere Operaio bedroht – jener Gruppierung, aus der dann die Roten Brigaden und andere terroristische Organisationen hervorgegangen sind. Flugblätter wurden auf den Plätzen verteilt und Demonstrationen veranstaltet, auf denen ich als »Agent der CIA« verleumdet wurde. In diesen Jahren riß das intellektuelle Mittelmaß die akademische und politische Macht an sich (die es noch heute besitzt – als Statthalter der gesellschaftlichen Reaktion.) Aber mehr noch verbittert mich der Gedanke, wieviel nachgerade biblisches, überflüssiges Leid gelitten und Millionen von Kindern und Erwachsenen angetan wurde durch die zahllosen, voreiligen, arroganten Gleichsetzungen von marxisti-

---

* Diese Termini, die im Italien der 70er Jahre nach dem Motto: *sinistra è bello* – »Links ist schön« – in aller Munde waren, bezeichnen basisbezogene und aktionistische Strömungen innerhalb der italienischen Linken. (*Der Übers.*)

scher Ideologie und Revolution, von staatlicher Planwirtschaft und sozialer Gerechtigkeit. Das Beispiel der vietnamesischen Tragikomödie, die verzweifelte Flucht der Massen vor den kommunistischen »Befreiern«, soll hier stellvertretend für viele andere genügen.

Obwohl sich meine psychopolitische Forschungsrichtung in wesentlichen Punkten vom Denken der »Gründerväter« der Sozialpsychologie nach Freud unterscheidet, teilte sie vom Ende der 50er bis in die Mitte der 70er Jahre dennoch immer die *kultur-* bzw. *umweltbezogene* Generalthese, die all jenen Denkern gemein ist. Diese These besagt, daß der gegenwärtigen gesellschaftlichen Tragödie (und darüber hinaus der jahrtausendelangen Kette von Leid und Gewalttätigkeit in der menschlichen Geschichte) immer nur repressive Sozialstrukturen und Erziehungsmethoden zugrunde liegen. Eine »kranke Gesellschaft« also, welche die von Natur aus gesunden, heiteren, friedfertigen, kooperativen und freudvollen Menschen entstellt und vergiftet hat. Nach und nach hat sie sie in Henker und gefügige Opfer verwandelt, in Ausbeuter und Ausgebeutete. So wurden sie zu – mehr oder weniger bewußten – Helfershelfern bei der beständigen Fortsetzung der menschlichen Tragödie.

Es ist bekannt, daß dieser Ausgangspunkt kürzlich auch in bezug auf die Erhebungs- und Beobachtungsmethoden seiner Begründer angefochten worden ist. Margaret Mead, »Heilige Kuh« der amerikanischen Kulturanthropologie und Begründerin der Umwelttheorie, war in den letzten Jahren Zielscheibe einer heftigen Kritik (Derek Freeman,[4] Marvin Harris und andere). Der idyllischen Beschreibung der Samoa-Gesellschaft, die sie 1929 mit ihrem berühmten Werk *Kindheit in Samoa* lieferte, haben diese Autoren jegliche wissenschaftliche Aussagekraft abgestritten.

Wie jede nur von der Umwelt ausgehende Deutung der menschlichen Konfliktbereitschaft, konnte auch die Psychopolitik nicht erklären, wie es ursprünglich zu den kranken Persönlichkeiten und Gesellschaften kommen konnte. Hatte sich einmal eine destruktive Charakterstruktur entwickelt – sei sie nun fanatisch, repressiv oder ausbeuterisch –, war es zweifellos einfach zu verstehen, wie sich über die Erziehungskonditionierung die vergifteten Sozialstrukturen reproduzieren und verewigen konnten, die von jenen Personen und Gruppen geschaffen worden waren. Aber wie war die kranke und destruktive Charakterstruktur entstanden? Wie hatte sie sich in einer vorzivilisatorischen Epoche bzw. zumindest parallel zur Entstehung der frühesten Formen menschlicher Kultur durchsetzen können? Wenn, wie Reich, die Neofreudianer und alle anderen geistigen Erben Rousseaus anzunehmen scheinen, daß der ursprüngliche Mensch gut und gesund war und erst nach und nach von krankhaften Gesellschaftsstrukturen verdorben wurde – woher kommen dann diese Strukturen, die ihn krank gemacht haben? Wie konnte eine so kranke menschliche Kultur entstehen? Nicht einmal der Marxismus ist viel weitergekommen mit seinem Versuch, die »historischen Bedingungen« des Übergangs vom glücklichen Urkommunismus zur Hölle des Besitzpatriarchats zu erklären. Wenn ersterer den wirklichen Bedürfnissen des Menschen um so viel mehr entsprochen hat – wie konnte sich nur das Folgende durchsetzen und über die ganze Welt verbreiten?

Reich selbst hat sich schließlich dieser Frage gestellt und Anfang der 30er Jahre mit dem Werk *Der Einbruch der Sexualmoral* eine erste Antwort versucht. In dieser geistreichen anthropologischen Untersuchung entdeckt er im Brauchtum der Mitgift die Ursache für die Ungleichheit des Besitzes, verantwortlich für die Herausbildung der frühesten repressiven Sozial- und Charakterstrukturen in den ursprünglichen mutterrechtlichen Kulturen. Aber auch diese »Erklärung« hat mehr Widersprüche in die Welt gesetzt als gelöst. Selbst wenn man zugeben mag, daß das Brauchtum der Mitgift Ursache einer tiefwurzelnden, fundamentalen Ungerechtigkeit war, so bleibt die Frage bestehen, warum es nur von den frühesten Menschen erduldet bzw. ihnen auferlegt worden ist – die doch per definitionem gut allen Gewalttätigkeiten abgeneigt und unfähig zur Ausbeutung der Nächsten waren; die doch, um die Terminologie von Reich zu verwenden, »genital« waren. Wie konnte also, kurz gesagt, das gesellschaftlich Schlechte in Gestalt von Unglück, Ausbeutung, Gewalt, Habsucht, Unterdrückung, Entfremdung und Angst aus dem natürlich Guten entstehen, d. h. auf einem natürlichen Boden von weiser Güte, von persönlicher und gesellschaftlicher Harmonie? Vielleicht stellte sich Reich unter dem Druck dieser uneingestandenen Probleme in den letzten Jahren seines Lebens die Frage, ob der Muskel- und Charakterpanzer nicht einen vorkulturellen Ursprung haben könnte. In unserer ver-

härteten und verzerrten psychophysischen Struktur sah er über-
deutlich die eine zentrale Ursache für den Niedergang des persönlichen und sozialen Lebens in den menschlichen Gesellschaften.
Hatte sie sich aus endogenen Kräften in den ersten Individuen entwickelt, welche die frühesten embryonalen Formen von repressi-
ver Kultur hervorgebracht haben? In der *Cosmic Superimposition*
schreibt er:

»Der gegenwärtige soziokulturelle Zwang zum Charakter- und
Muskelpanzer bedeutet nicht notwendigerweise, daß es von Anfang an immer gesellschaftliche Ursachen waren, die den Prozeß
der Panzerung in Gang setzten. Eher scheint das Gegenteil möglich: Der Prozeß der Panzerung war möglicherweise eine vorgängige Gegebenheit, und die sozialökonomischen Vorgänge, die
heute und über die ganze geschriebene Geschichte der Mencheit
hinweg die gepanzerte Person reproduziert haben, waren die ersten, wichtigen *Folgen* der biologischen Aberration des Menschen.«[5]

Von dem Ungenügen der ausschließlich auf kultureller Ebene
basierenden Erklärungsansätze zu diesem schmerzlichen Einge-
ständnis gezwungen, schlägt Reich dann dennoch eine äußerst
sonderbar anmutende Deutung der vorkulturellen Pathologie des
Menschen vor:

»Wenn man sich von der Erforschung der kognitiven Prozesse
her ein Urteil bildet, so ist nichts der Bestürzung des Menschen
vergleichbar, die ihn angesichts der Entdeckung seiner Fähigkeit
überkommt, innerhalb seiner selbst und der ihn umgebenden Natur zu denken. Im Bewußtsein dieser seiner besonderen Art und
Weise, zu sein und zu funktionieren, hat sich der Mensch unwill-
kürlich gegen sich selbst gewehrt. Nicht auf destruktive Weise,
aber in einer Art, die sehr wohl der Beginn seines Panzerungs-
prozesses gewesen sein kann. Von der Beobachtung schizophre-
ner Abläufe her sind wir gut darüber unterrichtet, daß ein allzu
intensives Innewerden der Selbstwahrnehmung zu einer Spaltung
der Einheit des Organismus führt. [...]Können wir weitergehen
und in den ersten, jähen Erfahrungen des Ich den frühesten
Schritt zum mystischen und transzendentalen Denken, zur
menschlichen Panzerung sehen? Die Annahme ist legitim, daß
der Mensch im Verlauf solcher Erfahrungen in irgendeiner Weise
erschrocken ist und zum ersten Mal in der Geschichte der Gat-

tung angefangen hat, sich gegen diesen innersten Schrecken, diese innerste Erschütterung zu panzern.«[6]

Und auch die Angst vor dem Orgasmus, deren soziokulturelle Ursachen Reich so eindringlich analysierte, wird auf den letzten Seiten der *Cosmic Superimposition* ganz unvermittelt als vorkulturelles Phänomen präsentiert, und zwar unabhängig von und vorgängig zu den repressiven Formen der Kultur:

»Der ursprüngliche Mensch muß gespürt haben, daß sein unwiderstehlicher Drang zur genitalen Umarmung ihn seine Selbstkontrolle verlieren lassen würde, und so hat er ihn auf ein bloßes Fragment von fließender, konvulsivischer Natur reduziert. Hier kann die Hauptursache jener Angst vor dem Orgasmus liegen, die wir heute gut kennen.«[7]

Der gewöhnlich so klare und konsequente Verstand von Reich scheint sich hier plötzlich zu trüben. Warum nur soll der ursprüngliche Mensch soviel Bestürzung und soviel Angst in Anbetracht von Phänomenen wie Selbstwahrnehmung und Orgasmus gehabt haben? Was nur sollte ein weder unterdrücktes noch neurotisches Bewußtsein – ein mit der freundlichen Natur befreundetes Bewußtsein – von der Wahrnehmung dieser eigenen Naturhaftigkeit befürchten können? Von einer Lust, die der ganze Organismus ersehnt, und die er aus atavistischem Instinkt als äußerst intensiv, wohltuend und regenerierend erfuhr? Um das Rätsel des Widerspruchs von Natur und Kultur zu lösen, entwickelt Reich eine Erklärung, die selbst widersprüchlich ist. Auch wenn in der Logik zwei Negationen eine Bejahung hervorbringen können, so können zwei Widersprüche noch lange keinen Zusammenhang stiften. Für die Erforschung dieses vorkulturellen Ursprungs von Angst, Deviation, Veränderung der biologischen Gleichgewichte, kurz: der Panzerung des Menschen, kann uns Reich also nicht viel weiterhelfen. Wie übrigens auch nicht, um der Wahrheit die Ehre zu geben, die Mehrheit der Psychologen und Kopfakrobaten.

Anfang 1977 habe ich für die römische Tageszeitung *Il Messaggero* eine Besprechung von *Biopathie des Krebs* geschrieben, ein Werk von Reich, in dem er als wichtigste Ursache von Krebs die Vergiftung und Degeneration der Gewebe ausmacht. Diese sei Folge einer lokalen und allgemeinen Unterversorgung mit Sauerstoff, die wiederum in vielen menschlichen Organismen von chronischer Angst und ihren typischen physiologischen Folgeerscheinungen abhängt (reduzierte Atmung, lokale und allgemeine Muskel- und Gefäßkontraktion). In dieser Besprechung erhob ich unter anderem folgenden Einwand:

»Nach Reich wird die Angst und die von ihr verursachte Rigidität des Organismus vor allem durch die Unterdrückung der natürlichen Sexualität erzeugt. Meiner Meinung nach ist das jedoch eine Reduktion, die man nicht akzeptieren kann. Auch wenn die sexuelle Unterdrückung zweifellos eine primäre Ursache von Angst ist, so ist sie jedoch sicher weder die einzige noch stets die wichtigste: Ich denke hier vor allem an das Bewußtsein und die angstbesetzte Erwartung des Todes, die vom Vernunftalter an das ganze Leben eines Menschen begleiten. Dies könnte zur Erklärung beitragen, warum u. a. der Krebs – von Reich als Folge einer von Angst hervorgerufenen Kontraktion und allgemeinem Sauerstoffmangel interpretiert – eine fast ausschließlich auf den Menschen beschränkte Krankheit ist. Sie ist außerdem besonders unter den Erwachsenen industriell fortgeschrittener Gesellschaften verbreitet, in denen die Unsterblichkeitsversprechen der Magie und der überlieferten Religionen am stärksten erschüttert sind.«

Eine spätere, tragische Erfahrung hat mich gezwungen, zu diesen Intuitionen und Überlegungen zurückzukehren. So sind mir auch die absurden Züge der berühmten Kontroverse über den sogenannten *Todestrieb* klargeworden, die Freud und Reich und ganze Generationen von Psychologen getrennt hat. Reich hat sicherlich Recht: Es gibt in der Tat keinen Todestrieb. Es gibt keinen unbewußten Wunsch nach Selbstzerstörung, wie es Freud so sonderbar wie hartnäckig angenommen hat, um ein Phänomen wie den Masochismus zu deuten. Dieser kann entschieden besser etwa in Begriffen der rituellen Entsühnung oder eines gegen sich selbst gerichteten Sadismus erklärt werden, wie dies Reich und der junge Freud selbst zu erklären versuchten. Aber auch Reich ist nicht im Besitz der ganzen Wahrheit. Denn wenn es wahr ist, daß die Neigung des Menschen, sich und anderen furchtbares Leid aufzuerlegen, häufig Folge einer vergifteten Gesellschaft ist, so ist aber ebenfalls wahr, daß es etwas viel Schrecklicheres gibt als den Todestrieb, wie ihn Freud angenommen und Reich bestritten hat: *Es gibt den Tod, die Angst vor dem Tod und, beim Menschen, das Bewußtsein vom Tode.* Eines Todes, dessen erschreckender Schatten im Körper und im Herzen des Menschen hundertfach vergrößert wird durch die besondere Errungenschaft der menschlichen Psyche: das Bewußtsein; die Fähigkeit oder genauer die Notwendigkeit, an die Zukunft zu denken und sich zu erinnern; schließlich das Bedürfnis nach affektivem Austausch mit den geliebten Personen, das bis hin zum Wunsch nach völliger Verschmelzung gehen kann.

Aber wo ist der Tod, als diese für das menschliche Leben spezifische, beängstigende Gegenwart, in den Theorien von Freud, von Reich und ihrer orthodoxen oder häretischen Nachfolger? Es gibt ihn nicht. Er ist verdrängt worden, und zwar nach einem Mechanismus, den Freud und Reich für andere beängstigende und unerträgliche Gefühle genau untersucht haben. Die größte aller Ängste, die Angst zu sterben, haben sie nicht wahrgenommen.

Nach dem Modell von Freud besteht das Drama des Menschen lediglich im Konflikt zwischen den Erfordernissen der Kultur, die den schmerzlichen Verzicht auf die hemmungslose, anarchische Lust der animalischen Lebenswelt auferlegt, und den Bedürfnissen des Instinkts, die beständig die verfeinerten Errungenschaften und die moralischen Werte der Kultur gefährden. Nach dem Modell von Reich hingegen besteht das Drama des Menschen lediglich im Konflikt zwischen der guten, gesunden und weisen Natur – unberührt, würde sie dem Menschen volles Glück und gesellschaftliche Harmonie schenken – und der repressiven Kultur, die von Entartungen und Übeln vergiftet ist. Reich analysiert sehr genau einige Mechanismen und deren Fortdauer – nicht aber ihre Entstehung.

Als braver Viktorianer scheint Freud niemals an die Möglichkeit gedacht zu haben, daß in freien und vitalen Menschen animalische Lust und intellektuelle, künstlerische, ja religiöse Erfahrungen durchaus harmonisch miteinander leben und sich ergänzen können, so daß der von ihm so scharf gesehene Konflikt zwar geschichtliche Realität besitzt, keineswegs jedoch unlösbar und unüberwindbar ist. Reich wiederum scheint, wie alle Naturalisten im Fahrwasser Rousseaus, nicht die Gewalt, die Brutalität, das grausame Leiden und die Indifferenz zu sehen, die das organische Leben von seinen frühesten Anfängen an verwundet und zerrüttet haben, wie es die großen »Pessimisten« von Buddha bis Schopenhauer und Leopardi mit soviel Mut gezeigt haben. Freud wie auch Reich verdrängten, jeder auf seine Weise, den Tod als eine spezifisch menschliche, durch Erinnerung, Anteilnahme und die Gewißheit des Kommenden intensivierte Angst aus ihrem kritischen Horizont. Wie wir noch zeigen werden, führte diese Verdrängung bei Freud zu sehr merkwürdigen und kühnen Deutungen des menschlichen Verhaltens; bei Reich führte sie über seine interpretativen Verdrehungen hinaus auch zu paranoidem Wahn und – wie bei messianischen Persönlichkeiten obligat – zur Idee eines geheimnisvollen, außerirdischen Vaters.

Dieser Verdrängungsprozeß hatte sich jedoch im Laufe der Jahrhunderte bereits als eine Grundkonstante menschlichen Denkens verankert und bestimmt nun auch einen wesentlichen Teil der psychologischen und psychiatrischen Forschungen. Begründet, um die Angst zu verstehen und zu heilen, verdrängen diese paradoxerweise selbst nun ihre Prämissen.

Wenn wir hingegen unsere älteste Verdrängung auflösen, wenn wir uns unserem letzten und ersten Tabu stellen, wenn wir zugeben, daß es für den Menschen als Individuum wie als Gattung charakteristisch ist, die Erwartung und Erfahrung des eigenen Todes und des der anderen unendlich bedrängender und präsenter zu erleben als jeder andere Organismus, dann können wir uns – da wir ihn doch täglich in uns selbst erfahren – mühelos den beständigen Stachel der Angst vorstellen, den das Bewußtsein des Todes in den ersten Menschen ausgelöst haben muß, entsteht dieses Wissen doch parallel mit der Ausbildung des Selbstbewußtseins überhaupt. Dann können wir auch sehr gut verstehen, wieviel psychische und somatische Abwehr – wieviele Charakter- und Muskelpanzer, um Reichs Terminologie zu verwenden – der Mensch schon in vorkultureller Zeit gegen diese immer wiederkehrende Angst aufbauen mußte. Dann wird auch der Grund für die Entstehung einer bereits in den Ursprüngen neurotisch-angstvollen menschlichen Kulturwelt plausibel, die aus der Erkenntnis des Todes geboren und zur Abwehr eines unabwendbaren Schicksals bestimmt war. Von dieser existentiellen Perspektive aus nehmen die Institutionen und die verschiedenartigsten kulturellen Phänomene ganz unvermutete Dimensionen und Bedeutungen an.

Gewiß bin ich mir der Probleme bewußt, welche die neue, existentielle Betrachtungsweise aufwirft: z. B. in der Frage, welche Relevanz die kulturellen Deutungsmuster haben. Ich will auch nicht leugnen, daß dieser neue Ansatz gewisse revolutionäre Begeisterungen der umweltbezogenen Psychopolitik dämpfen wird, die ich selbst zwischen den 50er und 70er Jahren entwickelt habe.

Die Hauptthese der Psychopolitik jedoch scheint auch durch die herben Konsequenzen, zu denen ich in den letzten Jahren meiner Arbeit gelangt bin, nicht entkräftet zu werden: daß nämlich die großen Linien des geschichtlichen Prozesses von einigen psychischen Mechanismen und Faktoren bestimmt werden, die relativ einfach sind und die im wesentlichen dieselben bleiben, jenseits – oder diesseits – des stürmischen Wechsels der verschiedenen ökonomischen, ideologischen und institutionellen Faktoren, denen die herkömmlichen Humanwissenschaften bisher höchste Bedeutung zugemessen haben.

Leider hat die vorliegende, relativ allgemein gehaltene Auseinandersetzung mit den wesentlichen Faktoren des Ursprungs und der Entwicklung der menschlichen Kultur in vielen Fällen eine eher schematische und summarische Abhandlung erfordert. Ich bin mir dessen schmerzlich bewußt. Andererseits war sie der unvermeidliche Preis, um in wenigen und möglichst klaren Begriffen ausschlaggebende Probleme aus verschiedensten Gebieten behandeln zu können – von der Anthropologie zur Religionsgeschichte, von den Sozialwissenschaften zur Philosophie, von der Psychologie zur Kunstgeschichte – indem sie einheitliche Verbindungslinien zu ziehen und zu einem radikal neuen Verständnis zu gelangen versucht.

1 Tod und Kultur: Der Urschock

Daß er bei seinen Toten wacht,
unterscheidet den Menschen
von den anderen Tieren.

Miguel de Unamuno

In dieser Studie versuche ich, in großen Zügen den vielfältigen Reaktionen nachzugehen (den religiösen, ökonomischen, demographischen, philosophischen usw.), die der *existentielle Schock* und die ihm folgenden Abwehrmechanismen in der menschlichen Kultur hervorbrachten. Unter »existentiellem Schock« verstehe ich das erste, wesentliche Trauma, das der menschliche Affe erlitten hat, als er sich der Unausweichlichkeit des eigenen Todes bewußt wurde. Seine besonderen intellektuellen und emotionalen Fähigkeiten verstärkten seine Todesangst und den Schmerz über den Tod seiner Nächsten um ein Vielfaches.

Es ist unglaublich, wie wenig Beachtung die Humanwissenschaften dieser Flut von Angst, Panik und Verzweiflung schenkten, welche die Psyche des menschlichen Affen überschwemmte, seitdem er seine typische, tragische Eigenschaft entwickelte, sein tödliches Schicksal vorauszufühlen, in gesundem oder krankem Zustand den Tod zu vergegenwärtigen, ihn zu erwarten, seine Anwesenheit in jedem Augenblick zu argwöhnen, an der Agonie und dem Tod der geliebten Personen schmerzvoll Anteil zu nehmen und diese tägliche Qual in der Erinnerung, in Trauer und angstvoller Voraussicht zu wiederholen.

Ein unanfechtbarer Nachweis, daß das Entstehen von Kultur selbst in ihren ersten Ursprüngen in diesem Schock gründet, kann aus einsichtigen Gründen nicht geführt werden: Niemals werden wir mit Sicherheit wissen, wie und wann diese oder jene Gruppen von Hominiden sich anschickte, eine Kultur zu schaffen. Es ist im Gegenteil notwendig klarzustellen, daß wir hier unter »Kultur« nicht die sogenannte »materielle Kultur« verstehen (Siedlungen, Werkzeuge, Waffen usw.), welche die Menschen der frühen Altsteinzeit übrigens in mancher Hinsicht mit verschiedenen Tieren

20

teilen. Bezeichnenderweise ist es dieser Begriff von Kultur, den die altbekannte Gruppe von Gelehrten in Gleichklang mit den marxistischen Moden in den 60er und 70er Jahren bevorzugt hat. All das, was der Kulturbegriff der klassischen Anthropologie als wesentlich zum Menschen gehörig auffaßt, wurde von ihnen als »Überbauphänomen« abgetan.[1] Als gute Marxisten blickten sie mit nachsichtiger Ironie auf die Anthropologen herab, die sich über verschiedene »Erscheinungen des Überbaus« ereiferten, anstatt sich auf die »Basis« zu konzentrieren, selbstverständlich die ökonomische, welche der »Wissenschaftliche Sozialismus« zur Grundlage alles Menschlichen stilisiert.

Niemals auch tauchte der geringste Verdacht auf, daß gerade in ihrem »objektiven« Zugang die wirkliche Flucht vor der Realität liegen könnte, eine Flucht, die ihnen die tiefliegenden psychischen Dynamiken verschließt. Für den Aufbau der menschlichen Kulturen in ihren religiösen, ethischen, künstlerischen, sozialen und politischen Aspekten sind diese jedoch entschieden bedeutsamer als die ökonomischen Faktoren.

In Übereinstimmung mit der klassischen Definition von Edward B. Tylor, einem der Väter der Kulturanthropologie, verstehen wir hier also unter Kultur »jenes komplexe Ganze, das die Formen des Wissens, die Glaubensüberzeugungen, die Moral, die Sitten, das Recht, die Kunst und jedwelche andere Fähigkeit oder Gewohnheit umfaßt, die der Mensch als Mitglied einer Gesellschaft erworben hat« (*Primitive Culture*, 1871). Dies ist übrigens auch die Bedeutung des Begriffs »Kultur«, der seit mehr als einem halben Jahrhundert in der amerikanischen Kulturanthropologie vorherrscht. Dort ist es eine Selbstverständlichkeit, daß die Kultur ein universelles, charakteristisches und ausschließlich dem Menschen zugehöriges Merkmal darstellt, das in der Tierwelt völlig fehlt.[2]

Dieses andererseits auch rätselhafte Phänomen Kultur, das laut Tylor typisch und ausschließlich zum Menschen gehört, während die materielle Kultur auch bei verschiedenen Tierarten zu finden ist, scheint mir nachgerade ein letzter Beweis für die Grundthese unserer Untersuchung zu sein: Wenn, wie hier behauptet wird, der Ursprung der menschlichen Kultur in einem existentiellen Schock gründet, d. h. in der typisch menschlichen Angst, wie sie sich aus dem Bewußtsein, der Erwartung und der teilnehmenden Erfahrung des Todes von anderen ergibt und wie diese Angst bewältigt wird, so ist es logisch, daß diese Kultur nur unter den Menschen anzutreffen ist, während technische Fertigkeiten und materielle Kultur auch unter den Tieren beobachtet werden können.

Erforschen wir nun die Ursprünge von Kultur im tylorschen Sinne, stoßen wir sofort auf eine ebenso bedeutsame wie weitgehend unbeachtete Tatsache. Die ältesten bisher bekannten Funde menschlicher Kultur (bzw. von menschlichen Tätigkeiten, die einen Glauben ausdrücken) sind die Grabstätten der Neandertaler aus der mittleren Altsteinzeit: unmißverständliche Zeugnisse einer Reaktion auf die Todesangst. Diese Grabstätten bezeugen mit Gewißheit das Vorhandensein einer urtümlichen gedanklichen und kulturellen Arbeit, die sich um die Negation des Todes dreht. Die Leichname liegen bereits in ritueller Haltung – auf einer Seite, zusammengekauert –, die auf zweierlei Weise gedeutet worden ist. Nach Ansicht einiger Forscher wurde diese Position gewählt, weil sich so Hände und Füße des Toten leichter zusammenbinden ließen (wie dies in späteren prähistorischen und historischen Kulturen geschah); andere wiederum meinen, sie symbolisierte treffend die Wiedergeburt des Toten im Schoß der Mutter Erde.[3] Für beide Interpretationen ist es jedoch evident, daß hier eine mythisch-phantastische Verarbeitung der Todesverneinung zum Ausdruck kommt, also ein bestimmter Glaube an die Fortsetzung des Lebens jenseits des Todes.

Bei den Leichnamen wurden außerdem Reste von versteinerter Nahrung und Jagdwaffen gefunden:[4] Der Verstorbene wurde – wie übrigens auch in vielen späteren Kulturen – mit den nötigen Nahrungs- und Verteidigungsmitteln versehen, damit er sich eine glückliche Existenz im Jenseits sichern könne.

Macht man sich klar, daß die Gräber der Neandertaler auf den Zeitraum zwischen 100000 und 40000 v. Chr. datiert werden und daß sie um mehrere zehntausend Jahre älter sind als die ältesten Felszeichnungen der mittleren Altsteinzeit (von 28000 bis 13000 v. Chr.), so scheint mir unbestreitbar, daß die ersten bisher bekannten Dokumente menschlicher Kultur klare Zeugnisse einer mythisch-phantastischen Leugnung des Todes sind, eine psychische Abwehr des existentiellen Schocks und der Todesangst, welche die Evolution des Menschen und seine Geschichte in allen

Ländern und zu allen Zeiten begleiten und sie maßgeblich beeinflussen werden.

Wahrscheinlich kann der Beginn kulturellen Handelns mit der Absicht, den Menschen gegen Tod und Todesangst zu wappnen, sogar bis auf etwa 300 000 v. Chr. zurückdatiert werden. Bruno Chiarelli, Ordinarius für Anthropologie an der Universität Florenz, behauptet in einem kürzlich erschienenen Aufsatz mit dem Titel *L'uomo diventò cannibale nel tentativo di superare la morte (Bei dem Versuch, den Tod zu überwinden, wurde der Mensch zum Kannibalen)*[5], daß die Beschädigungen, die an den Schädeln von Steinheim (die eben in die Zeit um etwa 300 000 v. Chr. datiert werden) festgestellt worden sind, von einer Art ritueller Menschenfresserei herrühren müssen, die den Kannibalen die Unsterblichkeit oder zumindest ein längeres Leben sichern sollte. Ähnliche Hypothesen waren auch schon in bezug auf die Knochenreste des Pekingmenschen (600 000–550 000 v. Chr.) aufgestellt worden. In diesen Fällen handelt es sich jedoch um anfechtbare Zeugnisse. Denn wir finden nicht in jedem Falle sichere Beweise für rituelle Menschenfresserei. Man kann auch nicht mit Gewißheit behaupten, daß diese Handlungen die Unsterblichkeit sichern, oder aber – wie eine einfachere Deutung erlauben würde – die Eigenschaften der getöteten oder geopferten Person übertragen sollten. Wenn daher die Hypothese legitim sein mag, daß die Anfänge der Verteidigungsrituale gegen den Tod bis zur Periode der ältesten Menschen der Urzeit zurückdatierbar sind, so gehören ihre sichersten Zeugnisse in die Zeit der Neandertaler. Auf jeden Fall liegen diese den anderen frühesten Spuren menschlicher Kultur um mehrere zehntausend Jahre voraus.

Vielleicht ahnte Miguel de Unamuno all dies, als er schrieb: »Was den Menschen von den anderen Tieren unterscheidet ist, daß er auf die eine oder andre Weise bei seinen Toten wacht.« Und der amerikanische Soziologe und Urbanist Lewis Mumford hat – allerdings ohne die sehr weitreichenden Implikationen für die Erklärung der Ursprünge der menschlichen Kultur zu erfassen – ein anthropologisches Faktum nachdrücklich hervorgehoben, das von den Anthropologen allzuoft vernachlässigt worden ist. In *Die Stadt. Geschichte und Ausblick* schreibt Mumford:

»Schon bald nachdem man am frühesten Lagerfeuer oder bei Steinwerkzeugen auf die erste Spur des Menschen stößt [hier übertreibt Mumford sicherlich; d. Verf.] lassen sich Ängste und Anliegen erkennen, für die es bei Tieren kein Gegenstück gibt; insbesondere eine feierliche Fürsorge für die Toten, die in deren sorgfältigem Begräbnis Ausdruck findet, und außerdem immer mehr Beweise frommer Scheu und Furcht. (Die Achtung vor dem Toten) veranlaßte ihn vielleicht mehr noch als praktische Bedürfnisse, sich einen festen Versammlungsplatz und schließlich einen Ort zu suchen, wo er seßhaft werden konnte... Die Totenstadt ist älter als die Stadt der Lebenden. Ja, in einer Hinsicht ist die Totenstadt mehr der Vorläufer oder gar der Kern jeder lebendigen Stadt.«[6]

2   Die religiöse Abwehr: Das Ewige Leben

> Und Gott der Herr gebot dem
> Menschen und sprach: »Du
> sollst essen von allerlei Bäumen
> im Garten; aber von dem Baum
> der Erkenntnis des Guten und
> Bösen sollst du nicht essen;
> denn welches Tages du davon
> issest, wirst du des Todes
> sterben.«
>
> *Genesis 2,16–17*

Die ausführlichsten und systematischen Arbeiten über die primitiven und die ältesten historischen Kulturen bringen – hält man
das Thema der Todesangst als wiederkehrendes Urtrauma der
Menschengattung präsent – einige bedeutsame Tatsachen ans Ta-
geslicht, die mit diesen Studien schon seit langem belegt, bisher
aber kaum interpretiert bzw. systematisch aufgearbeitet wurden.
Schon die Begründer der Ethnologie, Sir James Frazer und Edward B. Tylor, wiesen in ihren monumentalen Werken[1] darauf
hin, daß das reiche Datenmaterial, das sie unter den primitiven
Kulturen vieler Kontinente sammelten, übereinstimmend die
universelle Verbreitung des Glaubens an irgendeine Form des
Weiterlebens nach dem Tode bezeugt. Natürlich hatte dieser
Glaube in den verschiedenen Kulturen unterschiedliche Merkmale, aber immer war er eine »Konstante«. Zwei der bedeutendsten Gelehrten, die über den Tod in den menschlichen Kulturen
gearbeitet haben, kommen zu demselben Ergebnis: R. Hertz,
Verfasser des berühmten Werkes *Contribution á une étude sur la
représentation collective de la mort*, das 1907 in Frankreich erschien, und A. Van Gennep, der das grundlegende Werk zu den
»Übergangsriten«, *Les rites de passage*, verfaßt hat, das 1909 erschienen ist.[2] Nach dem Nachweis der Universalität des Glaubens
an eine wie auch immer geartete Form des Lebens nach dem
Tode in den verschiedensten alten primitiven Kulturen kommt
Hertz zu dem Schluß: »Wenn die christliche Kirche ihren Gläubi-

25

gen ›Auferstehung und ewiges Leben‹ garantiert, macht sie also nichts anderes, als das Versprechen zu erneuern, das jede religiöse Gemeinschaft ihren Mitgliedern implizit gibt.«[3] Und nachdem Nicole Belmont gezeigt hat, wie die Vielfalt der auf das Weiterleben nach dem Tode bezogenen Glaubensformen und Rituale die Universalität der menschlichen Reaktion bezeugen, daß die Vernichtung der physischen, psychischen und sozialen Person des Verstorbenen geleugnet wird, schreibt sie: »Keine Kultur will zugeben, daß eine solche Vernichtung irreversibel ist: das letzte Wort soll dem Leben gehören. Auf verschiedene Weisen wird der Verstorbene aus der beängstigenden Welt des Todes herausgehen, um wieder in die Gesellschaft eingegliedert zu werden: und diese Wiedereingliederung bedeutet eine der feierlichsten und unverzichtbaren Handlungen unter den weniger entwickelten Gesellschaften, die uns bekannt sind.«[4] Van Gennep behauptet, daß die wichtigsten Riten aller Kulturen »Übergangsriten« sind mit der Bestimmung, »der Unumkehrbarkeit der Zeit zu trotzen oder sie annehmbar zu machen.«[5] In der Tat führt Van Gennep nicht nur die Begräbnisriten, sondern alle Übergangsriten (Rituale der Geburt, Initiation, Hochzeit, Fruchtbarkeit) auf ein grundlegendes Bedürfnis zurück: den irreversiblen Prozeß der Zeit und mit ihr des Todes anzuhalten.

In den sexuellen Initiationsriten ist der Kampf gegen den Tod besonders offensichtlich. Die psychologische Literatur untersuchte bisher jedoch vor allem andere, latente Zweckbestimmungen. So arbeitete beispielsweise Wilhelm Reich zu Beginn der 30er Jahre die vergesellschaftende Funktion der auf Verstümmelung beruhenden Initiationsrituale heraus.[6] Diese Riten, die in psychoanalytischer Optik als reinste Formen symbolischer Kastration erscheinen, haben nach Reich dieselbe traumatisierende Funktion wie die wirkliche Kastration, die der Mensch zur Domestizierung der Tiere anwendet. Über das psychophysische Trauma der Verstümmelung hinaus wird diese Funktion durch das umfassende Ritual der Erniedrigung und Erzeugung von Schuldgefühlen erreicht, dem die jungen Initianden unterzogen werden.

Nach Reichs Auffassung lernen so die Individuen der verschiedenen primitiven Kulturen – verletzt in ihren Organen der Liebe, verletzt in ihrer natürlichen Freiheit und Würde des Selbstausdrucks –, die Äußerungen ihrer Impulse und ihres Verhaltens den rigiden Normen des Gemeinschaftslebens unterzuordnen. In einem zweiten Schritt wird in den weiter entwickelten Gesellschaften die sexuelle Verstümmelung als »überflüssig, barbarisch und grausam« aufgegeben, da nun ein rein psychisches Instrumentarium zur Verfügung steht, noch stabilere Wirkungen der Vergesellschaftung zu erzielen: Strafe, Liebesentzug, Erniedrigung und Auslösen von Schuldgefühlen erzeugen eine sexualfeindliche und autoritäre Moral im Individuum und begleiten es von frühester Kindheit an. Genau hier liegt nach Reich der Kern jeder autoritären und repressiven Gesellschaft, von den frühen patriarchalischen Kulturen bis zu den modernen Faschismen.[7] Margaret Mead hat in ihren berühmten Studien über die Inselkulturen des Pazifik[8] einen anderen, interessanten Aspekt der verschiedenen Initiationsriten hervorgehoben, die in den von ihr untersuchten Kulturen ganz und gar von den Männern kontrolliert werden. Es handelt sich um den Neid des Mannes auf die Gebärfähigkeit der Frau (eine Art spiegelbildlicher Komplex zu Freuds Hypothese vom »Penisneid«) sowie um den Versuch, dieses Minderwertigkeitsgefühl mit symbolischen Riten von Zeugung und Schöpfung zu kompensieren, die nur Männern vorbehalten bleiben. In verschiedenen polynesischen Kulturen wächst daher der Novize in sein neues Leben als Initiierter hinein, indem ihm ein Geflecht aus Blumen und Blättern über den Kopf und den ganzen Körper gestülpt wird, das die Form einer Vulva hat. Aus ihr taucht der Novize dann als Wiedergeborener auf.

Ohne nun die Gültigkeit der präzisen Analysen von Reich und Mead in Frage stellen zu wollen, so bin ich doch der Meinung, daß eine noch wichtigere und allgemeinere Bedeutung der Initiationsriten nicht vernachlässigt werden darf. Sie liegt in der scharfen Zäsur zwischen dem Knaben, der die Stätte der Initiation betritt, und dem Initiierten, der sie verläßt. Dieser Einschnitt enthüllt den Anspruch, ein Wiedergeburts- und Auferstehungsritual zu vollziehen, das nicht nur das weibliche Geschlecht und die Unbotmäßigkeit des »natürlichen« Individuums herausfordert und besiegt, sondern vor allem den Tod. Denn diese auf Wiedergeburt gerichtete Bedeutung des Initiationsritus läßt sich auch dort beobachten, wo dieser keine kastrativen Merkmale gegenüber dem Eingeweihten oder konkurrierende gegenüber der Frau annimmt.

Übrigens hat schon Van Gennep[9] bemerkt, daß »das Band zwischen Pubertät und Initiationsritual nicht so fest ist, wie es auf den ersten Blick erscheint«, so daß die Sexualität nicht im Zentrum des Ritus steht. Nicole Belmont wiederum schreibt:

»In vielen primitiven Kulturen wird der Novize als tot betrachtet. [...]Der Eingeweihte muß daher durch einen symbolischen Tod gehen, bevor er als neues Wesen wiedergeboren wird. Übrigens hat auch die altchristliche Taufformel den Neugeborenen nach der Taufe als ›regeneratus‹ angesehen. Die indischen Brahmanen mußten, um ihre Funktion auszuüben, eine Initiation durchschreiten, während der sie ›der früheren Welt sterben‹; der geistige Vater ›erzeugt das Kind in dem Moment, wo er ihm die Hand auf die Schultern legt‹.«[10]

Belmont bemerkt daher zu Recht, daß »diese symbolische Gegenwart des Todes in den Einweihungsriten[...] und die darauf folgende Wiedergeburt eine dramatische Darstellung des Lebens selbst sind.« Der Kern der rituellen Bedeutung jedoch scheint ihr zu entgehen. Denn auch diese Rituale haben, wie alle Übergangsrituale, die Bestimmung, den Tod zu vertreiben; sie drücken Auferstehungsphantasien und -sehnsüchte aus. Was die in den Einweihungsriten so häufig anzutreffenden körperlichen Verstümmelungen betrifft, so scheinen diese nicht nur eine disziplinierende, vergesellschaftende Bedeutung zu haben, sondern vor allem eine existentielle. Mittels dieser und anderer Traumata wie Brutalisierungen, Verspottungen, Demütigungen, Entbehrungen und Fasten, die dem Novizen auferlegt werden, hat der menschliche Affe von den Anfängen bis in unsere Tage versucht, sich die Kontrolle über den Tod und den Weg zur Wiedergeburt zu sichern, indem er ein üppiges Entgelt an schmerzhaften Strafen, Selbstbestrafungen und Sühnungen bezahlt. Diese Sühneriten der primitiven Einweihungsrituale können einer ausgesprochen »ethischen Systematisierung« des Todes vorausgehen, die im menschlichen Denken erst im Rahmen der geschichtlichen Weltreligionen verallgemeinert wird. Die Sühnehandlungen scheinen daher vor allem ein weiteres Zeugnis für den ursprünglichen und vorrangigen Charakter der Todesverneinung im Vergleich zu jeder anderen kulturellen Motivation zu sein.

Die abstrakte Gegenüberstellung von Magie und religiösem Denken ist von Marcel Mauss und Henri Hubert schon früh kritisiert worden.[11] Mit ihren Riten und Mythen zur Heilung von

Krankheiten und Abwendung von Unglück enthüllt auch die Magie klar ihre vorrangige Funktion als Beschützerin des Individuums und der Gruppe vor der drohenden Gefahr des Bösen und des Todes. Und es ist bezeichnend, daß Ernesto de Martino, einer der Großen der europäischen Kulturanthropologie, in seinem ganz der Magie gewidmeten, klassischen Werk aus den 40er Jahren [12] zu dem Schluß gelangt, daß »die wichtigste Aufgabe der Magie die Befreiung des Menschen von der Angst ist.« Auch bekannte Anthropologen der psychoanalytischen Schule wie Geza Róheim und Jean Valabrega [13] haben das systematisch wiederkehrende Auftreten der Riten und Mythen unterstrichen, die den Verstorbenen eine glückliche außerirdische Existenz sichern sollen. Nach Belmont ist »der Gedanke, daß die Toten einen Aufenthaltsort, eine Stätte des Zugangs und Weiterlebens haben, in den primitiven Kulturen aller Kontinente allgemein verbreitet.« Wenn wir uns all das vergegenwärtigen, so scheint die Bilanz von Jacques Choron, einem der scharfsinnigsten Gelehrten zum Problem des Todes in der menschlichen Geschichte, voll und ganz gerechtfertigt: »In der Frühzeit der menschlichen Entwicklung wurde nicht nur die Endgültigkeit des Todes bestritten, sondern auch seine Unvermeidbarkeit.« [14]

Wir finden unsere Hypothese also vielfach bestätigt: daß jede Form von Kultur ihre Matrix in dem existentiellen Schock und dem daraus folgenden ursprünglichen Bedürfnis hat, den Tod zu exorzieren und sich gegen die Todesangst zu schützen. Dies korrespondiert mit der Genese des Bewußtseins selbst.

Selbstverständlich entwickelte der Mensch der Urzeit seine Leugnung des Todes und seinen Glauben an ein Jenseits nicht als bewußten Schutz gegen Tod und Todesangst. Ganz im Gegenteil waren sie eine unmittelbare Reaktion auf den existentiellen Schock und drückten in phantastischen Formen das tiefe Bedürfnis nach Bewahrung vor diesem Schock und der Gefahr seiner Wiederholung aus. In dieser elementaren, emotionalen Unmittelbarkeit wurzelt die tiefe Übereinstimmung des Primitiven mit den Mythen und Glaubensformen seiner Kultur. Viele Wissenschaftler zogen daraus den Schluß, für die Primitiven gäbe es keine Todesangst, da ihr normales Alltagsbewußtsein in der Gewißheit über das Weiterleben nach dem Tode gründet. So schreibt beispielsweise Lévy-Brühl: »Überall wird bei den wilden Völkern der Tod anders als durch natürliche Ursachen erklärt [...] durch böse Kräfte, die ins Spiel gekommen sind. [...] Gäbe es diese Kräfte nicht, würde niemand jemals sterben.«[15] Und angesichts des völligen, unbedingten Vertrauens des Primitiven in ein Weiterleben vertritt selbst Choron mit anderen Experten die Auffassung, daß »beim Primitiven der Glaube an die Unsterblichkeit [nicht als] ein Wunschgedanke, der aus der Furcht vor der Auslöschung im Tode entspringe«[16], aufgefaßt werden dürfe.

Diese Schlußfolgerung ist jedoch – gelinde gesagt – voreilig. Merkwürdigerweise scheint sie die Verdrängungsmechanismen zu vergessen, die von der Psychoanalyse so präzise herausgearbeitet worden sind und welche dieselben Gelehrten in tausend anderen Zusammenhängen berücksichtigen. Zweifellos sichert der totalisierende Gesamtzusammenhang jeder primitiven Kultur ihren Mitgliedern unvergleichlich stärkere Gewißheiten, als sie in komplexeren und widersprüchlicheren Gesellschaftsformen möglich sind. Der psychogene Tod bei einigen Stämmen nach der Verletzung eines Tabus würde dies schon hinreichend belegen. Es ist in der Tat sehr merkwürdig, daß so viele Forscher unseres Jahrhunderts – selbst aus der Schule von Freud – das schwere Urtrauma nicht gesehen haben oder nicht sehen wollten, das jene drastischen Verdrängungen, starken Abwehrmechanismen, fest verwurzelten Überzeugungen bei allen Primitiven hervorgerufen hat. Die Blindheit dieser Gelehrten wird jedoch besser verstehbar, wenn man – wie wir noch sehen werden – entdeckt, daß einer der Denker, die am meisten mit der Verdrängung der Todesangst aus dem eigenen Bewußtsein beschäftigt waren, Sigmund Freud hieß, der Entdecker und Erforscher der Verdrängungsmechanismen in so vielen anderen Bereichen. Aber selbst wenn man die Evidenz des Prozesses einer ursprünglichen, anfänglichen Todesverdrängung leugnen wollte, so blieb doch eine Tatsache unwiderlegbar: den Tod leugnen, die Kontinuität der Existenz nach dem Tod behaupten, war ein uraltes Anliegen des Menschen, das die frühesten bisher bekannten Formen von Kultur gestiftet hat und dem wir in allen primitiven Kulturen begegnen, welche die moderne Anthropologie bisher erforschte.

Derselbe universelle Glaube an die Unsterblichkeit ist auch für alle geschichtlichen Kulturen und Religionen feststellbar. Schon die älteste dieser Kulturen, die ägyptische, erscheint sogar zutiefst gezeichnet von jener obsessiven Besorgnis um den Tod und von der systematischen Suche nach materiellen und rituellen Mitteln, ihm entgegenzutreten und ihn zu besiegen.[17]

Bekanntlich tragen die ältesten ägyptischen Bauwerke und Zeugnisse allesamt den Stempel einer Grabkultur. Sie dokumentieren die verzweifelte Anstrengung der Bevölkerung des alten Ägyptens, ein glückliches Leben nach dem Tode zunächst für die eigenen Herrscher, die Pharaonen, und später für immer breitere soziale Schichten zu sichern. Die zahllosen ägyptischen Monumente – vom Grab des Gioser in Saqqara (etwa 2600 v. Chr.) über die grandiosen Pyramiden von Cheops und Chefren (etwa 2200 v. Chr.), von der Vielzahl kleinerer Pyramiden aus späterer Zeit für weniger bedeutende Würdenträger und Privatleute bis hin zu den Hunderten von Tempeln und Statuen, mit denen die Ägypter ihre Häupter zu vergöttlichen suchten – sind in Wirklichkeit ein einziges Zeugnis für den Kampf dieser Menschen gegen den Tod. Und sicher sind nicht zufällig viele der ältesten bisher entdeckten ägyptischen Papyri Passagen aus dem *Totenbuch* – einer Sammlung von Anweisungen und magischen Formeln, die etwa ab 1700 v. Chr. zwischen die Finger der Verstorbenen gesteckt wurden, damit sie mit Sicherheit ins Totenreich und damit zur Unsterblichkeit gelangen konnten.[18]

Gewiß ist es auch kein Zufall, daß die berühmteste und am meisten verehrte Gottheit Osiris war. Dieser Gott hatte sich aufgeopfert, um den Menschen die Unsterblichkeit zu sichern und hatte die Aufgabe, die Verstorbenen – unter Fürsprache seiner milden Gattin Isis – zu richten, indem er Schuld und Verdienste ihrer Seele auf einer Waage wog (*Psychostase*, d. h. Abwägen der Seele). Durch die Identifikation mit Osiris – indem er selbst zu Osiris wurde – konnte der Tote wieder ins Leben zurückkehren oder seine Existenz jenseits des Grabs weiterführen.[19] Es ist also in der Tat nicht übertrieben, wenn ein Ägyptologe kürzlich feststellte, daß »die Ägypter über Jahrtausende vom Gedanken an den Tod hypnotisiert waren. [...] Das Unendliche und die Ewigkeit – dargestellt in den Steinen der Pyramiden und der Sphinx – nährten den größten Enthusiasmus. [...] Diese Erfahrung schien die Ägypter gleichzeitig zu erheben und zu terrorisieren.«[20] Und nach den Worten eines anderen Gelehrten zeigt die Religion des alten

Ägypten »den größten Schrecken vor dem Tod und den stärksten Haß auf ihn, ursprünglich belegt durch den gewaltigen Einsatz der Ägypter für alles, was mit der Bestattung zu tun hat.«[21]

Die richterliche Funktion von Osiris und die fürbittende von Isis lenken unsere Aufmerksamkeit auf einen wichtigen Aspekt der religiösen Abwehr der Todesangst und des existentiellen Schocks: *die ethische Komponente.* Für den Abwehrmechanismus selbst war sie wohl nicht ursprünglich und konstitutiv – ursprünglich scheint dieser in einer reinen, einfachen Leugnung des Todes durch Phantasien und Mythen des Weiterlebens bestanden zu haben. Schon in einigen primitiven Kulturen jedoch läßt sich die Entwicklung von Mythen beobachten, die den leiblichen Tod als eine Form von Strafe zu erklären versuchen, als Folge irgendeiner menschlichen Schuld. So z. B. bei den australischen Aborigines im Süden von New South Wales, den Ganda in Zentralafrika, den Melanesiern der Shortland-Inseln und bei den Ahltan-Indianern Nordamerikas.[22] Die Erzählung eines Anthropologen, der die Guaranystämme Zentralamerikas erforscht hat, bietet ein eindrucksvolles Beispiel für die Verwurzelung wie auch für die beharrliche Wiederholung dieser Deutung des Todes als einer Strafe. Es handelt sich um den brasilianischen Ethnologen Nimuendajù, der im Jahre 1912 auf eine Gruppe von Guarany stieß, die aus dem Westen kam und inzwischen in der Umgebung von São Paulo angekommen war. Sie waren sehr verzweifelt, da es ihnen nicht gelungen war, das in ihren Legenden verheißene »Glückliche Land« zu finden. Diesen Mißerfolg führten sie auf die Tatsache zurück, daß sie Nahrung und Kleidung der Weißen übernommen hatten.[23]

Parallel zu dieser Tendenz, den Tod als Strafe zu deuten, entwikkelt sich die Gewohnheit, die mutmaßliche Schuld zu sühnen oder den vermuteten Zorn der beleidigten Gottheit mit Wiedergutmachungs- und Besänftigungsritualen zu beschwichtigen. Getroffen, ja: geblendet vom Todesschock und seinen überwältigenden, beängstigenden Nachwirkungen, versucht daher der menschliche Affe zunächst, die Wirklichkeit in Phantasien und Mythen vom Leben im Jenseits zu leugnen. Zur Anerkennung der verheerenden Bedrohung gezwungen, versucht er in einem zweiten Schritt, sie als Bestrafung für einen eigenen Fehler zu deuten, d. h. sie in Begriffen von Schuld und Strafe zu erklären. All das hat nichts zu tun mit dem ursprünglichen Schuldgefühl, wie es Freud annahm, sei es als angeborene, endogene Ursache jeder Neurose, sei es als Reaktion des vorkulturellen Menschen auf die Ermordung des Vaters, des Hauptes der »Urhorde«. Zum Verständnis dieses Schuldgefühls genügt der Rückgriff auf die verhaltenspsychologische Theorie des Lernens durch positive und negative Verstärkung. In jeder Tiergattung, auch der menschlichen, lernt jedes Junge, daß vom Vater oder der Gruppe unerwünschtes Verhalten Bestrafung und Entzug mit sich bringt. So sind Ungehorsam und Schmerz-Strafe-Entzug in der menschlichen Psyche aufs engste miteinander verbunden, nicht zuletzt, weil diese Assoziation im Menschen wegen der längeren Abhängigkeit von den Eltern in den ersten Lebensjahren zwangsläufig tiefer verankert ist. Es ist daher mehr als wahrscheinlich, daß der menschliche Affe auf das Trauma des Todes eines Gefährten, einer Gefährtin, eines Kindes oder im Schock der Vorahnung des eigenen Todesschicksals reagierte, indem er sich eine so schreckliche Wirklichkeit als Folge eines fatalen Ungehorsams erklärte, indem er glaubte, dieses furchtbare Schicksal wiedergutzumachen oder vermeiden zu können, wenn er Sühne- und Beschwichtigungsrituale ausführte, die ihn bei den strafenden Mächten einschmeicheln sollten.

War dieses ursprüngliche Schuldgefühl einmal entwickelt, so bestand der dritte, verhängnisvolle Schritt in der Projektion der eigenen Todesschuld nach außen, auf ein anderes Individuum oder eine andere Gruppe, die zum Ausdruck der bösen Kräfte und zu Feinden des wahren Glaubens werden.

Was nun auch immer die dahinterliegenden Deutungsvorgänge sein mögen – Buddhismus und Konfuzianismus z. T. ausgenommen –, zeigen fast alle großen geschichtlichen Religionen die Tendenz, Unsterblichkeit mit Erfüllung von bestimmten moralischen und rituellen Pflichten zu koppeln. So ist z. B. im Brahmanismus – der indischen Religion der Brahmanen, in die der Buddhismus mündete – die Lehre der Metempsychose oder Seelenwanderung im wesentlichen die Kodifizierung der Methode, die Gläubigen sowohl mit der Drohung eines Rückfalls auf niedrigere Stufen des Existenzkreislaufs zu schrecken, als auch sie mit der Möglichkeit zu locken, sich in einer besseren, höher entwickelten Existenz zu reinkarnieren und nach dem Kreislauf der Wiedergeburten ins ewige Glück des Nirwana einzugehen. Die grausame Kastenstufung des Brahmanismus, die einerseits mit Marx als Instrument der Ausbeutung verstanden werden kann, mag andererseits auch aus einer alten existentiellen Angst der Priesterkaste (der Brahmanen) und der anderen führenden Schichten erklärt werden. Mit der Lehre von der Seelenwanderung versuchten sie, sich ein Vorrecht auf den Eingang ins Nirwana zu sichern. In der Tat konnte sich der Brahmane – insofern er ja auf der höchsten Stufe des Menschseins stand – schon im Vorzimmer des Nirwana sehen. Außerdem war er ruinösen Verzögerungen auf der »Leiter der Wiedergeburten« weniger ausgesetzt. So waren auch die Lehre von der Seelenwanderung und das Kastensystem Defensivstrategien gegen Todesangst und Furcht vor göttlicher Strafe.

Buddhas Verkündigung griff die Gültigkeit der von den *Veden* (den Heiligen Schriften der Brahmanen) vorgeschriebenen Kastenhierarchie an. Sie stellte die radikale Demokratisierung des Nirwana dar und öffnete dem Unberührbaren wie dem Brahmanensöhnchen die Pforten zum ewigen Glück. Vielleicht liegt hier der Schlüssel zu ihrem Erfolg wie auch zu dem anderer universalistischer Verkündigungen, nicht nur in Indien.[24] Es scheint mir kein Zufall, daß auch die beiden am weitesten verbreiteten Weltreligionen – Christentum und Islam – im Vergleich mit dem Judentum bzw. den alten Stammesreligionen zu einer ähnlichen Demokratisierung des Jenseits fortgeschritten sind.

In der Tat – Jahwe war und blieb der Gott der 12 Stämme Israels, der mit Abraham und seinen Nachkommen, dem Auserwählten Volk, einen privilegierten und exklusiven Vertrag geschlossen hatte. Und als die jüdische Religion während der babylonischen Gefangenschaft im 4. Jahrhundert v. Chr. die heilsgeschichtlichen Züge der zoroastrischen Eschatologie (auf die wir gleich zurückkommen) übernommen hatte, durften ihre Nutznießer nur die Kinder Israels sein. Vielleicht trug auch die Isolation und Unterwerfung, unter denen die Juden jahrhundertelang lebten, dazu bei, daß die missionarischen und universalistischen Tendenzen immer von einer stolzen Distanzierung überlagert wurden.[25]

Mit der Religion des Zarathustra schließlich setzte sich unaufhaltsam eine Reaktionsform auf den existentiellen Schock durch, die nicht nur für die Religionsgeschichte, sondern für die gesamte Sozial-, Kultur- und politische Geschichte der Menschheit von größter

Bedeutung sein sollte. Bislang hatten nämlich die primitiven wie die geschichtlichen Religionen versucht, ihren Gläubigen das Leben im Jenseits zu sichern, ohne sich besonders um all jene zu kümmern, die außerhalb des eigenen Stammes- und Kulturkreises lebten. Mit der zoroastrischen Religion jedoch entwickelte sich eine neue »Theorie des Jenseits«. Einerseits macht sie den Eintritt in das paradiesische Reich des Glücks und der Unsterblichkeit abhängig von der regelmäßigen Beachtung der rituellen Gebote; andererseits droht sie dem Sünder furchtbare Strafen und qualvolle Martern an und zwingt ihn zum Krieg gegen die Ungläubigen, die sie vor das Entweder-Oder von Bekehrung oder Vernichtung stellt. Die antiken Legenden über Zarathustras Anfänge belegen übereinstimmend als Hauptquell seiner Inspiration die Anteilnahme an Leid und Tod seiner Nächsten, die von Krieg, Pest und Hungersnöten geplagt waren, sowie den immer dringlicheren Wunsch, irgendeine Erklärung für soviel Leid zu finden.[26] Es ist bekannt, wie aus seinen Meditationen auf dem Berg Salaban seine erste, suggestive Intuition entsprungen ist – die eines uralten und andauernden (aber nicht ewigen) Kampfes zwischen Gut und Böse, Licht und Finsternis, zwischen Ahura Mazda, dem Gott des Lichts und des Guten, und Angra Manju, dem Gott des Bösen und der Finsternis. Mir scheint vor allem bedeutsam, daß Zarathustra wie soviele andere Propheten vor und nach ihm das Gute mit dem Licht als Symbol des Lebens identifiziert und das Böse mit der Finsternis, dem Symbol von Bedrohung, Tod und Grab.

Den ersten Erleuchtungen folgte eine umfassende prophetische Ausarbeitung, die aus der zoroastrischen Lehre das reinste Paradigma der folgenden messianischen und chiliastischen Theologien gemacht hat. In dieser Lehre – zusammengefaßt in der *Avesta*, dem Heiligen Buch des Mazdaismus – wurden einige typische Merkmale dieser Theologien definiert:

1. Das ewige Glück nach dem Tode ist beschränkt auf die gerechten und tugendhaften Verehrer des einzigen, wahren Gottes.

Hier liegt ein entscheidender Unterschied zwischen der Paradiesvorstellung gewisser primitiver Kulturen und jener diskriminierenden, die für die zoroastrische und die anderen messianischen und auf Erlösung ausgerichteten Religionen typisch ist. Für die Pygmäen Afrikas beispielsweise wird das Ende der Zeiten durch die Wiederkehr des guten und gnädigen Gottes angezeigt wer-

den, der allen Menschen Gesundheit und Glück der Urzeit wieder-
bringen wird. Und auch die nordamerikanischen Salish-Indianer
glauben, daß am Weltende alle Menschen auferstehen und glücklich leben werden.

2. Stirbt ein Anhänger des Wahren Gottes, so wird seine Seele
   gerichtet gemäß der Güte oder Verwerflichkeit seines Handelns, seiner Worte und seiner Gedanken während des irdischen Lebens.

Überwiegen die guten Handlungen, Worte und Gedanken, so
steigt die Seele zu den himmlischen Freuden auf; andernfalls stürzt
sie in die Qualen der Hölle. Nach einer anderen Version der zoroastrischen Tradition wird dieses Jüngste Gericht automatisch von-
statten gehn: Um zum Paradies zu gelangen, müssen alle Verstorbenen eine äußerst enge und gefahrvolle Brücke überschreiten.
Die Gerechten, d. h. all jene, die im Leben den Wahren Gott verehrt und zu seiner Verehrung beigetragen haben, werden die
Schicksalsbrücke wohlbehalten überqueren, während die Sünder
straucheln und in den darunter befindlichen Abgrund, also in die
Qualen der Hölle stürzen werden.

3. Diesem persönlichen Gericht folgt – in einer Zukunft, die Zarathustra wie die anderen Propheten der Erlösung nach ihm als
   unmittelbar bevorstehend prophezeit – ein apokalyptischer
   Kampf zwischen den Mächten des Guten und Bösen und dar-
   aufhin ein Weltgericht, in dem alle Toten auch körperlich wieder auferstehen (Auferstehung des Fleisches) und gerichtet
   werden.

Die Guten werden auf ewig in die Freuden des Paradieses eingehen, während die Bösen und der Gott des Bösen selbst ins Innerste
der Erde gestürzt und dort eingeschlossen werden, um im ewigen
Feuer zu schmoren. (Auch diese Mythen eines Tausendjährigen
Reiches und eines Paradieses nach Weltende und Jüngstem Gericht sind zwei typische Merkmale der zoroastrischen Prophezeiungen, die der christlichen und islamischen Eschatologie, der
Lehre von den letzten Dingen, eingegliedert werden, mit wichtigen geschichtlichen und gesellschaftlichen Folgen.)

4. Da nach der Lehre des Wahren Propheten nur die Verehrung
   des Wahren Gottes Leben und ewiges Glück sichert, haben die
   Anhänger des Wahren Glaubens die Pflicht, diese unter allen
   Menschen zu verbreiten, indem sie die Tempel, die Schlösser,

die Reiche der Ungläubigen niederreißen. Die Ungläubigen sind Agenten der teuflischen Kräfte, und jede Gewalttat gegen sie wird legitim, ja verdienstvoll.[27]

Diese These war die Voraussetzung dafür, daß Zarathustra von seinem König den »Heiligen Krieg« (vielleicht den ersten der menschlichen Geschichte) gegen das benachbarte Reich von Turan, das den überlieferten Göttern die Treue hielt, verlangen konnte. Diese beiden typischen Elemente eines jeden religiösen Fanatismus – der Wahre Glaube als einziger Weg zu Heil und jenseitigem Glück; die Ungläubigen als Verbündete des Teufels, die unterjocht oder vernichtet werden müssen – tauchen in der geschichtlichen Entwicklung des Christentums und des Islam im wesentlichen unverändert wieder auf, allerdings mit sehr viel ernsteren Folgen.

Während die Religion Zarathustras immer auf das Gebiet des Iran beschränkt blieb, haben die Heere und Flotten der islamischen und christlichen Häupter die ganze Welt überrannt, um den Wahren Glauben mit allen Mitteln durchzusetzen. In den letzten beiden Jahrhunderten wurde viel gegen die Brutalität, den Betrug oder den Wahn jener »Heiligen Kriege« polemisiert, und die hinter den edlen, verbalen Beweggründen verborgenen Ziele – Plünderung und Ausbeutung – wurden entlarvt. Allzu häufig hat man aber auch vergessen, daß der über Jahrhunderte hinweg immer wiederkehrende, hartnäckige und heroische Fanatismus dieser Unternehmungen gewiß nicht von der Hoffnung auf Plünderungen hervorgebracht worden sein kann: Andernfalls wären sie von jeder beliebigen Söldnertruppe unternommen worden. Diese wiederkehrenden Wellen von kriegerischem Fanatismus werden besser verständlich, wenn man sich vor Augen hält, daß den Kämpfern die aufregendsten Verheißungen der aufregendsten – aber auch zweideutigsten – Religionen vorbehalten waren: der messianischen und apokalyptischen Religionen, die den Verdammten mit ewigen und grausamen Strafen bedrohten, dem Soldaten des Glaubens aber Rettung und paradiesische Wonnen zusicherten. Hier muß etwas näher auf die psychologische Dynamik des religiösen Fanatismus eingegangen werden. Er hatte nämlich eine ungeheure Wirkung, weit über den Umkreis der Religionen und Epochen hinaus, die ihn hervorbrachten. Für unser Thema scheint mir die christliche Eschatologie das geeignetste und bedeutsamste Beispiel zu sein, und zwar aus zwei Gründen: Zum einen verarbeitet sie zwei der bedeutsamsten Mythen des Judentums und der Religion Zarathustras – den jüdischen Mythos, den Ursprung und Fall des Menschen betreffend, den zoroastrischen bezogen auf die Mittel, das zukünftige, überirdische Heil zu erlangen –, denen sie noch die wesentliche Komponente des rettenden Eingriffs Christi hinzufügt. Zum anderen, weil das Christentum einen außerordentlichen, von keiner anderen Religion erreichten Einfluß auf die Entwicklung der modernen Kultur genommen hat.

Aus verschiedenen Gründen scheint mir der biblische Mythos vom Garten Eden wesentlich:

Erstens ist er die ausgeprägteste und sicher am weitesten verbreitete Deutung der menschlichen Existenz in Begriffen von *Ungehorsam, Sünde und Schuld*, mit überwältigenden und dramatischen Auswirkungen auf die Art und Weise, wie der Mensch sich schließlich selbst gesehen hat. Hier haben der Begriff der Erbsünde und der inneren Verderbtheit des Menschen mit all den Ängsten, Geißelungen, Bußübungen und Verfolgungen, die sich daraus ergeben werden, ihre Wurzel und Rechtfertigung, während die Erlösungstat Christi die Bedeutung der einzig möglichen Errettung aus der unvermeidbaren Verdammnis annimmt.

Zweitens begründet der Mythos vom Garten Eden *die Hoffnung auf das Heil und das Paradies in der Vergangenheit*. Der Mensch ist in seine tragische Lage von Leid und Tod geraten, weil er das Göttliche Gebot verletzt hat. Glück und Unsterblichkeit, das Verlorene Paradies kann er aber wiedererlangen, wenn er seine Fehltat anerkennt und sich wieder dem Göttlichen Gesetz unterwirft, gemäß den von den Propheten oder dem Messias im Namen der Gottheit selbst verkündeten Lehren. In dieser Konzeption verbinden sich Vergangenheit und Zukunft, Irdisches und Himmlisches Paradies, Verlorenes und Wiedergewonnenes Paradies (wie Milton es als Titel seiner Dichtung *Paradise Lost* formulierte); sie bestätigen sich wechselseitig wie zwei verzauberte Berge, die über das Jammertal der *condition humaine* ragen.

Drittens wird diese Verbindung von Vergangenheit und Zukunft besonders augenscheinlich in der paulinischen Verkündigung von der *Auferstehung des Fleisches*, die der Religion Zarathustras entlehnt ist. Dieses Thema enthüllt die ganze Ambivalenz der christlichen Verdammung der Sexualität. Körper und Geschlechtlichkeit werden einerseits gehaßt, weil sie im Paradies die Ursache der menschlichen Verdammnis zu Leid und Tod waren und weil in ihnen die Hinfälligkeit der Materie in ihrer schmerzlichen Grausamkeit zutage tritt. Dennoch taucht in dieser Version vom geläuterten Fleisch als höchster Form menschlichen Glücks und menschlicher Ganzheit die nicht unterdrückbare, unbewußte Anziehungskraft wieder auf, welche die Sexualität ausübt.

Der Mythos weist *viertens* die Verantwortung für den Sündenfall und folglich den Tod eindeutig der *Frau* zu. Als Reaktion auf den existentiellen Schock hatte diese Projektion des Schuldgefühls eine enorme Auswirkung auf das Verhältnis der Geschlechter. Während sie dem Mann erlaubte, die eigenen Schuldgefühle abzumildern, wieder Hoffnung auf Heil und Erlösung zu fassen, sich als geeigneterer – oder weniger ungeeigneter – Interpret des göttlichen Willens zu sehen und zu geben, hat sie die moralische, soziale und ökonomische Diskriminierung der Frau, ihren Ausschluß vom Priestertum und zu gewissen Zeiten selbst ihren Ausschluß aus dem Umfeld religiöser Riten gerechtfertigt. Diese Frauenfeindlichkeit findet sich allerdings mehr oder weniger in allen Religionen, auch wenn sie in der jüdisch-christlich-islamischen Tradition stärker ausgeprägt ist: Überall wird die Frau mit Mißtrauen betrachtet, als Symbol der irdischen Versuchungen oder Illusionen, die den Gerechten vom Weg der rettenden Tugend ablenken können.

Fünftens schließlich zeigt der biblische Mythos klar die *sexuelle Natur der Erbsünde* an, die zum Fall des Menschen und seiner Vertreibung aus dem Paradies geführt hat. Die vom Teufel verführte Eva verführt ihrerseits Adam, indem sie ihn dazu verleitet, von der verbotenen Frucht zu kosten. Der ganze biblische Text ist überreich an sexuellen Anspielungen: Satan hat die Gestalt der Schlange (ein klassisches Phallussymbol); die Frau bietet eine verbotene Frucht an (ein anderes, klassisches Sexualsymbol vieler Mythen); Adam und Eva, kaum haben sie von der Frucht gekostet, »schämten sich ihrer Nacktheit und versuchten, sich zu bedecken«. Wenn der Fall des Menschen in eine Welt von Leid und Tod von der Verletzung des Sexualtabus verursacht wurde, das der göttliche Wille im irdischen Paradies errichtet hatte, dachten folglich die Theologen, die Wiedererlangung von Glück und Unsterblichkeit könne nur auf dem völligen Verzicht auf Sexualität beruhen, *fons et origo* der menschlichen Verdammnis. Dies ist eine logische Entsprechung, die ein noch tieferes psychologisches Bedürfnis ausdrückt: Ist der Tod das größte Leid, so kann dieses nur vermieden oder besiegt werden, wenn man sich den Verzicht auf die höchste irdische Freude auferlegt, eben die Liebe.

Hatte Reich das Sexualtabu als Instrument einer repressiven Gesellschaft zur Vergesellschaftung der Individuen verstanden, oder hatte Freud es als Sublimationsmittel einer Kultur interpretiert, die neurotisch werden mußte, so erscheint in dieser Optik das Sexualtabu als eine normative Vorschrift, als ein Ritual von Selbstbestrafung und Versöhnung, mit der die Menschheit seit je versucht, sich mit der erzürnten, todsendenden Gottheit auszusöhnen. Diese Norm diktierte: »Verzichte auf das höchste Liebesglück, und du wirst das höchste Glück nach dem Tode erlangen.« Oder, einfacher: »Verzichte auf das irdische Leben, und du wirst ewiges Leben im Jenseits finden.« Gelingt es, die Religion im allgemeinen und das Sexualtabu im besonderen – in den Analysen von Marx und Reich auf bloße Herrschaftsinstrumente reduziert – in den Umkreis der Dynamik des existentiellen Schocks zu stellen, so erscheinen sie eher in einem tiefen und alten Bedürfnis nach Abwehr von Todesangst verwurzelt: ein Bedürfnis, das die Beständigkeit und hartnäckige Wiederkehr der Religion und des Tabus erklärt, weit über den Niedergang der kirchlichen und gesellschaftlichen Herrschaftsinstitutionen hinaus, die sie geschichtlich durchgesetzt haben. Vor allem aber zeigt die neue existentielle Sichtweise, daß die alten und neuen Herrschaftsstrukturen nicht aus den Nichts entstanden sind, zum bloßen Zwecke der Unterjochung einer ansonsten freien und glücklichen Menschheit, wie Rousseau, Engels, Reich und alle Denker im Fahrwasser des Naturalismus meinten. Ganz im Gegenteil, sie sind die erste, verzweifelte Bastion, die der Urmensch gegen das Grauen errichtete, das die anteilnehmende Erfahrung des Todes seiner Nächsten und die angstvolle Bewußtwerdung des eigenen Todesschicksals in ihm erweckten.

Schließlich und *sechstens* enthält der biblische Mythos vom Garten Eden noch eine andere Verarbeitung des existentiellen Schocks, die ebenfalls enorme Folgen für die menschliche Geschichte hatte, vor allem auf kulturellem und wissenschaftlichem

Gebiet. Der biblische Text sagt nämlich, daß die verbotene Frucht, die Satan der Frau und diese dem Manne anbot, eine *Frucht vom Baume der Erkenntnis war, des Wissens um Gut und Böse.* Neben dem sexuellen Bedeutungsgehalt hat die Erbsünde im biblischen Mythos also auch noch eine ethische und auf das Wissen bezogene Bedeutung: Der Fall, das Leiden, der Tod des Menschen müssen demzufolge nicht nur der Verlockung der Frau und dem Verlangen nach Liebeslust zugeschrieben werden, sondern auch dem Wunsch nach Wissen, nach selbständiger Unterscheidung von Gut und Böse.

Der biblische Text wird an dieser Stelle im Hinblick auf die Hypothese, die wir verfolgen, überwältigend bedeutsam. Hier scheint eine dunkle Ahnung oder vielleicht eine dunkle Erinnerung des Urquells menschlichen Leidens sichtbar zu werden: die Evolution des moralischen und kognitiven Bewußtseins, aus der die Entdeckung des eigenen Todesschicksals hervorgeht. Und ein weiteres Mal wird dieser Zusammenhang von Bewußtsein und Schmerz in Begriffen von Strafe interpretiert: Leid und Tod sind dem Menschen auferlegte Strafen für die Schuld, die Sünde, den Ungehorsam, die er sich bei seinem Streben nach Wissen zugezogen hat.

Wir stehen hier am Scheideweg des menschlichen Affen: Zum einen gibt es den Mythos vom Prometheus, der den Göttern das Feuer stiehlt und es dem Menschen bei seiner mühsamen Entwicklung hilfreich zur Verfügung stellt. Auch Prometheus wird bestraft (wie es selbst in Griechenland die religiöse Tradition wollte), aber weder bereut er, noch gibt er sich geschlagen: im Gegenteil, er verkündet seine kosmische Rebellion. Ihm gegenüber steht dieser biblische Mythos vom Garten Eden, der den Menschen lehrt, seine tragische Lage sei eine gerechte göttliche Strafe für seinen Ungehorsam, für sein Verlangen nach Liebe und Wissen. Es war diese Entscheidung, die sich in der christlichen Welt und nicht nur in dieser durchgesetzt hat. Selbst wenn wir dies auch wegen der bedrückenden, fortschrittsfeindlichen Folgen, die sie hatte, beklagen können, so müssen wir andererseits verstehen, welche furchtbaren Ängste den christlichen Affen zu dieser Entscheidung veranlaßten – vorausgesetzt, daß man von einer Entscheidung sprechen kann. Jahrhunderte, ja, Jahrtausende hindurch sah man im Verzicht auf die Freuden der Liebe wie im Verzicht auf ein von autoritären, dogmatischen Auflagen freies Wissen, auf eine autonome Moral die Voraussetzung für die Wiedererlangung des verlorenen Paradieses. Wie wir sehen werden, galt dies nicht nur für die religiösen Gemeinschaften, sondern auch für die atheistischen.

Die Verfolgung von Galilei, von Giordano Bruno und tausend anderen »verstockten Häretikern«, die Verhinderung der unabhängigen wissenschaftlichen Forschung, ja sogar der Konformismus der akademischen und offiziellen Kultur haben hier ihre Wurzel. Für ein gewisses revolutionäres Denken – seinerseits manchmal Sklave anderer Dogmen und Mythen einer Heilslehre – war es einfach, die Verfolgung der unabhängigen Forschung auf ein bloßes Mittel zur Aufrechterhaltung von Herrschaft zu reduzieren. Aber wer sich die Vermengung von Angst und Aberglaube, Neugier und Furcht, Hoffnung und Verzweiflung vorstellen kann, mit der sich die Herrschenden und die Massen in der Vergangenheit an ihre Medizinmänner und Priester, an ihre Überzeugungen, ihre Riten geklammert haben, kann gut verstehen, wieviel Angst und wieviel Wut das unabhängige Denken in diesen Herrschenden und diesen Massen auslösen konnte. Revolutionäres Denken bedrohte in der Tat gerade jene Dogmen, die den wichtigsten persönlichen und kollektiven Schutzwall gegen einen neuen Einbruch des existentiellen Schocks und der mit ihm verbundenen Todesangst bildeten. Das einfache Volk und die Herrschenden haben dunkel geahnt, daß ihr wie immer prekäres psychisches Gleichgewicht von der Achtung der Grenzen abhing, welche die religiöse und politische Autorität dem Wissen setzte. In diesem Licht wird der prompte Beifall der »unterdrückten« Massen zu den Martern, die den »Philosophen der Befreiung« von den herrschenden Mächten auferlegt wurden, vollkommen verständlich. Ebenso wie in seinen ersten Tagen der Sturz des Menschen in Leid und Tod von seiner unstillbaren Neugier verursacht worden war, so konnte ein rebellisches Denken, das die religiöse Autorität oder den Hüter des Dogmas in Zweifel zog, die Hoffnung auf die Wiedererlangung des verlorenen Paradieses gefährden. Der intellektuelle Konformismus war also nicht nur ein Mittel der Unterdrückung, sondern auch Ergebnis und Preis der religiösen und dogmatischen Abwehr von Todesangst, von existentieller Panik.

Wenn die im biblischen Text der *Genesis* enthaltene Lehre vom Sündenfall und der Erbsünde die Frau, die Liebe und das freie

Denken aufs schwerste beeinträchtigte und vor allem in der christlichen Welt einen qualvollen, permanenten Prozeß der Erzeugung von Schuldgefühlen hervorrief, zeitigte die eschatologische Lehre des Neuen Testaments und der apokalyptischen Literatur noch schrecklichere und gesellschaftlich verheerendere Folgen. Wie wir sahen, übernahm das Christentum (später gefolgt vom Islam) weitgehend das heilsgeschichtliche Schema der Lehre Zarathustras vom inneren, nach außen getragenen »Heiligen Krieg« gegen die Ungläubigen als Vorwegnahme der Großen Schlacht zwischen Gut und Böse und als Vorbereitung des Tausendjährigen Reichs und des Weltgerichts. Im Christentum wurde die Dringlichkeit dieses unversöhnlichen Kampfes gegen die Mächte des Bösen über einen langen Zeitraum hinweg noch von der apokalyptischen Predigt verschärft, die das unmittelbar bevorstehende Ende der Welt und das Jüngste Gericht verkündigte. Jenseits der geschichtlichen Spielarten, die der christliche Millenarismus – die Lehre vom Tausendjährigen Reich (Chiliasmus) – angenommen hat und auf die wir später zurückkommen, will ich hier nur in aller Kürze den psychologischen Mechanismus untersuchen, der diesem heilsgeschichtlichen Fanatismus und seiner zwanghaften Aggressivität zugrunde liegt, wie übrigens jedem anderen Fanatismus auch. Auf ihn können nämlich im wesentlichen die Gewalttätigkeit und Konfliktbereitschaft zurückgeführt werden, welche die menschliche Gattung seit Jahrtausenden quälen.

Wie immer steht am Anfang die Panikreaktion des menschlichen Affen auf den existentiellen Schock bei der Bewußtwerdung des Todes. Aber wie sich zeigte, wurde der Tod bald als Strafe für einen Verstoß gegen die Gottheit erlebt; der bereits erwähnte biblische Text ist das vielleicht berühmteste und expliziteste Beispiel dieser »Deutung«. Untrennbar damit verbunden ist ein starkes *Schuldgefühl*, und in der Tat hat schon immer eine unendliche Spirale von Schuldgefühlen, die in der Kreuzigung Christi ihren Höhepunkt findet, die christliche Welt gekennzeichnet. Es war unvermeidbar, daß in Religionen, in denen das Verhältnis zu Gott beständig unter der Last der Schuld steht, sich ein Prozeß *paranoider Projektion* entwickelte. Durch ihn wurde die Schuld auf die Außenwelt gelenkt, auf die Ungläubigen und alle, die *hic et nunc* jene Rebellion, jenen Ungehorsam gegen Gott zu wiederholen wagten, den der religiöse Fanatiker auf seiner Vergangenheit lasten fühlte. Gegen den Ungläubigen kämpfen und ihn vernichten wird daher zur Notwendigkeit, um sich von der eigenen Vergangenheit als Sünder freizukaufen, um die eigenen Schuldgefühle zu beschwichtigen, um dem eigenen tyrannischen Überich-Gott, der Wahren Kirche, dem Gerechten Propheten die unbedingte Hingabe zu beweisen. Neben diesem klassischen Projektionsprozeß, in dem die eigene Schuld in die Schuld des anderen verwandelt wird, scheint mir auch die Hypothese einer direkteren Umwandlung von Angst in Aggressivität beziehungsweise in eine einfache paranoide Abfuhr der Angst plausibel, und zwar auf der Basis der Beobachtungen des Biologen Henry Laborit und von Wilhelm Reich. Wenn, wie Laborit feststellte, das einem starken Schock ausgesetzte Tier versucht, entweder mit Flucht oder mit Angriff zu reagieren, und wenn – nach Reich – die Angst eine Erregung des Sympathikus hervorruft, die in der Aggression Erleichterung und Abfuhr finden kann, so nimmt es in der Tat nicht wunder, daß der existentielle Schock und die starke Todesangst des Menschen seine Aggressionsschwelle senkt.[28]

Nach diesen notwendigerweise summarischen Verweisen auf die zoroastrischen, jüdischen und christlichen Mythen vom irdischen und himmlischen Paradies, die man als elaborierteste Transformationen der Todesverneinung in fanatische und heilsgeschichtliche Termini auffassen kann, nun noch einige Bemerkungen über geschichtliche Religionen, in denen der paradiesische Mythos abgetönter und die Leugnung des persönlichen Todes weniger ausgeprägt ist: *Konfuzianismus, Buddhismus* und *Taoismus*. Es sollte zu denken geben, daß sich in Ländern wie Indien und China, wo Buddhismus, Konfuzianismus und Taoismus am lebendigsten waren, weniger aggressiv-expansionistische Tendenzen und eine größere Toleranz auf religiösem Gebiet entwickelt haben. In den beiden großen asiatischen Ländern war das Zusammenleben unterschiedlicher Sekten und Religionen über Jahrhunderte hinweg die Regel (auch wenn Zeugnisse fanatischer Verfolgungen nicht fehlen), und die Invasionen bzw. Gebietseroberungen zu Lasten der »Ungläubigen« sind relativ selten geblieben.

Dennoch fehlt selbst in diesen Religionen die Leugnung des Todes nicht. Im Konfuzianismus beispielsweise besteht sie im wesentlichen im *Ahnenkult*. Er ist auf die Sicherung von jenseitigem

Glück und Wohlergehen der Verstorbenen gerichtet und schützt gleichzeitig die Angehörigen, die das Gedenken an sie pflegen.[29] Für den Buddhismus ist bekannt, daß der Ursprung dieser Religion, viel sichtbarer als in jeder anderen, in der Erfahrung und Reflexion des Todes durch seinen Begründer wurzelt.

In der Tat erzählt die Legende von Buddha, daß alles so geordnet war, damit sein Leben von eitel Freude und Harmonie erfüllt sein mußte. Als der erste Sohn des Königs Sudhodanna geboren wurde, kam am selben Tag die Prinzessin Yosodhara zur Welt, seine zukünftige, wunderschöne Braut. Sein Vater, der ihn innigst liebte, scheute keine Mittel, ihm eine erlesene Erziehung zu ermöglichen und ihn darüber hinaus mit Freude und Schönheit zu umgeben: Festen, Jagden, Tänzerinnen, Künstlern. Und als der junge Prinz Siddharta – der zukünftige Buddha – seine schöne Prinzessin Yosodhara heiratete, schenkte der König den Brautleuten drei prachtvolle Schlösser. Mehr als zehn Jahre lebten der Prinz und seine Gefährtin in Eintracht und Glück.

Eines Tages aber, auf der Rückkehr von der Jagd mit seinem getreuen Knappen Channa, sah Siddharta einen kranken, ausgemergelten Mann, der sich vor Schmerz am Straßenrand krümmte.

»Was ist mit diesem Mann?«, fragte er Channa.

»Er ist krank und hat große Schmerzen«, antwortete der Knappe.

»Aber warum ist er krank?«, fragte der Prinz.

»So ist das Leben, mein Herr«, erwiderte Channa.

Siddharta schwieg und verfiel in große Traurigkeit. Am nächsten Tag begegneten der Prinz und Channa einem alten Mann. Er war so alt, daß sein Rücken gekrümmt war, sein Kopf ständig wackelte und seine Hände wie Espenlaub zitterten.

»Was ist mit diesem Mann?«, fragte der Prinz Channa, »ist er auch krank?«

»Nein, mein Herr, aber er ist sehr, sehr alt: so ist das Leben.«

Und wieder kehrte der Prinz Siddharta in traurigem Schweigen zum Palast zurück.

Am folgenden Tage wurden die beiden Zeuge von einem Begräbnis. Man trug den Leichnam eines Mannes zur Verbrennungsstätte, und hinter dem Toten liefen schluchzend seine Frau und Kinder. Siddharta fragte Channa, was diesem Manne zugestoßen sei. Der Knappe antwortete:

»Das, mein Herr, ist das Los jedes Menschen: König oder Bettler, ihn holt der Tod.«

Nach der Rückkehr zum Palast mied der Prinz das prächtige Fest, das ihm seine Gemahlin bereitet hatte und zog sich zurück, um zu meditieren. Jetzt, nachdem er die Krankheit, das Alter und den Tod gesehen hatte, konnte er nicht mehr die Heiterkeit der Feste genießen. Das Leben – dachte er – muß ein Manko in sich bergen, irgendeine tiefe Fäulnis, wenn es stets von Leid und Tod vergiftet ist. Woher aber kommt diese unendliche Masse von Leid?[30]

Die Meditation des Prinzen Siddharta nahm so ihren Anfang, in langen Jahren der Entbehrung und der Suche gewann er die Erleuchtung: »Buddha« heißt wörtlich »der Erwachte«.

Bekanntlich hat der von Buddha entdeckte und verkündete Heilsweg nicht den Bedeutungsgehalt persönlicher Unsterblichkeit und paradiesischer Wonnen der meisten Religionen und der heilsgeschichtlichen im besonderen. Buddhas Weg beruht ganz auf der stufenweisen Abkehr und dem Rückzug von der Welt, die als zuinnerst und unabwendbar leidvolle Erfahrung betrachtet wird. Das Leben ist daher für Buddha Leid, und zwar nicht nur, weil es von Leid durchtränkt ist, sondern auch, weil die Freude selbst sich – als vergängliche – in Leid verwandelt. Aber was ist die Ursache von sovielem Leid? Buddha kam zu der Erkenntnis, daß es im Verlangen nach dem Leben selbst lag, im Durst nach Glück, und daß daher der Weg zum Erlöschen des Leids über das Erlöschen des Verlangens führt, d. h. über die Abkehr und den Rückzug vom Kreislauf der Existenz.

Buddhas Philosophie, die aus einer Meditation über Leid und Tod entstanden ist, gelangt zur radikalen Verneinung des Lebens. Mit seltener Konsequenz scheint Buddha die Unmöglichkeit für den menschlichen Affen auszudrücken, das Leben weiterzuleben, ist er sich einmal seiner Lage bewußt geworden. Es kann kein Zufall sein, daß diese stoisch-pessimistische Philosophie nur in verschwindend geringem Maße die Äußerungen von Intoleranz und Fanatismus entwickelte, welche die heilsorientierten, endzeitlichen Religionen charakterisieren. Aber diese Bemerkung gilt im wesentlichen für den ursprünglichen Buddhismus. In vielen seiner geschichtlichen Formen ist auch der Buddhismus bei den paradiesischen Versprechungen des Großteils der Religionen gelandet.[31]

Der ursprüngliche Buddhismus deutet der brahmanischen Tradition entsprechend auf das Nirwana hin, den Zustand von Glück und ewiger Vollkommenheit, in den der Erleuchtete nach seiner letzten Wiedergeburt eingeht. Es bleibt jedoch eine Form von Glück, die man zu beschreiben oder zu erläutern vermeidet, eben weil sie nicht zum Kreislauf der Existenz gehört und so ihrer eigenen Natur nach undefinierbar ist. In späteren Zeiten jedoch wird Buddha dann zu einem göttlichen Wesen, das mit Wissen, Macht und unendlichem Leben begabt ist, während dem Nirwana ähnliche Bestimmungen wie dem Paradies zukommen. All das hat meiner Meinung nach eine sehr klare Bedeutung: der Mythos vom Paradies entspricht einem tiefen und bleibenden Bedürfnis der breiten Massen; er weist darauf hin, daß der Dreh- und Angelpunkt ihrer Religiosität in dem radikalen Umschlag des Begriffspaars Leid-Tod in das Begriffspaar Glück-Unsterblichkeit liegt.

Im *Taoismus* wird eine andere Form von Todesverneinung sichtbar: Der Tod kann hier und jetzt besiegt werden, auf dieser Erde selbst. Diese Lehre, die im *Tao-tê-king* (einem der wichtigsten taoistischen, dem Lao-tzu zugeschriebenen Text) noch kaum angedeutet ist, erlangt in dem teils früher, teils später entstandenen *Wahren Buch vom südlichen Blütenland* des Chuang-tzu zentrale Bedeutung, wie auch bei dem einige Jahrhunderte späteren *Lieh-tzu* sowie im *Pao-p'u-tzu* von Ko Hung, das ins dritte nachchristliche Jahrhundert datiert wird. In diesen Texten und vor allem in den taoistischen Praktiken und Sekten der letzten zweitausend Jahre wird das Thema der Unsterblichkeit immer wichtiger. So behauptete z. B. im ersten Jahrhundert n. Chr. der taoistische Magier Chang-Tao-Ling, das Elexier der Unsterblichkeit entdeckt zu haben. Er wurde zum Gegenstand eines Personenkults, der sich von Generation zu Generation bis in unsere Tage fortsetzte. Changs Nachfolger wurde »Jadekaiser« genannt, weil sein durch die magischen taoistischen Praktiken unsterbliche Körper der »Jadekörper« war; der letzte »Kaiser« lebte bis in die Anfänge des maoistischen Regimes in den Drachentigerbergen in der chinesischen Provinz Kiang-si und wurde wie ein Gott verehrt. Seit dem 8. Jahrhundert n. Chr. versammelt der *Tao-Tsang* – auch »Kanon des Taoismus« genannt – 1500 Texte, darunter viele Lebensbeschreibungen unsterblicher Heiliger und Weiser und spezielle sexuelle Praktiken – basierend auf dem sogenannten *coitus riservatus* – die ihren Adepten die ersehnte Unsterblichkeit sichern sollten.[32]

Die wachsende Besessenheit des Taoismus von dem Problem, wie die Unsterblichkeit zu gewinnen sei, folgt der schon erwähnten Entwicklung des Buddhismus. Sie zeigt noch einmal, daß das der Religiosität der breiten Masse der Bevölkerung zugrundeliegende tiefste psychische Bedürfnis die Suche nach einer wie immer gearteten Unsterblichkeitsgarantie ist, d. h. nach einem sicheren Schutz gegen Todesangst und Tod. Es ist ein Bedürfnis, das sich in einigen Religionen schon in der Lehre ihrer Begründer durchsetzt – nicht zufällig sind es jene mit dem stärksten expansionstischen Druck. In anderen jedoch wie im Buddhismus und Taoismus überwindet dieses Bedürfnis das Schweigen der Meister zum Thema des Todes und des Jenseits und bildet über die Generationen hinweg Lehren und Rituale zur Eroberung der Unendlichkeit heraus.

Ein besonderer Kommentar sei schließlich der *Bhagavad-gîtâ* vorbehalten, da in dieser heiligen Dichtung – dem am weitesten verbreiteten Andachtsbuch des Hinduismus – der Prozeß von Enthumanisierung und fanatischer Gemeindebildung am sinnfälligsten erscheint, wie ihn die religiöse Abwehr gegen die Todesangst fast immer für den Menschen mit sich brachte. Diese sehr alte Dichtung – der Hindutradition zufolge ist sie vor 5000 Jahren entstanden, nach den im übrigen unsicheren Schätzungen der Philologen vor 2300 bis 2400 Jahren – erzählt den dramatischen Dialog zwischen dem kriegerischen Prinzen Arjuna, der dazu ausersehen ist, die Entscheidungsschlacht zwischen den Pândavas und Kuruiden um die Einigung des Königreichs Pandu zu führen, und Krishna, der höchsten Gottheit des hinduistischen Pantheons, der sich auf die Seite Arjunas gestellt und somit zum Garanten seines Sieges gemacht hat. Dem Anschein nach handelt es sich hier nur um eines der vielen Epen, das den Eingriff dieses oder jenes Gottes auf Seiten des Siegers schildert. Aber wie wir sehen werden, beschreibt das Epos das zentrale Dilemma des menschlichen Herzens und löst es – in den typischen Mustern der religiösen Abwehr –, was gewiß seinen ungeheuren, bleibenden Erfolg in aller Welt erklären kann.

48

Vor Beginn der blutigen Schlacht (nach den enthusiastisch über-steigerten Zahlen der frommen Literatur zählte sie 640 Millionen Tote) fahren Arjuna und Krishna mit ihrem Streitwagen zwischen den beiden aufmarschierten Heeren entlang. Aber statt über sei-nen bevorstehenden Sieg zu frohlocken, fühlt sich der Prinz Arjuna von den zahllosen Opfern jener brudermörderischen Schlacht zwischen Angehörigen desselben Volkes und Mitgliedern derselben Familien, die auf dem Schlachtfeld liegenbleiben wer-den, überwältigt:

Arjuna sprach: »Wie ich diese meine Anverwandten, o Krishna, kampfbereit [mir] gegenüber stehen sehe, erschlaffen meine Glie-der und mein Mund wird ganz trocken, ein Zittern überfällt meinen Leib, und meine Haare sträuben sich, [...]. Ich verlange nicht nach Sieg, o Krishna, nicht nach Herrschaft und [deren] Freuden. Was ist uns Herrschaft, o Herdenerbeuter, was Genüsse oder [selbst] das Leben! [...] Welche Freude kann uns zuteil werden, wenn wir die Angehörigen [umbringen], o Bedränger der Menschen?«[33]

Im Bilde des Kampfes zwischen Blutsverwandten drückt Arjuna das ganze Grauen des nicht fanatisierten menschlichen Gewissens angesichts der monströsen Grausamkeit des Krieges aus. Aber Krishna, der sinnbildliche Ausdruck des religiösen Fanatismus und seiner paranoiden Intoleranz, schickt sich sofort an, Arjunas Menschlichkeit zu zerstören und aus ihm einen »tüchtigen Kanni-balen« im Dienste des »Wahren Gottes« zu machen!

»Woher ist dieser Kleinmut in der Gefahr über dich gekommen, der Edlen mißfällt, den Weg zum Himmel verschließt und Schande bringt, o Arjuna?«[34] Unverzüglich wird die Hauptverlockung eines jeden »Heiligen Krieges« in Arjunas Herz hineingeschmei-chelt:

»Und ebenso wenig darfst du, wenn du deine Pflicht im Auge behältst, erzittern; denn etwas anderes, das für den Krieger besser wäre, als ein gerechter Kampf, gibt es nicht. Glücklich die Krieger, [...] die eines solchen [...] Kampfes teilhaftig werden, der das ge-öffnete Tor des Himmels ist!«[35]

Und gemäß der klassischen Methode jeder heilsgeschichtlichen Religion verbindet der heilige hinduistische Text wenig später mit den Schmeicheleien die Drohungen:

»Wer so mein göttliches Entstehen und Werk in Wahrheit kennt, der gelangt, wenn er den Körper aufgibt, zu keiner neuen Wiedergeburt; der gelangt zu mir, o Arjuna. [...] Zum Schutze der Guten und zur Vernichtung der Bösen, um das Recht zu befestigen werde ich in jedem Menschenalter geboren.«[36]

So kann sich also der Anhänger Krishnas – wie jedes anderen »Wahren Gottes« – vor der Vernichtung retten und zur Unsterblichkeit gelangen:

»Alle Welten bis zu Brahmans Welt unterliegen der Wiederkehr. [...] Deshalb gedenke zu allen Zeiten an mich und kämpfe!«[37]

Und Krishna zögert nicht mit der Rechtfertigung des Verbrechens, da es im Dienst des »Wahren Glaubens« steht: »Selbst wenn ein arger Bösewicht mich liebt und nichts anderes, so muß er für gut erachtet werden; denn er ist von rechtem Entschluß.«[38] Zur Besiegelung seiner Lehren offenbart sich Krishna schließlich in seiner »universellen Gestalt«. Arjuna ist von dieser schrecklichen Vision bestürzt und geblendet:

»Ich erblicke, o Gott, in deinem Leibe die Götter und alle die Scharen der verschiedenen Wesen [...] Beim Anblick deiner mächtigen Gestalt, o Starkarmiger, mit den vielen Munden und Augen, den vielen Armen, Schenkeln, Füßen und den vielen Bäuchen sind die Welten bestürzt und auch ich. [...] Und beim Anblick deiner von vielen Zähnen grausig starrenden Munde [...] finde [ich] keine Zuflucht. Sei gnädig, o Herr der Götter, [...] wie Motten ins brennende Feuer fliegen zu ihrem Untergange mit großer Eile, so gehen auch die Menschen zu ihrem Untergange in deine Munde mit großer Eile ein.«[39]

Und Krishna antwortet und erneuert seinen blutigen Befehl: »Der mächtige Tod bin ich, der die Vernichtung der Menschen bewirkt. [...] Darum erhebe dich, erwirb Ruhm, besiege die Freunde. [...] Von mir sind diese schon vorher getötet. Nur das Werkzeug sei du, [...]«[40]

Verständlicherweise kapituliert der arme Arjuna: »[...] und doch erzittert mein Herz vor Furcht [...] Deshalb suche ich, mich verneigend und den Körper niederwerfend, dich zu besänftigen, den verehrungswürdigen Herrn. Gleich der Vater dem Sohn [...] wollest du mir, o Gott, verzeihen.«[41]

So wird das schreckliche Gemetzel von Kuruksetra beginnen, Vorbild von tausend anderen glorreichen Siegen tausend anderer »heiliger Kriege«, und der Prinz Arjuna wird sein Reich »auf heilige Weise« bekommen (auch wenn sich sein Sieg in Wirklichkeit

dem Verrat der Brüder Bhîṣma und Karna verdankt). Von der La-
wine paradiesischer Versprechungen und furchtbarer Drohungen
überwältigt, verkehren sich Arjunas Mitleid und menschliche Solidarität in Fanatismus, in die verhängnisvolle paranoide Abfuhr
der Todesangst. In diesem heiligen Text, der aus dem fernen vedi-
schen Altertum auf uns gekommen ist, erscheinen die grausamen
Implikationen der »religiösen Abwehr«, die der menschliche Affe
gegen den existentiellen Schock aufgebaut hat, in exemplarischer
Klarheit: einer Klarheit, die andere, spätere heilige Texte zu vergessen oder verschleiern suchen.

Vielleicht hält der eine oder andere Leser diese Ausführungen
für eine einseitige Herausstellung eines Themas, das die herkömmlichen Analysen über das magisch-religiöse Denken keineswegs so zentral und universal einstufen. Jedoch könnte diese
Reaktion selbst von jener tiefen Verdrängung des Todes ausgelöst worden sein, wie sie auch den Alltag unserer technologi-
schen, spezialisierten Gesellschaft bestimmt. Mit diesem Aspekt
werden wir uns im 9. Kapitel »Der Tod im Alltag« noch näher
auseinandersetzen.

In der Welt der Primitiven und im Altertum jedenfalls war der
Tod sehr konkret und bedrängend gegenwärtig; nicht nur, weil er
unvermittelt eintrat, sondern und vor allem, weil der Leichnam
nicht sofort verschwinden konnte (und durfte), wie es heute geschieht. Oft war der Leichnam auch Gegenstand einer langwieri-
gen rituellen Behandlung, die ihm für die Angehörigen und den
ganzen Stamm eine beängstigende, bedrohliche Gegenwart ver-
lieh. Auf diesem Gebiet ist die umfassende Untersuchung über die
Begräbnisriten von Robert Hertz grundlegend.[42] Sie wurde noch
zu Beginn des Jahrhunderts durchgeführt und erforscht ein Bestat-
tungsbrauchtum, das unter den primitiven Völkern wohl am weitesten verbreitet war: die sogenannte doppelte Bestattung. Wie
schon Lafitau bemerkte, »sind bei den meisten primitiven Völkern
die Leichname in dem Grab, in dem sie anfangs bestattet werden,
wie in einem Zwischenlager. Nach einer gewissen Zeit finden neue
Leichenfeiern statt.«[43] Die von Hertz herangezogenen Zeugnisse
stammen vor allem aus Indonesien, wo die doppelte Bestattung
extensiv praktiziert wurde. Bei den Dayak auf Borneo z. B. wird
der Leichnam vorübergehend in einem Miniaturholzhaus aufbe-

wahrt, das auf einigen Pfählen steht, oder, wie es häufiger geschieht, auf einer Art Gerüst, das nur von einem Dach überwölbt wird.[44] Die Konstruktion ähnelt vielsagend den provisorischen Behausungen der lebenden Stammesangehörigen, wenn sie in einer weit vom Dorf entfernten Gegend Feldarbeiten verrichten. Der Verstorbene wird also an einem Ort aufbewahrt, der sich symbolisch noch nahe bei den Behausungen der Lebenden befindet. Die endgültige Bestattung folgt erst viel später: zwei, drei, vier, sechs, ja sogar zehn Jahre nach dem Ableben. Der Hauptgrund für diese Verzögerung besteht in dem Erfordernis abzuwarten, bis der Leichnam völlig verwest ist und nur noch seine trockenen Knochen übrigbleiben. Der vorläufige Sarg wird daher so gezimmert, daß Verwesungsbestandteile und Körperflüssigkeit entweder direkt auf die Erde oder in ein unter der Bahre bereitgestelltes Gefäß fallen. Diese Verfahrensweise soll die unheilvollen Ausstrahlungen fernhalten bzw. vertreiben, die, wie man glaubt, als Gestank vom Körper ausgehen. So werden sowohl die Lebenden als auch der Tote vor diesen Ausstrahlungen bewahrt. Während des Zeitraums zwischen den beiden Begräbnissen fühlen sich die Lebenden einem unheilvollen Einfluß ausgesetzt, der offensichtlich mit dem Verwesungsprozeß und dem Zerfall des Leichnams zusammenhängt. Um diese furchtbare Bedrohung abzuwenden oder zu beschränken, müssen die Angehörigen des Verstorbenen eine Reihe von Geboten beobachten: sie dürfen weder das Dorf verlassen noch Besuche abstatten; die nächsten Verwandten müssen sich sogar zu Hause einschließen und dort einige Monate lang bleiben. In all diesen Ritualen äußert sich deutlich die Angst der Hinterbliebenen.

Nach Hertz ist auch die Mumifizierung nur ein »besonderer Fall« des Brauchtums der doppelten Bestattung. Aber auch in diesem scheinbar nur technischen Verfahren hat der Mensch Auge in Auge mit dem schrecklichsten Antlitz des Todes gekämpft. Sechzig Tage lang arbeitete der Einbalsamierer gegen den Verwesungsprozeß, der sich des Leichnams zu bemächtigen versucht. Erst nach dieser Zeitspanne konnte der unzerstörbar gewordene Körper ins Grab gelegt werden.[45] Dieser Kontakt des Primitiven mit dem Tode nimmt bei den Bewohnern der Gilbert-Inseln nachgerade erschreckende Formen an. Das Brauchtum dieser Stämme verpflichtet die Witwe des Verstorbenen, monatelang mit dem

Leichnam des Toten zu leben, der neben ihr auf dem Bett ausgestreckt liegt. Während der ganzen Zeit der Verwesung, des Zerfalls und der Entfleischung des Toten muß sich die Witwe mit den Flüssigkeiten, die von dem verwesenden Leichnam tropfen, Körper und Gesicht einreiben. Während dieses Zeitraums bleibt sie von jeglichem Kontakt mit dem Rest des Stammes ausgeschlossen, da sie als unrein gilt.[46] Im Licht dieser erstaunlichen Rituale können wir besser vergegenwärtigen, wie sehr die Bedrohung durch den Tod die Welt der primitiven Völker und allgemein aller Kulturen geprägt hat, die der unsrigen vorausgehen, in denen die rasche Beseitigung des Leichnams auch rein technisch gesehen nicht so einfach war. Und im Lichte dieser geschichtlichen Wirklichkeit wird man auch besser beurteilen können, ob unsere Darstellung die Bedeutung des Todes und der Todesangst für die Prägung der kulturellen Prozesse des Menschen in urgeschichtlicher wie historischer Zeit übertreibt oder nicht.

Im übrigen sind sich alle Gelehrten in der Anerkennung der zentralen Bedeutung von Tod und Todesverneinung in den verschiedenen menschlichen Kulturen einig. Man nehme etwa die Worte, mit denen Jean-Didier Urbain seine Darstellung über den Tod eröffnet:

»Hier wird der Tod als eine Verlängerung des irdischen Lebens vorgestellt (primitive Gesellschaften) oder als Übergang und Befreiung (indische Kultur); dort wird er als Wartezeit und lange Buße gesehen auf dem Weg, der zum ewigen Leben führt (Christentum und Islam) oder noch als Moment des Kreislaufs des Lebens verstanden, als ewige Wiederkehr (Stoiker, Chaldäer, Indianer). Erlösende Ruhe, Zugang zur Welt der Ahnen (afrikanische Negergesellschaften), Ort, wo der Geist durch die Seelenwanderung von einem Körper in den nächsten übergeht (Brahmanismus, Buddhismus, Jainismus) oder schließlich höchster Augenblick der Reintegration in das göttliche Ich, in die unteilbare Einheit: immer und überall jedoch ist der Tod auf verschiedene Weise durch die Allmacht der menschlichen Phantasie ferngehalten worden.«[47]

Wenn auch einige Kulturen das Thema des Weltuntergangs und andere die ethische Diskriminierung der Ungläubigen und Sünder nicht kannten, so fehlt doch in keiner der Glaube an ein persönliches Weiterleben. Diese Tatsache wird auch in den geweihten Kompilationen des zeitgenössischen wissenschaftlichen Denkens, den maßgebenden Enzyklopädien, offen anerkannt. Die *Encyclopaedia Britannica* z. B. schreibt, daß »der Glaube an die Unsterblichkeit die ganze menschliche Geschichte hindurch weit verbreitet war«,[48] während sich eine bekannte italienische Enzyklopädie folgendermaßen äußert:

»Man kann die Unsterblichkeit als eine Idee betrachten, die in den Religionen und allgemein in den Kulturen des Altertums beständig wiederkehrt. In den primitiven Religionen einfach als Fortsetzung des irdischen Lebens, aufgefaßt in mehr oder weniger stark veränderter Form, wird sie schon früh von der Anerkennung eines unterschiedlichen Schicksals der Toten begleitet. Es kann entweder auf der im Leben innegehaltenen Stellung beziehungsweise den ausgeübten sozialen Funktionen beruhen, oder auf der Erfüllung magischer, kultureller, ritueller Vorschriften, oder schließlich in höher entwickelten Kulturen auf dem ethischen Verhalten.«[49]

Die Behauptung der Unsterblichkeit, also die Leugnung des Todes, ist somit seit langem und überall als gemeinsamer Nenner aller Religionen anerkannt, von den ältesten bis zu den jüngsten, von den anspruchslosen zu den komplexen. Was hingegen beeindruckt, ist die spärliche Aufarbeitung und Analyse dieses inzwischen gesicherten Faktums der menschlichen Vorgeschichte und Geschichte sowie des tiefen Einflusses, den es auf die Entwicklung der Kulturen und ihre so qualvollen, abwegigen, blutigen, aber auch so bewegenden und aufregenden Ereignisse gehabt haben muß. Vor allem stimmen viele Forscher darin überein, daß die zentrale Funktion des magisch-religiösen Denkens in der Sicherung des Lebens über den Tod hinaus und in einer wirksamen Verteidigung gegen die tödlichen Gefahren des irdischen Lebens besteht. Aber nur sehr wenige scheinen die vorwiegend existentielle – und nicht sozio-politische – Natur des enormen Einflusses zu begreifen, den die Religionen und ihre Hierarchien zu jeder Zeit und in jedem Lande ausgeübt haben. Wie sie auch nicht das Ausmaß der psychologischen Krise begriffen haben, die sich dem modernen Menschen durch den Zusammenbruch der religiösen Absicherung eröffnet hat.

Gewiß wurde diese Absicherung seit der Renaissance vom Einbruch des rationalen wissenschaftlichen Denkens zerstört, aber dieser Einbruch wurde seinerseits erleichtert durch die Krise, in welche die religiöse christliche Abwehr am Ende des 14. Jahrhunderts geraten war, und zwar aus einigen inneren Widersprüchen heraus. Wiederum waren diese Widersprüche wesentlich psychischer Natur: Sie bestanden vor allem im *Schuldgefühl* sowie in der verhängnisvollen *Eskalation* von Sühneriten und Wiedergutmachungsakten, die diese Widersprüche abmildern sollten. Zu dem überaus starken Schuldgefühl, welches das Dogma von der Erbsünde produziert – seinerseits notwendig, um den Tod in Begriffen von Bestrafung zu erklären –, hatte das Christentum nämlich das Gefühl von Schuld, das von der Kreuzigung des Erlösers Christi herrührt, hinzugefügt. Außerdem warfen verschiedene Lehren des Evangeliums gerade wegen ihrer faszinierenden Tiefe und Zweideutigkeit zusätzlich einen immer dunkleren, undurchdringlicheren Schatten auf die Gewißheit der Erlösung. Es genügt, sich an die wunderbare Ermahnung Jesu zu erinnern: »Die Letzten werden die Ersten sein.« Am Tage des Jüngsten Gerichts würde Gott zu denen, die sich verdammt fühlten, sagen: »Kommet und sitzet zu meiner Rechten«, und zu denen, die sich für gerecht hielten: »Ihr sollt verdammt sein. Gehet hinweg, um im Feuer der Hölle zu brennen.«

So war es unvermeidbar, daß im Christentum, zumindest in seiner paranoiden Form, die sich geschichtlich durchgesetzt hat, sich die quälende Angst vor der Verdammung immer weiter steigern und sich immer quälendere Sühne- und Beschwichtigungszeremonien herausbilden mußten. Die christliche religiöse Abwehr, die sich so schnell und umfassend als Heilmittel gegen die Angst vor dem Tode als völliger Auslöschung der Person verbreitet hat, produzierte am Ende eine noch unerträglichere Angst: die Angst vor dem Tode als Eintritt in ewige Qual und Verdammnis. Die Psyche der christlichen Bevölkerung befand sich schließlich im Zustand einer wahren Überflutung von dieser neuen Welle der Angst. In seinem berühmten Werk *Herbst des Mittelalters* schreibt Huizinga:

»Keine Zeit hat mit solcher Eindringlichkeit jedermann fort und fort den Todesgedanken eingeprägt wie das fünfzehnte Jahrhundert. Unaufhörlich hallt durch das Leben der Ruf des Memento mori. [...] Seitdem mit dem Aufkommen der Bettelorden die

Volkspredigt sich entwickelt hatte, schwoll die Ermahnung zu einem drohenden Chor an, der mit der Heftigkeit einer Fuge die Welt durchschallte.«[50]

Nach Huizinga hat sich diese Todesfurcht, dieser quälende Gedanke an das vergängliche, hinfällige Wesen von allem und jedem, in drei grundlegenden Themen konkretisiert:

»Da war vorab das Motiv: wo sind sie alle geblieben, die früher die Welt mit ihrer Herrlichkeit erfüllten? Dann das Motiv der schaudernden Betrachtung der Verwesung alles dessen, was einmal menschliche Schönheit ausgemacht hatte. Schließlich das Motiv des Totentanzes: der Tod, der die Menschen aus jedem Beruf, aus jedem Lebensalter heraus mit sich zerrt.«[51]

Vor allem die beiden letzten Motive haben gegen Ende des 14. Jahrhunderts in den darstellenden Künsten wie in der Literatur eine Bedeutung allerersten Ranges erlangt.

Natürlich hatte, wie wir gesehen haben, die Todesangst immer an der Wiege des religiösen Denkens und der menschlichen Kultur gestanden. Doch hatte die religiöse Abwehr während des christlichen Mittelalters hinreichend gut funktioniert, indem sie die Gewißheit vermitteln konnte, daß ein nach den Regeln geführtes Leben vor den Qualen der ewigen Verdammnis bewahren könne. Als dieses von der kirchlichen Autorität vorgeschriebene Regelsystem jedoch nach und nach immer komplizierter wurde und sich die Bedingungen, unter denen das Heil zu erlangen war, immer weiter verschärften – aus Mechanismen heraus, die für jedes zwanghafte Sühne- und Versöhnungsritual typisch sind –, nahm auch die Angst vor der Verdammnis unerträgliche Formen an. Gerade hierin muß die Ursache für die qualvollen Bußhandlungen, die Selbstgeißelungen, die Bußgürtel gesucht werden, wie auch für die alptraumartige Darstellung des Todes in der Malerei und der frommen Literatur.

Die *Geschichte vom König, der niemals lachte* faßt sehr gut diese typisch christlichen Wurzeln der Angst vor Tod und Verdammnis zusammen.[52] Warum lachte der König niemals? Weil er – wie die Legende erklärt – mit großer Angst der Qualen Christi am Kreuz gedachte; weil ihn der Gedanke an den Tod ängstigte; weil ihn mehr noch der Gedanke ängstigte, ohne Absolution zu sterben; und schließlich, weil er von der Angst besessen war, beim Jüngsten Gericht unter die Verdammten zu geraten.

Die religiöse Verdrängung der Angst vor dem Sterben hat also am Ende – wie es auch oft bei individuellen Neurosen der Fall ist – eine noch unerträglichere Angst (die vor der Verdammnis) hervorgebracht, die sie doch verbannen wollte. Das hatte zur Folge, daß sie als zu aufwendig Schritt für Schritt wieder aufgegeben werden mußte. Während wir schon bei Petrarca ein sich steigerndes Aufschaukeln von Todesangst und der Angst vor der Verdammnis finden, begann man im Humanismus und in der Renaissance, die Vorteile des religiösen Skeptizismus zu schätzen. Aber das ist eine weitere Entwicklung, die im Kapitel über *Die philosophische Abwehr* behandelt werden soll. An dieser Stelle will ich nur noch eine andere typische Ursache für das Anwachsen der christlichen Furcht vor Tod und Verdammnis untersuchen: die *Reformation*.

Um die psychologischen Wurzeln der Reformation verstehen zu können, ist es gewiß von Nutzen, sich die Persönlichkeit und Lebenserfahrung ihres Begründers zu vergegenwärtigen. Am 2. Juli 1505, bei der Rückkehr von einem Besuch bei seinen Eltern, wurde der junge Luther – er war damals Magister der Sieben freien Künste – von einem Blitz erschreckt. Erschrocken rief er aus: »Heilige Anna, hilf mir und ich werde Mönch!«[53] Die entscheidende Erfahrung, aus der der religiöse Werdegang Luthers erwuchs, war also die Todesfurcht. Übrigens bekennt Luther selbst in seiner Schrift *De votis monasticis*: »Ich wurde weder gern noch auf eigenen Wunsch hin Mönch, [...] sondern bedrängt von der Angst und Furcht vor einem jähen Tod.«[54]

Nachdem er gegen den Willen des Vaters in den Augustinerkonvent in Erfurt eingetreten war, wurde Luther 1507 zum Priester geweiht und 1512 Doktor der Theologie an der Universität Wittenberg. Als tiefreligiöser Mensch lebte Luther sein Verhältnis zu Gott mit verzweifeltem Ernst. Am Anfang seines Mönchseins bemühte er sich mehrere Jahre lang mit einem immer anspruchsvolleren Asketismus, das göttliche Wohlwollen zu erobern, aber immer blieb er von dem Gefühl beunruhigt, nicht genug getan, sich ungenügender Buße und Zucht unterworfen zu haben. Er war also in die typische Falle der zwanghaften Abwehr von Angst geraten. Nicht einmal die Zuflucht zur Beichte schien ihm zu helfen, denn es wollte dem armen Luther einfach nicht gelingen, sich all seiner Sünden zu erinnern, ganz zu schweigen davon, sie alle zu erkennen. Bezeichnender- wie verständlicherweise begann er, sich der Prädestinationslehre zu nähern, die Heil oder Verdammnis einem unerforschlichen Akt des göttlichen Wissens zuschrieb.

Diese Theorie besaß übrigens in der jüdisch-christlichen Tradition altehrwürdige, berühmte Vorgänger. Im *Alten Testament* finden sich zahlreiche Passagen, die sich implizit auf die Vorsehung beziehen: z. B. die biblischen Verse, in denen von einem »Buch des Lebens« oder »Buch der Lebenden« die Rede ist, in dem die Namen der Auserwählten geschrieben stehen, d. h. der Getreuen, denen die Rettung verheißen ist (*Zweites Psalmenbuch* 69, 29; *Exodus* 32, 32; *Daniel* 12, 1). Im *Neuen Testament* denke man an die Stellen des *Johannesevangeliums* (10, 29), in denen behauptet wird, daß der allmächtige Gott Christus die Namen derer übergab, die »zum ewigen Leben berufen« sind. Aber vor allem mit der paulinischen und augustinischen Verkündigung hat die Lehre von der Prädestination eine besondere Ausformung und Autorität erhalten. »Welche er aber verordnet hat«, schreibt Paulus im *Römerbrief* (8,30), »die hat er auch berufen; welche er aber berufen hat, die hat er auch gerecht gemacht; welche er aber hat gerecht gemacht, die hat er auch herrlich gemacht.« Und im *Brief an die Epheser* (1, 4–5): »Wie er uns denn erwählt hat durch denselben, ehe der Welt Grund gelegt war [...] unsträflich vor ihm in der Liebe: (5.) und er hat uns verordnet zur Kindschaft gegen sich selbst [...]«. Der Heilige Augustinus akzentuiert die paulinische Verkündigung und behauptet, daß die Berufung selbst ein souveräner, unerforschlicher Akt Gottes sei, die nicht von der Zustimmung abhinge und nicht nur Berufung zur Gnade sei, sondern auch zum Ruhm.

Gegenüber der Unerforschlichkeit der göttlichen Ratschlüsse blieb dem Menschen natürlich nichts anderes übrig, als ganz und gar auf den Glauben zu vertrauen. Die protestantische Theorie der Rettung allein durch den Glauben hat also ihre wichtigste Wurzel in der tiefen Furcht des jungen Luther vor Tod und Verdammnis, die, wie wir sahen, gegen Ende des Mittelalters Gemeingut der ganzen christlichen Welt war.

Die kirchlichen Hierarchien hatten die einträgliche Möglichkeit entdeckt, einen ganzen Erwerbszweig darauf aufzubauen: den Ablaßhandel, der zu einer der Haupteinnahmequellen der römischen Kirche geworden war. Luther wurde Zeuge dieses Handels in einer seiner schamlosesten Formen. Albert von Hohenzollern wollte, obwohl er schon die doppelte Bischofswürde besaß, auch noch Erzbischof von Mainz werden, um sein Prestige gegenüber dem Hause Habsburg zu erhöhen. Der Papst forderte 12 000 Dukaten »für die Zwölf Apostel«, als Bußhandlung des Fürsten zur Fürbitte wegen der eigenen Sünden. Albert antwortete, daß er nur für seine Todsünden bezahlen wollte: er bot daher 7000 Dukaten, für jede Todsünde 1000. Der Papst und der Fürst einigten sich auf 10 000 Dukaten. Da sich der Fürst, um dem Papst die enorme Summe zu bezahlen, bei der Bank der Fugger überaus hoch verschuldet hatte, griff der Papst noch einmal auf den Ablaßhandel zurück. Er stimmte zu, daß für die Territorien des Fürsten ein Ablaß gewährt wurde, dessen Erlös zur einen Hälfte dem Fürsten zukommen sollte, zur anderen dem Papst, der sie zum Bau des Petersdoms brauchte. Als der Dominikaner Johann Tetzel nach Eisleben kam, um den Ablaß zu predigen und dabei behauptete, der Ablaß sei vollkommen – d. h., er sichere die unmittelbare Befreiung der Seele vom Fegfeuer, auch ohne Reue und Kommunion des Spenders –, schritt Luther zur Tat und veröffentlichte seine Thesen, d. h. die fünfundneunzig theologischen Behauptungen, mit denen die protestantische Revolution gegen die päpstliche Unfehlbarkeit begann. In der Tat war es also die Intensität und Tiefe seiner Furcht vor der Verdammung, die Luther erfahren hatte, die ihn dazu trieb, die einfache wie zynische Lösung, welche die römische Kirche für das Problem gefunden hatte, voller Abscheu zurückzuweisen.[55]

Wie wir sehen werden, hatte Luthers Revolte ungeheure Folgen, und zwar nicht nur auf religiösem, sondern auch auf politischem und ökonomischem Gebiet. Hier ging es lediglich um den Nachweis, daß auch der Ausgangspunkt der Reformation – und vielleicht noch stärker bei ihrer calvinistischen und zwinglianischen Zuspitzung – die Todesangst ist.

3 Die politische Abwehr:
Das Tausendjährige Reich

> Der Gedanke eines hier auf
> Erden anbrechenden tausend-
> jährigen Reiches erhielt von
> jeher eine revolutionierende
> Tendenz in sich.
>
> *Karl Mannheim*

Mehrere religiöse Lehren, auch die christliche, schieben zwischen die heutige Welt und die letzte, ewige Schönheit des Paradieses ein langwährendes Reich Gottes auf Erden, das sein himmlisches Reich schon vorwegnimmt und symbolisch darstellt. Nach der *Offenbarung des Johannes* (*Apokalypse* 20, 1–5) wird diese neue Ära irdischen Glücks unter der Herrschaft der göttlichen Vorsehung stehen, ganz von himmlischen Freuden durchdrungen sein und *tausend Jahre* währen. Von daher die Ausdrücke *Millennium* und *Millenarismus*. Der erste bezeichnet die neue, gesegnete und glückliche Ära, die von mehreren Religionen am Ende der geschichtlichen Zeiten verheißen ist; der zweite bezieht sich auf die Erwartung und Verkündigung dieser wunderbaren Ära, welche oft durch die Ankunft eines Retters oder *Messias* eröffnet wird. Von daher auch der Begriff *Messianismus*, der die auf die Person eines Messias gegründete millennaristische Botschaft meint.*

Insofern sie auf diesen Zeitpunkt des eschatologischen Geschehens gerichtet ist, welcher schon glücklich und paradiesisch, aber noch nicht überweltlich ist, ist die millennaristische Botschaft ihrem Wesen nach religiös und politisch zugleich. H. Desroches differenziert folgendermaßen: »Während die eschatologische Überlieferung nur auf das Ende der Welt sieht, so blickt die millennaristisch-messianische Überlieferung nur auf das Ende *einer Welt*

---

* Im folgenden werden für das Adjektiv »millennaristisch« auch die Bezeichnungen »heilsgeschichtlich« bzw. »chiliastisch« in diesem Sinne verwendet. (*Der Übersetzer*) zum Zeitpunkt des Großen Tages, der gleichzeitig der Anfang einer neuen Ära und einer neuen Welt sein wird.«[1]

Unter dieser Voraussetzung war es unvermeidbar, daß die offensichtliche psychologische Nähe von *religiösem Millennium* und *politischer Utopie* sich auch in einer konkreten geschichtlichen Kontinuität ausdrücken würde. Auf einigen berühmten Seiten seines Werkes aus dem Jahre 1929 hat Karl Mannheim die Ursprünge dieser Nähe und wechselseitigen Ergänzung von Utopie und Tausendjährigem Reich aufgezeigt, und zwar für die Epoche, die am Anfang der europäischen Neuzeit liegt, speziell für die Hussiten im 15. Jahrhundert und das Werk von Thomas Münzer und der Wiedertäufer (Anabaptisten) im 16. Jahrhundert.[2] Scharfsinnig hat Mannheim herausgearbeitet, daß es »auch bei der Beobachtung der Struktur und Schicksale des chiliastischen Bewußtseins beinahe gleichgültig – und eher für die Geschichte des Motivwandels von Belang – (ist), daß an Stelle der Wunschzeit das Raumbild tritt.«[3] Mit anderen Worten: Mannheim erfaßte zu Recht, daß es, psychologisch gesehen keinen großen Unterschied macht, das Tausendjährige Reich der religiösen Überlieferung in die Zukunft zu projizieren oder – wie in der politischen Utopie – an einem bestimmten Ort zu erwarten (selbst wenn die gesellschaftlichen Folgen dieser Veränderung außerordentlich sein können).

Seit Karl Mannheim ist die geschichtliche Kontinuität zwischen religiösem Millennarismus und revolutionärem Utopismus im letzten halben Jahrhundert von einer ganzen Richtung der kulturgeschichtlichen Forschung herausgearbeitet worden, von Eric Voegelin bis zu Luciano Pellicano.[4] Der psycho-existentielle Zugang allerdings erlaubt, den wesentlichen Kern dieser Erscheinung – eben einen psychischen Kern – in der Todesangst und ihrer paranoiden Verarbeitung auszumachen, jenseits der unterschiedlichen Ausdrucksformen, die sie in den verschiedenen Ländern und Epochen angenommen hat. Mit dieser Sichtweise lösen sich viele Rätsel und Widersprüche auf. So scheint es mir z. B. bedeutsam, daß Mannheim die Verschmelzung von religiösem Millennarismus und politischer Utopie in den Zeitraum um 1400 bis 1500 ansiedelt, in dem auch, wie wir sahen, die innere Krise der religiösen Abwehr von Todesangst ihren Kulminationspunkt fand; er deckt sich weiterhin mit der Zeit der ersten Schläge, die dem kirchlichen Wissensmonopol durch die Wiederentdeckung der Antike, das Wiedererwachen der wissenschaftlichen Forschung und die wachsende Autonomie der politischen Mächte Europas gegenüber der kirchlichen Macht versetzt wurden.

Eric Voegelin zufolge waren die wichtigsten Voraussetzungen für die »Säkularisierung« des religiösen Tausendjährigen Reiches übrigens bereits in der Konzeption enthalten, die der kalabresische Mönch und Mystiker Joachim von Fiore schon im ausgehenden 12. Jahrhundert entwickelt hatte. In seiner Auseinandersetzung mit der Lehre des heiligen Augustinus, die im Niedergang des römischen Reiches das Zeichen des bevorstehenden Weltendes gesehen hatte, vertrat Joachim von Fiore – Sohn einer Epoche der Prosperität und gesellschaftlicher Dynamik – die Auffassung, daß das Zeitalter des Heiligen Geistes anbreche, gekennzeichnet durch die Ankunft eines Führers, der seinerseits durch einen Propheten angekündigt werde. Nach Voegelin finden wir bei Joachim vier Symbole, die für jede spätere millennaristische und auch politische Verkündigung typisch sind: *erstens* die Idee eines Neuen Reichs der Erfüllung, *zweitens* die Idee des charismatischen Führers, *drittens* die Idee des Propheten (der im Verlauf der Säkularisierung zum Intellektuellen wird, welcher die Befreiungsformel nennen kann), *viertens* die Gemeinschaft der Auserwählten (die durch die Säkularisierung zu Kämpfern für die Wahre Revolution werden).

Einen ersten konkreten Ausdruck der Verbindung von religiösem Millennarismus und politischer Utopie sieht Mannheim in der Hussitenbewegung, als Anhänger des böhmischen Theologen Jan Hus, der im Jahre 1415 wegen Häresie auf dem Scheiterhaufen verbrannt wurde, 1421–22 in Tabor versuchten, eine von den Lehren des Evangeliums inspirierte »Stadt Gottes« zu gründen.[5] Aber vor allem mit der politisch-religiösen Bewegung von Thomas Münzer und der anderen Wiedertäufer nimmt die Verschmelzung von biblischem Tausendjährigem Reich und Sozialrevolution konkrete und vollendete Form an. (Die Wiedertäufer oder Anabaptisten wurden so genannt, weil sie die Gültigkeit der Taufe von noch unwissenden Kindern bestritten und die Taufe der bewußten und überzeugten Erwachsenen nach dem Beispiel

Christi selbst predigten.) Münzer sammelte die unterdrückten Bauern zur Revolution gegen die deutschen Fürsten und verkündigte, daß diese Erhebung das Ziel habe, das auf die christlichen Tugenden und die allgemeine Liebe gegründete Reich Gottes zu errichten. Selbst wenn diese Bewegung mit dem Sieg der Fürsten, der Niederlage der Bauern und der Enthauptung Münzers (1525) tragisch endete, bezeichnet sie dennoch eine erste, aufsehenerregende Verknüpfung von Millennarismus und politischer Utopie, deren psychologische und geschichtliche Bedeutung wohl kaum überschätzt werden kann. In der Tat ist diese Bewegung ein klarer Beweis – dem in den vier folgenden Jahrhunderten in Europa und anderswo noch viele andere folgen werden – für die schon früher (allerdings weniger deutlich) sichtbar gewordene Tatsache, daß heilsgeschichtlicher Glaube und politische Utopie, Krieg und revolutionäre Aktion denselben psychischen Mutterboden haben: den menschlichen Traum, Tod, Leid, Haß und Ungerechtigkeit zu besiegen – selbst wenn die revolutionäre Utopie, die doch historisch aus dem religiösen Glauben hervorging, allmählich die Tendenz zeigt, sich von ihm zu lösen und ihn zu verfolgen. Bezeichnenderweise weist diese neue, politisierte Version des Tausendjährigen Reiches sofort dieselben Merkmale von Intoleranz und Brutalität auf wie der religiöse Fanatismus mit seinen heiligen Kriegen, was übrigens angesichts desselben psychischen Nährbodens paranoider Prägung unvermeidbar war. So hat z. B. im Jahre 1532 Jan Bokelszoon, ein Führer der Wiedertäufer, in Münster in Westfalen ein Neues Jerusalem zu errichten versucht. Es verwandelte sich in eine intolerante, blutige Gewaltherrschaft; zwei Jahre später wurde es zerschlagen und von den treuen Kräften der »Wahren Kirche« grausam geplündert: diesmal von der katholischen.[6] Seitdem bewies diese Verflechtung und Parallelität von religiösem Millennarismus und politischer Utopie Dauerhaftigkeit. Und wenn in unserem Jahrhundert, wie sich zeigen wird, die politische Komponente schließlich die Oberhand gewann, so bestätigt doch ihre religiöse Abkunft, daß sie auf psychischer Ebene dieselben existentiellen Wurzeln hat. Aber zuvor noch einige konkrete Beispiele dieser frühen und wachsenden Verschmelzung von religiösem Millennarismus und politischer Utopie.

Da sei vor allem an die *Levellers* erinnert, den linken Flügel der englischen Revolution des 17. Jahrhunderts, deren soziale Bestrebungen sich mit der Vorstellung einer Ankunft des Reichs Gottes verbanden. Nicht anders verhielt es sich bei den *Diggers* des Gerhard Minstanley[7], die wenig später auftraten. Selbst für die Eroberung und Kolonisierung von Süd- und Nordamerika war die politisierte Spielart des christlichen Millennarismus von entscheidender Bedeutung. In seinem *Buch der Prophezeiungen* unterstreicht Christoph Columbus die heilsgeschichtliche Zielsetzung der Entdeckung und Eroberung der Neuen Welt: In der Tat muß gemäß der Heiligen Schrift dem Ende der Welt die Missionierung der ganzen Menschheit vorausgehen. In chiliastischem Fahrwasser hat sich auch der französische Missionar Hieronymus de Mendieta bewegt, der im 16. Jahrhundert unter den Indianern Mexikos das Reich Gottes und das Neue Jerusalem errichten wollte. Und auch unter den Protestanten, die Nordamerika kolonisierten, war die Überzeugung verbreitet, Gründer des Neuen Jerusalems zu sein.[8] Im 17. und 18. Jahrhundert war die religiöse Häresie des *Raskol* das wichtigste Vehikel des politischen Millennarismus in der slawischen Welt; den Messias identifizierte es mit einem neuen, heiligen Zaren.[9]

Aber seine erste, vollständige Verwandlung in einer ausgesprochen politischen und wenigstens dem Anschein nach atheistischen, antireligiösen Weise hat die religiöse Eschatologie mit der Französischen Revolution erfahren. Dennoch wird in ihr derselbe psychische Boden des religiösen Millennarismus und der revolutionären Utopie aufs deutlichste sichtbar. In einem Artikel über die Utopie schreibt Bronislaw Baczko: »Wie jede Revolution ist auch die französische nicht denkbar ohne die ganz besonders starke Entwicklung einer eigenen Mythologie, eines eigenen symbolischen und ideologischen Repertoirs [...]. Im Zentrum dieser Phantasiewelt und insbesondere des revolutionären Mythos steht die Darstellung des zeitlichen Einschnitts, der Zäsur in alte und neue Zeit, die übrigens mit der Einführung des Revolutionskalenders allgemein verbindlich gemacht wurde. Diese Darstellung wird von einem System von Symbolen vertreten (die wiedergeborene Nation, der neue Mensch, die neue Stadt etc.), die sich in einer Kettenwirkung verstärken und in der Verheißung einer anderen Zukunft zusammenlaufen; der unbestimmten Verheißung eines neuen, glücklichen, tugendhaften Lebens, das von allen Übeln der Vergangenheit befreit ist. Von der Revolution als einem Bruch sprechen und sie sich als solchen vorstellen, bedeutet, die Vergangenheit, der sie ein Ende setzt, der Zukunft entgegenzusetzen, die sie eröffnet. Die große revolutionäre Verheißung ist gleichermaßen mobilisierend durch ihre Kehrseite: die Darstellung der Zäsur in der Zeit ruft ihre eigene Vergegenständlichung herbei durch die Zerstörung des Alten, des *ci-devant*.«[10]

Die Übereinstimmung der revolutionären mit der heilsgeschichtlichen Absicht ist offensichtlich: Die wiedergeborene Menschheit und die Neue Stadt sind genaue Entsprechungen zum auserwählten Volk und zum Neuen Jerusalem, und zwar in demselben Maße, wie die Zerstörung des Alten, des *ci-devant*, der Zerstörung des Bösen entspricht. Der Zusammenhang zwischen dem »heiligen Krieg« gegen die Häretiker im Innern und die äußeren Feinde einerseits und »gnadenlosem Kampf« gegen die inneren und äußeren Feinde der »wahren Revolution« andererseits ist ebenfalls offensichtlich. Im 19. Jahrhundert verzeichnen wir sowohl das letzte Aufflackern des religiösen Fanatismus auf heilsgeschichtlicher Grundlage als auch die rasche Verbreitung des politischen Fanatismus auf nationalistischer und revolutionärer Basis. Betrachten wir zunächst Ursprünge und Entwicklung der nationalistischen Spielart.

Der schwedische Theosoph Swedenborg hatte im 18. Jahrhundert mit einem sozialreformerischen und moralischen Programm den Weg zum Neuen Jerusalem verkündet und wurde von einigen Anhängern zum Johannes der Täufer des neuen Tausendjährigen Reiches stilisiert. Sein Schüler, der polnische Dichter und Patriot Adam Mieckiewicz, verkündete in seinem *Livre de la nation polonaise* (1832) die unabwendbare nationale Erhebung und Befreiung Polens vom russischen Joch und mit ihr den Anbruch einer neuen Ära von Freiheit und Brüderlichkeit unter allen Völkern. Er schrieb: »Wie mit der Auferstehung Christi auf der ganzen Welt die Blutopfer ein Ende hatten, so werden mit der Erhebung der polnischen Nation die Kriege in der ganzen christlichen Welt ein Ende finden.«[11] Mieckiewicz hat nun im wesentlichen die Theorien von Andrzej Towiánski umgestaltet, den er in Paris kennengelernt hatte. Nach Towiánski ist die Geschichte eine Manifestation des Großen Gotteswerkes, an der bis ins 19. Jahrhundert nur vereinzelt wenige teilhaben konnten: Vom 19. Jahrhundert an aber werden die Völker und Nationen die neuen Protagonisten dieses göttlichen Werkes sein und endlich eine erneuerte Kirche und mit ihr das Reich Gottes verwirklichen können. Towiánskis Theorien scheinen mir sehr bedeutend; nicht nur, weil in ihnen die Verbindung zwischen nationaler und religiöser Mystik noch sehr klar zu sehen ist, sondern auch, weil seine Theorien mit großer Deutlichkeit und Unschuld jene Gleichsetzung von Religiosität und Historismus, von göttlichem und geschichtlichem Plan beweisen, die bei Hegel und überhaupt in der Geschichtsphilosophie im eigentlichen Sinne – sei es nun die idealistische oder materialistische Variante – in einer psychologischen Perspektive ohne Mühe nachweisbar ist, ihren Begründern selbst jedoch häufig unbewußt bleibt bzw. begrifflich geleugnet wird.

Zur anderen verweltlichten Version des Tausendjährigen Reiches, der internationalistischen revolutionären Utopie, ist zunächst etwas zu erläutern. Bekanntlich stammt das Wort »Utopie« von dem gleichlautenden Werk des Thomas Morus. In diesem »wahrhaft goldenen und ebenso nützlichen wie erfreulichen Büchlein über die beste Staatsform«, so das Frontispiz der Erstausgabe 1516, ersinnt und beschreibt der Autor – ein bekannter englischer Humanist und Freund von Erasmus von Rotterdam, der später Kanzler des Königreichs werden sollte – eine von ihm Utopia getaufte Insel, auf der eine weise und vorsorgende Regierung eingerichtet wurde, unter der das Volk friedfertig und glücklich lebt. Obwohl der Name der Insel, Utopia (aus dem griechischen *où-tópos*, d. h. Nirgendwo-Land), andeutet, daß sie sich an einem imaginären Ort befindet, so will der sehr irdische Charakter des von Morus beschriebenen sozialen und politischen Lebens doch darauf hinweisen, daß diese beispiellos glückliche Gesellschaft auf dieser Erde konkret verwirklicht werden kann.[12] Selbstverständlich wird auch in der *Utopia* von Morus der Zusammenhang mit dem religiösen Millennarismus in aller Klarheit deutlich. Morus war streng religiös und ist für seinen katholischen Glauben bis aufs Schafott gegangen. Und trotzdem nimmt der heilsgeschichtliche Traum in diesem Büchlein erstmals konkrete, projektartige Züge an. Es ist daher meines Erachtens kein Zufall, daß sich mit dem

Werk des Thomas Morus eine Form von Utopie zu entwickeln beginnt, die sich immer stärker vom religiösen Millennarismus ablöst, bis sie schließlich zu seinem Gegenspieler wird. Hierzu bieten sich einige Bemerkungen von Bronislaw Baczko aus dem erwähnten Artikel über die Utopie an:

»Im Laufe des 18. Jahrhunderts und insbesondere in seiner zweiten Hälfte wird die Tendenz immer stärker, das im bisherigen utopischen Diskurs bestimmende Paradigma aufzugeben: das der Utopie einer abstrakten Gesellschaft. Dieser Wandel vollzieht sich parallel zu einem anderen: nicht mehr der Raum, sondern die Zeit wird Fixpunkt der utopischen Energien.«

Etwas Ähnliches hatte sich auch auf religiösem Gebiet abgespielt – auf das räumlich beschränkte Paradies des Mittelalters war ein in die Zukunft projiziertes gefolgt. Aber die utopische Zukunft unterscheidet sich von der paradiesischen klar durch ihre stärkere Geschichtlichkeit. Baczko fährt fort:

»Man kann eine Vergeschichtlichung der Utopie feststellen: die Utopie wird U-Chronie [...] In der ersten Hälfte des 19. Jahrhunderts ist der Zusammenhang mit den vorhergehenden Utopien klar: es handelt sich um Darstellungen einer anderen, durchschaubaren und harmonischen Gesellschaft [...] Trotzdem erscheinen die Utopien wie Lösungen, die *hic et nunc* anzuwenden sind in der Absicht, auf die die Gesellschaft quälende Krise zu antworten. Sicher liegen sie in einer imaginären Zukunft, keineswegs aber in einer chimärischen. Der Anbruch jener Utopien sollte vom Gang der Geschichte selbst und ihren ›Gesetzen‹ gewährleistet sein. So verändert sich, wenn nicht die Rolle, so doch das Bild, das der Utopist von sich bietet: er ist keineswegs ein Träumer; er ist im Besitz des Wissens um die zukünftige Stadt, das in seinem Werk entziffert wird.«[13]

Wie dem auch sei, diese beiden Millennarismen, der nationalistische wie der internationalistische, werden – obgleich sie als hochherzige Ideale menschlicher Brüderschaft hervorgebracht wurden –, im Laufe des 20. Jahrhunderts einen erschütternden Degenerationsprozeß durchlaufen. Bezeichnenderweise parallel zum Zusammenbruch der religiösen Tradition, die im 19. Jahrhundert in der bürgerlichen Klasse und im einfachen Volke noch stark verankert war.

Der nationalistisch-faschistische Millennarismus. Zunächst ist hier daran zu erinnern, daß der religiöse Millennarismus schon immer nationalistisch gefärbt war, wenn auch nicht im modernen Sinne des Wortes. Die so stark die Geschichte des Volkes Israel bestimmende *jüdische Religion* ist nur das älteste Zeugnis dieser »nationalistischen« und rassistischen Form. Ja, auch: rassistisch, denn dem Begriff des Auserwählten Volkes selbst wohnt die Diskriminierung anderer Völker und der Anspruch auf eine priviligierte, führende Rolle in der menschlichen Geschichte inne. Das Grauen der Konzentrationslager von Auschwitz und Buchenwald ist deshalb nicht weniger furchtbar; es gewinnt vielmehr eine noch stärker warnende Bedeutung, wenn wir uns vergegenwärtigen, daß es von einem politischen System verübt worden ist, das unbewußt gerade mit seinen unglücklichen Opfern ein Element, die Idee des Auserwählten Volkes, teilte, welches dazu bestimmt sei, der Welt ein blühendes Jahrtausend zu bescheren – nicht zufällig hat Hitler verkündet, daß die Neue Ordnung die Welt der nächsten »tausend Jahre« beherrschen sollte.

Der zweite Hauptvorläufer des modernen nationalistischen Millennarismus ist der *Islam.* In ihm war die Religion in der Tat nicht alleinbestimmender Faktor für die Einigung und Organisierung der arabischen Nation (wie für die jüdische), sondern auch Ursache und Hauptantrieb seiner außerordentlichen Aggressivität und Ausdehnung. Im Islam wird die Verquickung von Religion und Politik überdies schon in der Person Mohammeds greifbar, gleichzeitig Prophet und politischer Führer, sowie im Kalifen – dem zeitlichen Oberhaupt, aber auch, wie sein Name sagt, »Schatten Gottes auf Erden«. Diese Verquickung äußert sich sogar in den inneren und äußeren Machtkämpfen der muselmanischen Herrscher selbst, die sich auch auf militärischem Gebiet immer auf die religiöse Berufung stützen. Vor allem aber nimmt sie Gestalt an in dem vielhundertjährigen »heiligen Krieg«, den der Islam mit großem Erfolg führte, um seine Herrschaft über die Gebiete des Indischen Ozeans bis zum Atlantik, von Indien bis Europa und Schwarzafrika auszudehnen. So überrascht es nicht, wenn auch heute noch der wiedererwachende Nationalismus vieler arabischer Länder des Mittleren Ostens und in Afrika eine starke religiöse Komponente hat. Im Iran unter Khomeini wird diese tiefe Verbindung zwischen nationalistischer Kriegshetze und religiösem Millennarismus besonders deutlich. Den zehn- bis zwölfjährigen Kindern, die von Khomeini und ihren Familien zum Sturm auf die irakischen Minenfelder und Schützengräben angefeuert werden, verteilen die Herren von Teheran ein rotes Halstuch – Symbol des Märtyrertums – und einen kleinen Schlüssel, welcher dazu dienen soll, »die Pforten des Paradieses« zu öffnen.[14]

Mit dem deutschen und französischen Nationalismus und seinen Propheten des 19. Jahrhunderts – von Fichte und Hegel bis zu von Treitschke und von Sybel in Deutschland, von Barrès und Gobineau bis zu Marras in Frankreich – beginnt sich die nationalistische Heilslehre, immer entschiedener von jeder Verankerung in der christlichen Lehre zu lösen und ein selbständiges ideologisches Fundament zu formen, das auch antichristliche Bedeutungsinhalte annehmen kann. Dies geschieht unter dem Druck der vom wissenschaftlichen und aufklärerischen Denken ausgelösten religiösen Krise. Aus psychopolitischer Perspektive hat dieser Vorgang jedoch viel geringere Bedeutung, als die Geschichtsschreibung ihm beimaß. Wenn wir unser Augenmerk auf die Konstanten der psychischen Grundmechanismen richten, sind wir in der Lage, die zweitrangige Bedeutung der ideologischen, ökonomischen und institutionellen Varianten zu erkennen, welche die herkömmliche rechte und linke Geschichtsschreibung betont. Was zählt, ist, daß der heilsgeschichtliche Fanatismus lediglich Vorwand und Rationalisierung ändert: Das neue Tausendjährige Reich des Glücks wird dem Auserwählten Volk von nun an nicht mehr vom Wahren Glauben und seinen Propheten garantiert, sondern von der Wahren Revolution – anfänglich der nationalistischen, dann der faschistischen – und ihren unumschränkten Führern.

Nicht zufällig muß dieser Führer *charismatisch* sein (der religiöse Begriff war: »von der göttlichen Gnade erleuchtet«). Und nicht zufälligerweise wird ihm die Unfehlbarkeit von Papst und Hohepriester zugeschrieben (*Mussolini ha sempre ragione* – »Mussolini hat immer recht«). Und schließlich wird auch in dieser politischen Variante – wie in ihren religiösen Vorläufern – die fixe Idee von Verderbtheit und Läuterung wiederkehren. Außerdem wird – wie in jeder fanatischen und paranoiden Religion – die Verantwortung für die Verderbtheit den »Ungläubigen« aufgebürdet (im Fall des Nazismus den Juden) und das Verdienst der Läuterung dem Auserwählten Volk (bei Hitler dem germanischen).

Auch die Blutmystik, Grundlage von Alfred Rosenbergs Rassentheorien und der mit ihnen legitimierten Massen- und Völkermorde, verweist auf eine alte rituelle Tradition, die sich mit der religiösen Verteidigung gegen den Tod verband. In verschiedenen Religionen und Kulturen wird das Blut als Substanz und Träger des Lebens selbst angesehen. So verläßt z. B. in den Epen Homers die lebensspendende Seele den Sterbenden mit dem Blut durch die Wunde. Spiegelbildlich dazu beruht ein Gutteil der Opferriten auf der Voraussetzung, daß das Blut des Opfers den Kranken, den Sterbenden und sogar den Schatten der Unterwelt wieder Lebenskraft verleiht. Das Blut birgt Ursprung und Identität des Menschen selbst: Nach einer Stelle im *Koran* schuf Gott den Menschen aus einem Blutgerinnsel, und in verschiedenen Religionen vermittelt das Trinken des Bluts eines Opfertiers oder eines Rivalen den Erwerb seiner Eigenschaften. Lebendige Äußerungen dieser Blutmystik sind sowohl die Worte Jesu beim letzten Abendmahl (»Trinket alle daraus, dies ist mein Blut«) als auch ihre Gedenkfeier im Meßritus und im Kult des *Kostbaren Blutes Jesu*, der noch heute in der katholischen Kirche verbreitet ist.

Rosenbergs Rassentheorie dreht sich, wie gesagt, um das Thema der Reinhaltung des Blutes. Das arische Blut ist Träger der edelsten und heldischsten Kräfte des westlichen Menschen und muß daher verteidigt werden gegenüber der Bedrohung, die das Blut der Juden und der slawischen Völker mit sich bringt, denn dieses gilt den Nazis als Träger der verderblichsten geistigen und körperlichen Gifte.[15] Wilhelm Reich und andere Wissenschaftler der Psychologie des Faschismus haben die in diesen Vorstellungen grassierende Sexualphobie treffend analysiert[16], nicht aber die ihnen zugrundeliegenden existentiellen Phobien. Mit seiner monströsen Rassenpolitik und Praxis der Völkervernichtung hat der Nazismus versucht, das Auserwählte Volk, nämlich das eigene, vor den teuflischen Mächten zu verteidigen und es zum Anbruch des versprochenen Tausendjährigen Reiches unter der Leitung eines Propheten und charismatischen Führers zu bringen (»Ein Volk, ein Reich, ein Führer!«).

Der kommunistische Millennarismus. Über den starken präkommunistischen Einschlag in den Programmen der Wiedertäufer und verschiedener anderer, bereits erwähnter religiöser Bewegungen hinaus wird die religiöse und daher existentielle Wurzel des kommunistischen Millennarismus auch in einigen Formen des »utopischen Sozialismus« sichtbar. So wurde der *Früh*sozialismus von den Marxisten namentlich von ihrer eigenen Variante abgegrenzt, die sie voller Eifer als den »wissenschaftlichen« definierten, ohne zu erahnen, daß gerade in dieser Bezeichnung ihre fideistische Verankerung in Religion und Utopie ihrer Zeit liegt: eben der Wissenschaft. Während in den Programmen von Fourier, Proudhon und Weitling zwei Hauptthemen des heilsgeschichtlichen Mythos in aller Deutlichkeit zutage treten – Gerechtigkeit und universelle Liebe –, durchweht die späten Schriften von C.-H. de Saint-Simon ein religiöser Hauch (nicht ohne Grund sind sie 1825 unter dem Titel *Das neue Christentum* erschienen). Vollends entlädt er sich im Werk seiner Nachfolger. Um B.-P. Enfantin versammelt, gründeten sie eine kirchliche Gemeinschaft in Reinform, mit Riten und perfekten Hierarchien, der Ankunft einer Prophetin des Zeitalters des Glücks, das diese eröffnen sollte, erwartungsvoll hingegeben: »Als Erbauer der Utopie, aber gleichzeitig Erneuerer des Christentums gründen sie die vom Fortschritt versprochene Zukunft und das Reich Gottes zugleich, indem sie das Gesellschaftliche sakralisieren und das Sakrale vergesellschaften.«[17]

Unter dem Druck der von der Aufklärung ausgelösten und vom Positivismus verschärften religiösen Krise nahm die sozialistische Bewegung – zunächst mit Babeuf und Blanqui, dann mit Marx, Engels und Lenin – jedoch erklärtermaßen atheistische und materialistische Bedeutungsgehalte an. Trotzdem blieb die millennaristische Komponente bei ihren revolutionären Flügeln nicht nur unversehrt, sondern verstärkte sich. Sie wird vor allem in der sektiererischen Wut zutage treten, mit der ihre Vertreter die Führer der gemäßigten und reformistischen Strömungen verfolgen werden, die sich weigern, ihr apokalyptisches Programm zu übernehmen. So wird Eduard Bernstein, wenn er seine Kritik an der marxschen These von der fortschreitenden Verelendung des Proletariats formuliert und dafür plädiert, eine reformerische und demokratisch-parlamentarische Linie einzuschlagen, sofort als Verräter gebrandmarkt werden: Fast hundert Jahre lang gelten

die Sozialdemokraten für den »reinen Kommunisten« als »Sozial-
verräter« bzw. »Sozialfaschisten«. Und wenn Karl Kautsky es
wagt, mit dem Konzept einer gewaltsamen Revolution zur Eroberung der Macht nicht mehr einverstanden zu sein, wird ihn Lenin
als »den Renegaten« anprangern. Der Tonfall gegenüber diesen
Andersdenkenden ist derselbe, der früher gegen die »verstockten
Häretiker« angeschlagen wurde – Haß und Verwünschungen. Die
gleichen Anklagen sollen sich wiederholen: In den stalinistischen
und maoistischen Prozessen werden die Gegner aller Schandtaten
bezichtigt, vom Diebstahl über Totschlag zu Sabotage, Vergewalti-
gung, Homosexualität und »Kollaboration mit dem Feind«: moderne Versionen der Komplizenschaft mit dem Satan. Und wie
schon in den Hexenprozessen werden die Frauen – man denke nur
an die Kampagne gegen Chiang Ching oder, zwanzig Jahre früher,
gegen die rumänische kommunistische Führerin Anna Pauker, die
in Ungande gefallen war – der Unsittlichkeit und Konspiration
zum Schaden ihrer prominenten Ehemänner angeklagt. Und wie
bei den Ketzergerichten werden die Verurteilten die unter der Folter abgepreßten Geständnisse bestätigen und die gerechte Strenge
der Strafe anerkennen müssen, die von der Wahren Kirche – also
der Partei – und ihren treuen Sachwaltern auferlegt wurde.

Vor allem in seinem theoretischen Schema der menschlichen
Entwicklung enthüllt der Marxismus seine unbewußte, unlösbare
Verankerung im biblisch-heilsgeschichtlichen Mythos (eine Verankerung, die übrigens durch Marx' jüdische Erziehung verständlich wird). In der Tat stellt sich dieses Schema einer psychologischen Untersuchung als x-fach säkularisierte und verwissenschaft-
lichte Spielart des religiösen Fanatismus und seines Heilsverspre-
chens dar; mit anderen Worten: als eine Version der religiösen
Abwehr des existentiellen Schocks. Wie im biblischen Mythos von
Eden, so lebte auch nach den Theorien von Lewis H. Morgan und
Engels der Urmensch glücklich und friedlich in einer kommuni-
stisch-matriarchalischen Lebensordnung.[18] Mit dem technologi-
schen Fortschritt jedoch (d. h. den Früchten vom Baum des Wissens...) entwickelt sich das Privateigentum (eine Form von »Erbsünde«), und der Mensch stürzt aus dem goldenen Zeitalter des
Urkommunismus in das bronzene der Gier nach Besitz, der Aufspaltung in Klassen, der Ausbeutung und Herrschaft, das sich über
Jahrtausende erstreckt bis zu seiner Endzeit, der kapitalistischen,

in der die Menschenmassen zu wachsendem Leid und Elend verdammt sind. Ausgerechnet in dieser schlimmsten Phase, während das Untier des Kapitalismus seine Geißel des Hungers und des Krieges über die unglückliche Menschheit schwingt, erscheint plötzlich der Messias: ein Bote der Wahrheit und unbeugsamer Feind der Pharisäer, Schriftgelehrten und aller falschen Propheten des revolutionären Glaubens. Und so wird nicht ohne Grund ein Großteil der Energie von Marx – wie dann Lenins und seiner Nachfolger – dem Kampf gegen rivalisierende Propheten gewidmet sein: von Bauer zu Lassalle, von Proudhon zu Dühring, von Weitling zu Bakunin. Um den Wahren Messias bildet sich die Wahre Kirche (die Partei), die die Gläubigen (das Proletariat) in ihrem Kampf gegen die Mächte des Bösen (den Kapitalismus) anführt, welche dazu bestimmt sind, im revolutionären Krieg bekämpft und zerschlagen zu werden (politisierte Version des heiligen Krieges). Es folgt eine Art von Jüngstem Gericht (die »Diktatur des Proletariats«), in dem (zumindest in der leninistischen und stalinistischen Version des marxschen »Evangeliums«) die Bösen, d. h. die Feinde der Wahren Revolution, bestraft und in die Hölle des GULag gestürzt werden. Schließlich wird in einer – wie bei allen heilsgeschichtlichen Prophezeiungen – als nahe bevorstehend angekündigten Zeit, die trotzdem in immer größere Ferne rückt, das kommunistische Tausendjährige Reich von vollkommener Harmonie und Schönheit anbrechen: Mit den Worten von Marx wird »der Sprung vom Reich der Notwendigkeit in das Reich der Freiheit« getan (eine politisierte Ausführung der alten religiösen Formel »Vom Reich Satans zum Reich Gottes«). Die Analogie zu heilsgeschichtlichen Botschaften religiöser Natur springt geradezu ins Auge, wenn wir den existentiellen Kern der marxistischen Utopie betrachten.

Diese Analogie ist sogar bis in einige Details der Vorzeichen des Millenniums nachzuweisen. Die heilsgeschichtliche Überlieferung – von der *Apokalypse* über Joachim von Fiore zu Savonarola – hatte oft behauptet, daß dem Anbruch des Millenniums schreckliche Erschütterungen und ein letzter Angriff der Mächte des Bösen vorausgehen würden. Nun, sowohl Stalin wie Mao haben behauptet, daß der Atomkrieg unvermeidbar sei und daß die Feinde der Völker, innere wie äußere, ihre Angriffe auf den Sozialismus verstärken würden. Daher mußten die Feinde unerbittlich verfolgt

werden, wo immer man ihrer habhaft werden konnte.[19] Ferner
teilte sich die marxistische Kirche bereits kurz nach dem Tode des
Propheten in zwei Lager: Einerseits bildet sich ein gemäßigtes und
empirisches Lager heraus, die Sozialdemokratie, die sich mit der
herrschenden Klasse und dem Staat arrangiert und sich darauf verlegt, ihn zu beeinflussen und zu verändern, um dann bis auf weiteres, schließlich definitiv auf die revolutionäre Apokalypse zu verzichten; andererseits ein dogmatisches und fanatisches Lager, das
von einem charismatischen Führer gelenkt wird, welcher sich zuerst als wahrer Interpret des marxistischen Evangeliums und dann
als legitimer Erbe des wahren Interpreten durchsetzt. Daraus resultiert im stalinistischen Rußland die prophetische Trinität von
Marx–Lenin–Stalin und im maoistischen China die von Marx–
Lenin–Mao.

In diesem Licht erscheint der Personenkult – von denselben
Kommunisten, die ihn ergeben betrieben hatten, solange der Ty-
rannen-Prophet lebte, strengstens als »Degeneration des Systems«
getadelt – als vollständig systemkonform, weil die marxistisch-
leninistischen Parteien als heilsgeschichtliche Sekten einen charismatischen, unfehlbaren Führer brauchen. Wollen sie ohne ihn aus-
kommen, so verlieren sie ohne Zweifel ihren messianischen Elan
und verwandeln sich in institutionelle Kirchen, die in den eigenen
Hierarchien und Ritualen versteinern. Die religiöse Bedeutung
des Führerkults zeigt sich in den kommunistischen Regimen immer wieder deutlich. So wurde z. B. Stalin – verantwortlich für
grausame Hungersnöte – besungen, weil er »das Getreide wachsen
läßt«. Das Bild Maos sollte wie das der Madonna von Lourdes die
Kranken heilen, und die Leichname der verstorbenen Führer wurden – wie die der Heiligen und Pharaonen – einbalsamiert.

Bisher haben wir den Unterschieden zwischen totalitären Fanatismen individualistischer und nationalistischer Prägung und den
kommunistischen Rechnung getragen. Ich möchte jedoch daran
erinnern, daß diese Unterschiede in Wirklichkeit viel geringer waren, als ihre Führer glauben machen wollten. Die sozialrevolutio-
nären Ursprünge Mussolinis und des Faschismus sind bekannt.[20]
Hitlers Partei hat sich als »national-sozialistisch« bezeichnet und
war von Programm und Sprache her stark antikapitalistisch und
antibürgerlich. Auch die antifaschistische Geschichtsschreibung
kann nicht übersehen, daß das Regime Mussolinis wie das hitler-

sche auch unter Arbeitern große Unterstützung gefunden haben. Spiegelbildlich dazu waren die marxistisch-leninistischen Parteien keineswegs immun gegenüber nationalistischen und rassistischen Tendenzen. Hier sei nur auf die panrussische Orientierung und die heftigen antisemitischen Ressentiments hingewiesen, die das sowjetische Regime im Laufe seiner siebzigjährigen Geschichte erlebte. Immer wieder rekurriert der Kreml auch auf das patriotische Opfer, wenn es darum geht, die Bevölkerung zum Einsatz für die gigantischen ökonomischen und militärischen Pläne zu motivieren. Seit der Stalinzeit war zudem die Propaganda der marxistisch-leninistischen Parteien vor allem in der Dritten Welt, aber auch in Europa auf flammende nationalistische Töne eingestimmt, um das eigene Vordringen zu rechtfertigen.[21]

Diese Verbindung von Marxismus und Nationalismus war sogar die Lieblingsformel kommunistischer Regime, die sich von Moskau lösten (von Jugoslawien und Albanien oder Rumänien und selbst China) oder ihre inneren Spannungen in äußeren militärischen Aktionen abreagieren wollten (Kuba, Nordvietnam etc.). Vor allem in den Regimen der Dritten Welt – den »militantesten« arabischen Ländern, den »progressivsten« Militärdiktaturen Lateinamerikas, Afrikas und Asiens – vermischten sich der sozialistische und der nationalistische Millennarismus mit größter Ungeniertheit. Immer dann, wenn sie sich verbal entschieden antifaschistisch gaben, übernahmen sie oft genug die Sprache und Methode des Faschismus.

Wer keine Scheuklappen trägt, wird übrigens die zutiefst religiöse Natur des Totalitarismus auch in seinem mystischen Nimbus wiederfinden. Die Rhetorik des italienischen Faschismus, der sogar eine eigene »Schule der faschistischen Mystik« gründete, des Nazismus und des Stalinismus ist nur allzugut bekannt. Aufschlußreich sind auch einige Sätze aus der maoistischen Propaganda. Immerhin war der Maoismus ein heilsgeschichtlicher Rausch, der unsere »engagierten« Intellektuellen bis vor wenig mehr als zehn Jahren mitgerissen hat: eine Erscheinung also, die es verbietet, die Gefahren einer neuen totalitären Schwärmerei in eine ferne Vergangenheit zu versetzen. In einer Ausgabe der Zeitschrift *China* vom Februar 1973, die der maoistische Propagandaapparat in aller Welt verbreitete, stand zu lesen:

»Als der Vorsitzende Mao die Parade der Delegierten der Konferenz der kommunistischen Jugend abnahm, liefen Freudentränen über die roten Wangen aller Anwesenden, denen das Herz vor Glück bebte.

Oh geliebter, oh verehrter Vorsitzender Mao! Dein ist aller Ruhm! Jeder Sieg ist der Widerschein Deines erleuchteten Denkens! Durch das Studium und die schöpferische Anwendung Deines Denkens gewinnen wir eine Energie, die es uns erlaubt, Berge zu versetzen und Meere zu füllen. Durch das Studium und die schöpferische Anwendung Deines Denkens sind wir die entschlossenen Vorkämpfer, um Himmel und Erde zu verändern! Oh lieber Vorsitzender Mao! Es ist Dein leuchtendes Denken, das uns ernährt, es ist das einzige, welches uns erlaubt, jeden Feind zu zerschmettern [sic!].

Als ihr Delegierter Van Sung Hai den Vorsitzenden Mao erblickte, der ihnen freundlich zulächelte, strömten ihm tausend Worte über seine Lippen: Oh geliebter, oh verehrter Vorsitzender Mao! Die Macht Deines Denkens ist unendlich! Mit Deinem Denken können wir Gletscher schmelzen und Wüsten fruchtbar machen. Der Vorsitzende Mao nahm die Parade der Delegierten ab: Oh allergeliebtester Vorsitzender Mao!, riefen sie, Dein Denken ist eine geistige Atombombe von unvergleichlicher Macht! Sein Besitz erlaubt uns, immer zahlreichere und stärkere Atombomben zu bauen und jede Art Wunder zu vollbringen!

Als die Feier beendet war, stürzten die Delegierten vor Freude weinend und mit aufgeregt klopfenden Herzen in die Telegraphenämter und an die Telefonapparate, um mit den schnellsten Verbindungsmitteln dem ganzen Heer und dem ganzen Lande ihre von der Erfüllung ihres höchsten Wunsches unendliche Freude zu verkünden: die einzigartige Ehre, vom Vorsitzenden Mao empfangen worden zu sein.«

Unsere existentiell angelegte, kritische Analyse beruht in der Anwendung der psychologischen Methode auf dynamische, gesellschaftliche Phänomene – eben die psychischen – die ihrem Wesen nach älter, tiefer und bleibender sind als ihre Varianten (religiöse, politische, ökonomische oder institutionelle), die sie jeweils hervorbringen und mit denen sie im Wechselverhältnis stehen.

Mit ihr läßt sich auch die expansionistische Tendenz eines jeden religiösen und politischen Fanatismus erklären, denn jede neue heilsgeschichtliche Bewegung entsteht an einem bestimmten Ort, und die umliegenden Völker müssen – eben weil sie nicht »bekehrt« sind – als Feinde betrachtet werden. Er gibt auch Aufschluß über die Tatsache, daß diese Tendenz sich mit der Erhöhung der Bevölkerungsdichte verschärft: letztere bringt eine Verstärkung der Überlebens- bzw. der Todesangst mit sich, die sich ihrerseits häufig in Aggressivität nach außen entlädt. Übrigens hat erst Gaston Bouthoul, ein großer und brillanter Theoretiker des Krieges als demographischer Erscheinung, die Tür zur Psychologie geöffnet: »Es ist eine Illusion zu glauben, daß der Krieg vom bewußten Willen der Menschen abhängt, denn die bewußten Gründe sind im Gegenteil nur Rationalisierungen.«[22]

Dieser psychologische Zugang vermittelt auch das Verständnis für den besonderen Erfolg der heilsgeschichtlichen Mythen unter den Jugendlichen. Der Jugendliche verdrängt die Todesangst sehr viel radikaler: Jemand hat einmal gesagt, daß die Jugend endet, wenn man aufhört, sich für unsterblich zu halten. Von hier erklärt sich übrigens auch das rigide Absonderungsverhalten, mit dem die Jugendlichen die Alten aus ihren Gruppen ausschließen: Der alte Mensch ist das gefürchtete Zeugnis ihres eigenen Schicksals.) Aber eben weil sich der Jugendliche noch weniger als der alte Mensch mit dem Tode abfindet, ist er viel ungeschützter gegenüber Mythen und Botschaften, die vorgeben, ihn aus seiner Angst zu befreien. Die Zugehörigkeit zu einer heilsgeschichtlichen Bewegung vermittelt die Illusion, zu den Auserwählten zu gehören, denen es zukommt, den Anspruch der neuen Zeit durch die Bekämpfung und Zerschlagung der Mächte des Bösen vorzubereiten und dann die neue Ära des universellen Glücks einzuleiten. Nur aus dieser Optik können wir die Tatsache verstehen – die ein »Kriegsforscher« wie Franco Fornari aufgezeigt, aber nicht erklärt hat –, daß »die Jugendlichen viel eher als andere den Gedanken akzeptieren, das Leben für eine Idee hinzugeben.«[23] Und wir können ebenfalls verstehen, warum sich unter den Drogenopfern so viele Teilnehmer der Jugend- und Studentenrevolte befanden: Nach dem Zusammenbruch der *politischen Paradiese* versuchte man verzweifelt, die drohende existentielle Angst durch die Flucht in die neuen *chemischen Paradiese* der Droge einzudämmen.

Wenn in bezug auf die Intellektuellen der »Verrat der Priester«, den Julien Benda seit 1927 vermeldet,[24] in ethischer Hinsicht beklagenswert erscheint, so ist er psychopolitisch einleuchtend: Zu den vielen gesellschaftlichen Ursachen von Entfremdung, wie sie verschiedene Autoren aufgezeigt haben,[25] kommt für den modernen Intellektuellen noch eine besondere Ungeschütztheit gegenüber dem psychischen Zusammenbruch und dem totalisierenden Dogmatismus hinzu, da die Verweltlichung der Kultur seine religiösen Überzeugungen noch früher und noch umfassender zerstört hat.

Vor allem aber erlaubt uns diese spezifische psychologische Zugangsweise, die schreckliche Parallelität Kultur und Krieg zu begreifen, d. h. die Destruktivität der menschlichen Gattung, aber auch die epochale Krise zu erfassen, in die selbst der Krieg – die paranoide Verarbeitung der Todesangst – angesichts der Perspektive des nuklearen Holocaust geraten ist: Unser Tod kann nicht mehr zu den anderen geschickt werden, ohne daß wir selbst sterben. Auf dieses Problem werden wir im letzten Kapitel des Buches zurückkommen.

Schließlich scheint es nicht mehr schwierig, auch den *Terrorismus* einzuordnen, d. h. eine der jüngsten und erschütterndsten Äußerungsformen des totalitären Fanatismus. Zunächst sei vor allem darauf hingewiesen, daß in den Religionen und Heilskulten an den unterschiedlichsten Orten und zu unterschiedlichsten Zeiten Formen eines besonders blutrünstigen Fanatismus aufgetaucht sind: z. B. die Verfolgungen der Häretiker in der christlichen Welt, die Massaker der Thugs (der fanatischen Anhänger der Göttin Kali), oder die Exzesse der »Mörder«, d. h. der mit Rauschgift aufgeputschten »Rächer«, die eine arabische Sekte vom 11. bis zum 15. Jahrhundert im Mittleren Osten mobilisierte. Wenn wir daher den politischen Fanatismus unseres Jahrhunderts als verweltlichte Form des altbekannten religiösen Fanatismus einstufen, so überrascht es auch nicht, daß dieser mit den schwarzen und roten Terroristen seinerseits eine wackere Sekte von blutigen Richtern hervorgebracht hat. Übrigens ist die psychologische Kontinuität von religiösem und politischem Terrorismus auch durch die häufig religiöse Herkunft der »historischen Führer« des Terrorismus belegt.

Die psycho-existentielle Analyse bietet uns also die Möglichkeit, in der paranoiden Verdrängung der Todesangst den gemeinsamen psychologischen Nenner der tausendjährigen Kette von Angst, Grausamkeit und Intoleranz zu entdecken, mit der die menschliche Geschichte zu jeder Zeit und in jedem Land verknüpft war: von den 26 000 menschlichen Herzen, die allein im Jahre 1426 auf den Altären der Azteken herausgerissen wurden, bis hin zu der von den christlichen Zivilisatoren gewährten »Belohnung« für die karibischen Eingeborenen, die sich zum »Wahren Glauben« bekehrten, die zuerst umgebracht und dann verbrannt wurden; von den tausenden von Sklaven oder Gefangenen, die den entsprechenden Gottheiten der Ägypter, Karthager oder Römer geopfert wurden, bis hin zu den Pyramiden, die Dschingis Khan aus den Köpfen der Ungläubigen schichtete; von den Millionen von Hexen und Häretikern, die von den Christen verbrannt wurden, bis zu den hunderten von Millionen Opfer der verschiedensten heiligen oder revolutionären Kriege. Es bleibt noch nachzuweisen, warum der politische Totalitarismus in seinen gleichermaßen abstoßenden Formen der nazistischen und kommunistischen Diktaturen und den entsprechenden Terrorismen der Rechten und Linken ausgerechnet in unserem Jahrhundert entstanden ist und sich so umfassend ausdehnte. Daran schließt sich die Frage nach den Perspektiven seiner mittel- und langfristigen Überlebenschancen an. Die Antwort auf die erste Frage ist bereits im Hinweis auf die heilsgeschichtlich-religiöse Herkunft enthalten, die mehrere Autoren – von Karl Mannheim über Mircea Eliade zu Bronislaw Baczko – den modernen revolutionären Utopien zuschreiben.[26] Ich glaube jedoch, daß bei der jähen Explosion und Verbreitung der totalitären Diktaturen im letzten halben Jahrhundert einige spezifischere Faktoren mitgespielt haben, und zwar vor allem die folgenden drei:

– der Todesstoß, den die zeitgenössische Wissenschaft den religiösen Glaubensüberzeugungen versetzte.

– die Explosion der existentiellen Angst, die der Zusammenbruch der alten Glaubensüberzeugungen in der Psyche der führenden Schichten und der breiten Massen, besonders der städtischen Bevölkerung, wiederaufleben ließ; mit zunehmender Bereitschaft, sich neuen heilsgeschichtlichen Mythen politischer Natur anzuschließen.

– die durch die modernen Massenkommunikationsmittel gege-
bene Möglichkeit, diese Mythen in bisher nie gekanntem Ausmaße zu verbreiten und einzuhämmern.

Für eine gewisse, sich liberal gebende oder demagogische Publi-
zistik war es allzu leicht, die modernen Diktaturen als Herrschaft
weniger Tyrannen über eine Bevölkerung darzustellen, die sich
sehnlichst die Freiheit wünscht, aber mit Gewalt unterjocht wird.
In der Tat kann jeder, der die Bild- und Filmdokumentationen genau betrachtet, mühelos sowohl die messianische *Trance* der Führer als auch die fanatische Hingabe ihrer uferlosen Massen sehen.
Und nicht ohne Grund zeigen sich allein Begriffe religiösen Cha-
rakters – »messianisch«, »fanatisch«, »mystisch«, »vergötternd«,
»ekstatisch« – als brauchbar, um das Klima jener schwärmerischen
Begeisterung zu beschreiben, *eben weil es sich um religiöse Mythen
und Riten handelt.* Nur die heilsgeschichtliche Hoffnung auf ein
neues Leben von Glück und Harmonie, nur der Glaube an eine
totale Befreiung von allem Leid, können jene absolute Hingabe an
den Führer / Propheten produzieren, die Millionen von Russen und
Deutschen dazu brachte, für ihre Tyrannen in der eisigen Kälte der
Steppe zu sterben, oder tausende von Irakern und Iranern dazu
bringt, sich in den Wüsten ihrer Grenzgebiete niederzumetzeln.
Nur eine emotionale Erregung, die die Todesangst transzendiert,
kann Stalingrad oder die Ardennen erklären oder auch, warum
z. B. während der Beisetzung Stalins fast siebzig Personen gestorben sind bei dem Kampf, an den Katafalk zu kommen und ihn zu
berühren.

Wenn für die Massen die Übertragung des heilsgeschichtlichen
Fanatismus auf die Führer und für jene die Übernahme der Erlö-
serrolle den außerordentlichen Erfolg der totalitären Bewegungen
und Regimes in unserem Jahrhundert erklären, so war dieser Prozeß für die Intellektuellen häufig vielschichtiger und vermittelter,
auch wenn der psychische Anlaß immer derselbe bleibt: die Abwehr von existentieller Angst. Es ist bekannt, daß für den Intellektuellen das Bedürfnis nach Rationalisierung der emotionalen
Motive seiner eigenen Willensbildung besonders ausgeprägt ist.
Einen bedeutenden Anteil an dieser Rationalisierung der Entscheidung für das Totalitäre und den Fanatismus hatte der Erfolg,
genauer: die Hegemonie, die der Historismus in seiner marxistischen und in seiner idealistischen Version ausübte, und zwar im

Übergang vom 19. zum 20. Jahrhundert, d. h. gerade in dem Zeitraum, in dem das Modell der totalitären Ideologie entstand.

Im Gefolge von G. E. Lessing[27] und J. G. Herder[28], die in der Geschichte den konkreten Boden der göttlichen Offenbarung und menschlichen Selbstverwirklichung gemäß dem Plan göttlicher Vorsehung sahen, verwandelte Hegels historischer Idealismus Geschichte zum direkten Ausdruck der Verwirklichung des absoluten Geistes. Die Beziehungen von Krieg und Frieden zwischen den Staaten schaffen laut Hegel die Weltgeschichte, die auch ein Weltgericht sei, denn sie gebe jeweils dem Staat den Sieg, der den Weltgeist ausdrücke und verwirkliche.[29] Diese Konzeption hatte auf politischem Gebiet außerordentliche Folgen. Während die religiösen Dogmen unter dem Druck des rationalen und wissenschaftlichen Denkens zusammenbrachen, wurde die Geschichte zum neuen, großen Tribunal des menschlichen Handelns; in der Geschichte und ihren Absichten, die endlich von den historistischen Denkern und Propheten enthüllt wurden, konnten die heilsgeschichtlichen Träume und Kämpfe eine neue Glaubwürdigkeit und Rechtfertigung finden. Folglich ist es einleuchtend, warum einige Gelehrte in Fichte den Propheten für den deutschen Nationalismus als Ausdruck des Auftritts eines absoluten Ich und in Hegel einen Paladin des preußischen Staates als höchstem Ausdruck des absoluten Geistes in seinem geschichtlichen Werden sahen.[30] Indem sie für nationale Unabhängigkeit und Stärke kämpften, glaubten sich daher viele vom idealistischen Historismus beeinflußte Intellektuelle an der Ausführung des von der Geschichte gewollten heilsgeschichtlichen Entwurfes beteiligt. Diese mystische Erregung schlägt sich in den flammenden Reden der nationalistischen Patrioten und Literaten nieder.

Der Marxismus seinerseits, auch wenn er Hegel »vom Kopf auf die Füße gestellt« hat, wie Marx sich auszudrücken beliebte, d. h. obwohl er auf rationaler Ebene den mystizierenden Spiritualismus zurückwies und durch einen dezidiert atheistischen Materialismus ersetzte, übernahm völlig die Hegelsche Vision der Geschichte als Fortschritt zu einem Millennium von vollendeter Harmonie. Die Geschichte bleibt so implizit die weise Lenkerin des menschlichen Daseins, während der Marxismus sich analog zum hegelschen Idealismus als Interpret und Verbündeter ihrer klugen Entwürfe verstand.[31]

Wie es daher für den Neugetauften der urchristlichen Gemeinde wichtig war, seine Zugehörigkeit zum heilsgeschichtlichen Evangelium durch die Vereinigung mit den Scharen der Auserwählten zu beweisen und an der Ausführung des göttlichen Willens mitzuwirken, so war es für den Intellektuellen angebracht, die Gesetze der Geschichte zu verstehen und sich für die Verwirklichung ihrer von der Vorsehung gewollten Pläne zu engagieren, wenn er sich der Partei der Wahren Revolution anschloß. Sich dieser Partei und ihrem erlauchten Führer zu widersetzen, hieß hingegen, sich den Gesetzen und dem Tribunal der Geschichte entgegenzustellen, ihren Fortschritt auf dem Weg zum Tausendjährigen Reich zu hemmen.

In unserer psychologischen Optik kann man endlich die tiefen Beweggründe der unglaublichen Passivität, oder schlimmer: der widerlichen Kriecherei verstehen, mit der sich so viele Intellektuelle und Vertreter der führenden Schichten im vorigen und in diesem Jahrhundert den autoritären Regimen und Bewegungen unterwarfen (dem preußischen Staat, den kriegshetzerischen und kolonialistischen Monarchien, den totalitären Parteien und Regierungen der Rechten und Linken): die entsprechenden historischen Bildungswelten haben sie jeweils als Interpreten und Baumeister der Geschichte ausgewiesen. Natürlich würde kein »seriöser« Historiker zugeben, daß die Gleichung von Wahrheit und Geschichte, die von Giovanni Battista Vico formuliert und dann vom idealistischen wie marxistischen Historismus weiterentwickelt wurde, auch ein Werturteil enthält. Aber es ist eine Tatsache, daß für viele Intellektuelle das Tribunal der Geschichte schließlich zur Entsprechung des mittelalterlichen Gottesgerichtes wurde, da der Erfolg eines Führers oder eines Systems zum Maßstab ihres Wertes wurden. Der Historismus führte also zu jener »geschichtlichen Rechtfertigungsmanie« – wie es Pietro Nenni allzu spät nannte –, unter deren Deckmantel unzählige niederträchtige Handlungen begangen worden sind und gegen die der polnische Dissidentenphilosoph Leszek Kolakowski mit seiner glänzenden Arbeit *Leben trotz Geschichte* mutig protestierte – einer feierlichen Bekräftigung der Verantwortlichkeit einer jeden Person, was auch immer der angemaßte oder wirkliche Gang der Geschichte sein mag.[32]

Auch der Krieg ist mit Eifer gefordert und unterstützt worden.

Hatte Hegel nicht mit verräterischen, häufig von Faschisten und Marxisten zitierten Worten geschrieben, daß der Krieg ein Werkzeug des Schicksals sei mit dem Auftrag, die geheimnisvollen Pläne der Geschichte auszuführen? Wie in Zeiten der unangefochtenen Vorherrschaft der Religion eine Befürwortung des »heiligen Krieges« oder der missionierenden Kolonisation zugleich eine Unterstützung der Pläne der Vorsehung bedeutete, so kam jetzt eine Befürwortung des nationalistischen oder revolutionären Krieges oder der Verbreitung des Dogmatismus einer Unterstützung des Plans der Geschichte gleich, wenn man sich zu ihren verdienstvollen Interpreten bzw., wie Marx es nannte, zu ihrem »Geburtshelfer« machte. Und wie für viele Geburtshelfer wird auch für die Fanatiker des heilsgeschichtlichen Historismus die Zunahme der Kaiserschnitte und programmierten Geburten ein Grund des Stolzes sein – auch wenn häufig dem erfolgreichen Ausgang der imperialistischen oder revolutionären Operation der Tod sowohl des Patienten (der gegenwärtigen Gesellschaft) als auch des Neugeborenen (der neuen Gesellschaft) folgt.

Hat man ein Gespür für psychologische Logik entwickelt, so erscheinen gewisse »Lebensentscheidungen« (Giorgio Amendola) oder, mit Sartre zu reden, gewisse »freie Entscheidungen« für das revolutionäre Engagement als einfache, konditionierte Reflexe, die von dem Bedürfnis diktiert sind, nach dem Zusammenbruch der alten religiösen Verheißungen und Götter eine neue heilsgeschichtliche Verheißung zu finden, die von einer neuen Gottheit garantiert ist, der Geschichte.

An diesem Punkt werden auch die tragikomischen Zeugnisse so vieler »scharfsichtiger Intellektueller« über die faschistischen und kommunistischen Länder verständlich. Der französische Journalist, der am Vorabend des Weltkriegs nach einigen Unterredungen mit Hitler ausdrücklich jede aggressive Absicht des Naziregimes verneint, ist nicht lächerlicher als Bernard Shaw, der 1932 – dem Jahr der furchtbaren stalinistischen Hungersnot –, als er mit dem Zug in die Sowjetunion einfährt, alle Nahrungsmittel aus dem Abteilfenster wirft in der Überzeugung, das Reich des Überflusses zu betreten,[33] oder als Harold Laski – »Cheftheoretiker« der englischen Labour Party –, der 1936 den monströsen stalinistischen Schauprozessen beiwohnt und ihnen völlige Glaubwürdigkeit und Korrektheit attestiert: jeder sah, was sein mystisch-heilsgeschichtliches Bedürfnis ihn zu sehen zwang.[34] So erscheinen auch die Klimmzüge eines Mussolini vom Anarchismus zum Faschismus oder eines Malraux vom Kommunismus zum Gaullismus oder eines Malaparte vom Nationalismus zum Maoismus nicht so sehr als opportunistische Manöver ehrgeiziger Persönlichkeiten, sondern als das atemlose Wettrennen nach heilsgeschichtlichen Bewegungen, welche die eigene verdrängte existentielle Angst beruhigen könnten. Der konkrete Inhalt der verschiedenen Mythen ist kaum von Belang – Sorels Erneuerin Anarchie oder Reinigerin Gewalt; der Krieg als »Katharsis oder Hygiene der Völker«; die Italische Rasse; das Ewige Frankreich; die Diktatur des Proletariats; der neue sowjetische Mensch oder die Kulturrevolution – was zählt ist, daß sie totalisierend und heilbringend sind: d. h., daß sie die umfassende Mitwirkung an einem Rettungsprogramm versprechen.

Der Historismus stellt übrigens auch heute noch ein Hindernis für die Klärung des großen Problems dar, dem wir hier nachgehen: der Frage nach den tiefliegenden Ursachen der fanatischen Degeneration des Menschen. Indem der Historismus sich ganz und gar auf die Anstrengung konzentriert, jede Erscheinung in der konkreten und vielfältig vermittelten Wirklichkeit der verschiedenen geschichtlichen Zeitpunkte zu verwurzeln, weigert er sich tendenziell, die psychologischen – und daher metahistorischen – Konstanten zu sehen, die das Verhalten der Einzelpersonen oder Gruppen im wesentlichen durch Wiederholungszwang bestimmen, selbst wenn sich die ideologischen, ökonomischen, institutionellen Einflüsse und Ausdrucksformen verändern. Bronislaw Baczko z. B., dem wir eine gründliche Untersuchung der formalen Strukturen der Utopie in den verschiedenen Epochen und Kulturen verdanken,[35] stellt angesichts der Erkenntnis, die in den verschiedenen Varianten der revolutionären Utopie beobachtbaren Analogien könnten die Schlußfolgerung nahelegen, daß alle Utopien aller Zeiten auf einen einzigen heilsgeschichtlichen Traum zurückführbar wären, fest: »Die totalitären Systeme sind nicht die moderne Verkörperung der ewigen und einzigen Utopie; schon deshalb, weil es sie nicht gibt. [...] Die Utopien sind nicht austauschbar, wie auch die Ideologien der beiden untersuchten totalitären Systeme [das nazistische und kommunistische] nicht austauschbar sind. Nicht die Utopie erklärt das Funktionieren eines totalitären Systems, sondern es sind im Gegenteil das System, sein Apparat symbolischer Darstellungen, seine Machtmechanismen, die jeweils die »utopische Formel« bestimmen.«[36]

Welche Kritiklosigkeit das Fehlen eines psychologischen Zugangs auch bei brillanten Autoren erzeugen kann, ist verblüffend. Daß Utopien und totalitäre Ideologien nicht austauschbar sind, ist offensichtlich (auch wenn sie untereinander, wie sich zeigte, recht vermengbar und Führer und Massen häufig von einer zur anderen überwechselten). Der psychopolitische Ansatz schließt jedoch keinesfalls die Behauptung ein, daß es eine einzige Utopie gäbe. Er behauptet lediglich, daß es eine einzige psychische Grundkonstellation und eine einzige psychische Entwicklung gibt, eben die heilsgeschichtliche, die im Laufe der Jahrhunderte unzählige religiöse Fanatismen hervorbrachte und heute noch zahlreiche politische totalitäre Fanatismen hervorbringt. Nur in diesem Sinne sind die Utopien nicht austauschbar: Einige Formen von Utopie – die religiösen Millennarismen überlieferter Art – können sich in ihrer Formulierung als veraltet erweisen, als unvereinbar mit dem kulturellen und wissenschaftlichen Hintergrund einer gegebenen Zeit und Bevölkerung. Aber das psychologische Bedürfnis, das sie zu befriedigen suchen, ist immer dasselbe: ein Bedürfnis nach Sinn, nach Beruhigung, nach Glück und Erlösung, das ebenso alt ist wie die Panik, die der existentielle Schock im Menschen auslöste – ein Bedürfnis, das leider seit den Zeiten Zarathustras bis auf unsere Tage im apokalyptischen, heilsgeschichtlichen Fanatismus seine bequemste und betörendste Befriedigung fand.

Die radikalste und spektakulärste Version der heilsgeschichtlichen Lösung, der politische Totalitarismus des 20. Jahrhunderts, ist jedoch seinerseits in eine Krise geraten, deren Ursachen und Folgen nun untersucht werden sollen. Die weitgehende Bereitschaft der Massen und führenden Schichten, die neuen, verweltlichten, heilsgeschichtlichen Mythen zu übernehmen, war leicht zu verstehen, weil die alten religiösen Mythen ihre Glaubwürdigkeit verloren hatten und weil die existentielle Angst und das den alten Mythen zugrundeliegende Heilsbedürfnis durch ihren Zusammenbruch noch verschärft worden waren. Aber dieser anfängliche Erfolg der totalitären politischen Mythen konnte nicht lange vorhalten, und zwar aus zwei Gründen:

Erstens, weil die heutigen Diktatoren, so verzweifelt sie sich auch bemühen, mit ihren Propagandaapparaten das schon Erreichte und die Verheißungen ihrer irdischen Paradiese zu preisen, nicht die Unsterblichkeit versprechen und daher das wesentliche Urbedürfnis nicht befriedigen können, aus dem der heilsgeschichtliche Traum geboren wurde. Gewiß enthüllen auch verschiedene Handlungen und Slogans mancher Regime diese geheime Hoffnung von Führer und Gefolgschaft. Ebenso wie bei den alten Pharaonen, den Heiligen und anderen Würdenträgern der verschiedenen heilsgeschichtlichen Kulturen, bewahren und schaffen auch die totalitären Kulturen Rituale mit dem Ziel, die Unsterblichkeit der Führer zumindest symbolisch zu gewährleisten. So wurde beispielsweise das Werk Stalins oder Hitlers oder das Denken Mao Tse-tungs systematisch als *unsterblich* bezeichnet; an jedem »Führergeburtstag« haben die Anhänger den Glückwunsch »tausend und abertausend Jahre Leben« wiederholt; schließlich sind die kommunistischen Führer wie die ägyptischen Pharaonen *einbalsamiert* worden – bekanntlich hatte die Einbalsamierung in den alten Religionen eben den Zweck, dem Tod Einhalt zu gebieten und den Würdenträgern ein glückliches Leben nach dem Tode zu gewährleisten. Aber in einer von der materialistischen Wissenschaft und ihrem radikalen Skeptizismus gegenüber dem Jenseits beherrschten Situation wie der heutigen können diese schüchternen und unbewußten Versuche, den Tod zu bannen, gewiß nicht glaubwürdig erscheinen. Mithin fehlt dem politischen heilsgeschichtlichen Mythos mit der religiösen Komponente seine stärkste Anziehungskraft: die Verheißung und die Gewißheit der Unsterblichkeit. Daher ist der politische Totalitarismus in einer primären Widersprüchlichkeit gefangen, die ihn unterminiert: einerseits gründet er seinen Erfolg auf die Adoption der Modalitäten des religiösen Mythos; andererseits kann er – insofern er eben im wissenschaftlichen Zeitalter und im Diesseits verwurzelt ist – die wichtigste und mitreißendste Verheißung nicht anbieten: die Unsterblichkeit.

Der zweite grundlegende Widerspruch des politischen Millennarismus beruht auf der Tatsache, daß er sich einerseits zwar erlauben kann, die andere Grundverheißung des religiösen Millennarismus – Glück und universelle Harmonie – aufzunehmen und zu propagieren, daß aber andererseits diese Verheißung selbst durch die

Möglichkeit ihrer Überprüfung innerhalb kurzer Zeit in Mißkredit gebracht und untergraben werden kann. Solange der religiöse Millennarismus ein Zeitalter der allgemeinen Glückseligkeit versprach, das in einer mehr oder weniger nahen, jedenfalls aber erst noch ausstehenden Zukunft lag, konnten Eifer und Engagement der Anhänger aufrechterhalten werden. Kaum versuchte aber derselbe religiöse Millennarismus, sein Tausendjähriges Reich »hier und sofort« zu verwirklichen – man denke an die Stadt Gottes der Taboriten im 16. Jahrhundert oder an das Neue Jerusalem von Thomas Münzer, an Calvins theokratische Republik in Genf, Savonarolas Florenz – so war es um Enthusiasmus und Eifer (und sogar die Sicherheit der Führer) alsbald schlecht bestellt; sie verwandelten sich unter dem Druck der Wirklichkeit und ihrer bitteren Enttäuschungen in Haß und Aufruhr. In den totalitären Regimen kann diese Enttäuschung von der engmaschigen und massiven Propaganda für lange Zeit hinausgeschoben werden. Aber früher oder später verbreitet sie sich und verändert rasch das heroisch-hoffnungsvolle Klima des revolutionären Augenblicks in die eintönige Resignation des Alltags.

Auch die Hierarchien geraten bald in eine mißliche Lage. So bemerkt z. B. Bronislaw Baczko in seiner schon erwähnten Abhandlung über die Utopie treffend:

»In gewissem Sinne bleibt die Sowjetmacht eine Gefangene der Utopie [. . .] Ziel der sowjetischen Gesellschaft bleibt unverändert der Aufbau des Kommunismus, mit all dem, was daraus folgt: das Absterben des Staates, die Anwendung des Prinzips »Jedem nach seinen Bedürfnissen« usw. Trotzdem werden im Laufe der Zeit die Widersprüche zwischen diesen Versprechungen und der Wirklichkeit der totalitären Gesellschaft immer offenkundiger, daher diese paradoxe Situation: die Macht ist sowohl gezwungen, ›auf Utopie zu spielen‹ als auch ›falschzuspielen‹«.[37]

So wird die sowjetische Gesellschaft hartnäckig als sozialistische ausgegeben und der Anbruch des Kommunismus als bevorstehend angekündigt, gleichzeitig aber beständig verschoben. Am Vorabend der Oktoberrevolution beweist Lenin in *Staat und Revolution* die Unvermeidbarkeit des Absterbens des Staates und seines Gewaltapparats am Tag nach der Machtergreifung durch die Kommunisten. Aber derselbe Lenin beginnt wenige Monate, nachdem er diese heilsgeschichtlichen Seiten geschrieben hat, mit dem Aufbau eines neuen bürokratisch-repressiven Apparates, den seine Nachfolger unermüdlich ausbauen. Damit beginnt der ideologische Schwindel jedoch erst: Als Lenin das Ende des Kriegskommunismus (mit dem die Gewalt gegen alle Andersdenkenden und Gegner gerechtfertigt worden war) und die Einführung der Neuen Ökonomischen Politik verkündet (die ökonomische Politik der Wiedereinführung der Privatinitiative, mit der das Regime den ersten Desastern abhelfen wollte, die durch die Abschaffung der Marktwirtschaft entstanden waren), verwendet er Bilder, die direkt aus der *Utopia* von Morus entnommen sind, und versichert, daß der Goldmarkt nur vorübergehend wiedereingeführt werde, und mit dem Anbruch des Kommunismus werde das üble Metall nur... zum Bau von Latrinen verwendet.

Stalin seinerseits verabschiedet am Tag nach den schrecklichen Gewalttaten gegen Bauern und Arbeiter, welche die Einführung des ersten Fünfjahresplans begleiteten, und während der Massendeportationen in die GULags die Sowjetische Verfassung, in der er allen sofortige »Freiheit, Menschenwürde und Glück« zusichert. Im Jahre 1952, während die UdSSR noch von Hunger und Massenterror heimgesucht wird, läßt er sich ausführlich über den bevorstehenden Anbruch des kommunistischen Zeitalters aus, das kostenloses Brot für alle und das Absterben des Staates garantieren soll: Die Stunde des Glücks und der allumfassenden Freiheit wird auf 1982 festgelegt. Chruschtschow läßt die Zeiten für das Absterben des Staates verschwimmen, legt aber die des allgemeinen Wohlstands auf 1980 – allerdings tragikomisch zusammengestutzt auf ein gastronomisches Paradies, in dem »die Sowjetbürger eine größere Fleisch-, Butter- und Eierration haben werden als die Amerikaner.« Breschnew und Andropow archivieren schließlich die kurzfristigen Versprechungen und ziehen sich auf eine Vision des kommunistischen Millenniums zurück, das die ganze Unbestimmtheit des religiösen trägt. Es entzieht sich aber nicht der Verifizierbarkeit (oder besser: Falsifizierbarkeit, um die Terminologie von Popper zu verwenden) schon in der Gegenwart, eben weil es in der öden Gegenwart des »fortgeschrittenen Sozialismus« seine Voraussetzungen haben soll. Die Glaubwürdigkeit des religiösen Millenniums war in der Tat der revolutionären Apokalypse anvertraut, die ihr vorhergehen sollte: Nicht ohne Grund ist der Mythos des kommunistischen Tausendjährigen Reichs weiterhin in Ländern im Umlauf, in denen der Kommunismus die Macht noch nicht erobert hat und die »Revolution« noch kommen soll.

Das Charakteristikum dieser Apokalypse ist für jeden religiösen oder politischen Millenarismus die »Umwälzung aller Werte«, wie Nietzsche es genannt hat. Dem Unrecht wird das Recht folgen, dem Leid das Glück, dem Elend der Überfluß, dem Haß die Liebe, der Einsamkeit die Solidarität, der Intoleranz die Toleranz, dem Konflikt die Harmonie usw. Aber ein Millenium, das sich nur als Fortsetzung eines öden und dumpfen Heute darstellt, kann weder Anhang finden noch Faszination ausstrahlen. Mit anderen Worten, die Stabilität und Selbstverewigung, welche die totalitären Regime verfolgen, steht in einem inneren Widerspruch zu den irdischen heilsgeschichtlichen Mythen, in deren Namen sie die Macht erobert haben.

Das erklärt einerseits den wachsenden Mißkredit, in den die heilsgeschichtlichen Hoffnungen in den stabileren kommunistischen Regimen geraten sind, andererseits die größere Vitalität, welche diese in der Dritten Welt haben, wo die ständigen Komplotte, Militärputsche und Staatsstreiche den magischen revolutionären Augenblick häufig erneuern und das vorübergehende Wiedererblühen des heilsgeschichtlichen Traumes erlauben.

Über einige Überbleibsel hinaus scheint die totalitäre und politische Version des heilsgeschichtlichen Mythos jedenfalls keine Zukunft zu haben.

Trotz seiner Ansprüche auf Originalität und Antipathie gegen die überlieferte, patriarchalische Kultur erscheint eine gewisse Form von extremistischem *Feminismus* aus einer psycho-existentiellen Optik nur als die X-te Variante der angestammten Übel eben jener Kultur. Denn auch hier diagnostizieren wir eine paranoide Verzerrung der Wirklichkeit. Der Dämonisierung der Frau in den überlieferten Religionen – deren psycho-existentielle Wurzeln hier offengelegt worden sind – weiß der extremistische Feminismus nichts anderes entgegenzusetzen als eine spiegelbildliche Dämonisierung des Mannes. Die Frau – natürlich nur jene militante in den Reihen der Wahren Kirche und der Wahren Feministischen Revolution – ist die einzige Wahrerin der wahren Gerechtigkeit und des wahren Milleniums. Die Sexualität wird als Verderbtheit verdammt, außer in den von der Wahren Kirche gepredigten Formen (lesbisch und klitorisfixiert für die feministische Kirche, wie früher ehelich, kinderreich und pflichtgemäß vaginal für die der Herren). In bezeichnender Übereinstimmung mit der überlieferten christlichen Ikonographie ist dieser Feminismus bei dem Versuch einer Wiederholung des kirchlichen Modells einer »heiligen Familie« gelandet, in der der Vater ausgeschlossen und die Mutter-Kind-Dyade bevorzugt wird. In den frühen siebziger Jahren malte eine feministische Gruppe das Bild einer Neuen Welt aus [38]: ein neues irdisches Paradies, in dem die Männer in passende Reservate oder zoologische Gärten eingeschlossen werden, zu denen die »befreiten« Frauen hinpilgern werden, um sie zu beobachten, zu erforschen und mit einigen Nüsslein zu belohnen.

Auf die existentielle Panik, die durch den unvermittelten Einbruch des Todes in das Bewußtsein als unausweichliches eigenes Schicksal oder als unersetzbarer Verlust des Gefährten oder der Gefährtin oder der Kinder erzeugt wurde, hatte der menschliche Affe mit der völligen Leugnung des Todes reagiert, und zwar mit Hilfe von Überlebensphantasien, welche die Urformen der menschlichen Kultur hervorbrachten; in späteren Zeiten mit Hilfe stärker strukturierter und ausgeprägter Abwehrmuster mythischer und ritueller Art, die den Gläubigen einer jeden Religion die Unsterblichkeit gewährleisteten. Diese Leugnungen sind im Westen jedoch allem Anschein nach in eine irreversible Krise geraten; zunächst wegen ihrer inneren Widersprüche – d. h., weil sie schließlich Ängste vor Verdammnis erzeugten, die ebenso schrecklich waren wie die Todesangst, die sie einzudämmen versuchten –, und dann vor allem im 19. und 20. Jahrhundert durch die immer unaufhaltsamere Ausbreitung des weltlich-wissenschaftlichen Denkens. Auf den Zusammenbruch der religiösen Abwehr reagierte die menschliche Psyche mit dem üblichen Mechanismus: Sie versuchte, einen neuen heilsgeschichtlichen Mythos zu erzeugen, der in der Form von revolutionären Utopien und Aktionen dem Anschein nach realistischer und »wissenschaftlicher« ist. Aber diese Ersatzmythen konnten sich nicht lange halten, da sie entschieden weniger trostspendend und sehr viel stärker widerrufbar sind als die religiösen Mythen. Der eine oder andere mag daher heute die Rückkehr zu ihnen anstreben, ohne recht verstanden zu haben, daß der politische revolutionäre Mythos gerade aus dem unaufhaltsamen Zerbröckeln des religiösen Mythos im Gefolge der ethischen und intellektuellen Evolution des Menschen geboren wurde. Selbst wenn die terroristische Version der heilsgeschichtlichen Lehren mit ihrer Explosion in den 60er und 70er Jahren auf dramatische Weise die Tendenzen und den häufig monströsen Ausgang der paranoiden Umwandlung von Todesangst gezeigt hat, so beweist sie jedoch durch ihren gegenwärtigen Niedergang die innere Unsicherheit totalitärer politischer Surrogate, mit denen unser Jahrhundert die religiösen Millennarismen ersetzen wollte.

Selbst die wenigen Autoren, denen es gelingt, den psychologischen Kern der heutigen Krise der revolutionären Mythen zu erfassen, scheinen nicht zu verstehen, daß es sich nicht um ein beliebiges geschichtliches Ereignis handelt, sondern um die Endkrise der reaktiven Verteidigungsform, in der die menschliche Kultur sich von ihren Ursprüngen her entwickelte und die sie bis heute weiter ausbaut. So hat z. B. Francesco Alberoni in einem Artikel sehr genau den Ernst des psychischen Zusammenbruchs beschrieben, der viele italienische – und nicht nur italienische – Marxisten im Gefolge des wachsenden Mißkredits, in den ihre Doktrin geraten ist, bedroht. Und die Blüte der immer drastischeren Kritiken am Marxismus kommentierend, wie sie in den Schriften der italienischen Linken anläßlich des hundertsten Todestages von Marx grassierten, bemerkt er unter anderem:

»Die italienischen Marxisten beschränken sich nicht darauf, einen Gesichtspunkt, eine anregende Hypothese aufzugeben: Sie verlassen einen Glauben, ein sicheres Ufer, ein Haus, eine länderübergreifende Gemeinschaft, eine Hoffnung [...] Ich glaube nicht, daß diese Preisgabe schmerzlos sein wird, denn viele von ihnen haben vor allem ein Glaubensbedürfnis, das der skeptische Relativismus der zeitgenössischen Kultur mit Sicherheit frustriert [...] An diesem Wendepunkt der marxistischen Kultur in Italien drängt sich mir daher die Frage auf, wohin dieser Verlust einer sicheren und für unzerstörbar gehaltenen Zuflucht führen wird [...] Eine der Vermutungen, die man anstellen kann, ist, daß viele Marxisten in den religiösen Bewegungen landen werden.«[39]

Was Alberoni in dieser Analyse, die doch die wesentlich religiöse Natur des Marxismus und die psychischen Folgen seines Zusammenbruchs treffend erfaßt, zu entgehen scheint, ist der globale geschichtliche Prozeß, der hinter der heutigen Krise steht. Im historischen Blickwinkel wird deutlich, daß sich die politische Komponente des Millennarismus von Thomas Münzer bis Karl Marx ständig ausbreitete, bis sie die religiöse Komponente völlig absorbierte und – zumindest auf der bewußten Ebene – offen antireligiöse Bedeutungsgehalte annahm – eben weil die religiösen Abwehrformen von existentieller Angst und die entsprechenden jenseitigen Rechts-, Glücks- und Unsterblichkeitsverheißungen untergraben worden waren. Eine Rückkehr zu diesen Verheißungen mag daher heute unendlich viel schwieriger und unsicherer sein als in der Vergangenheit.

Inzwischen scheinen viele Marxisten auf die Krise der revolutionären Mythen mit der Flucht in den *ökologischen Radikalismus* zu reagieren.[40]

Wie wir im Kapitel »*Die philosophische Abwehr*« sehen werden, war diese Reaktion aus psycho-existentieller Sicht durchaus vorhersehbar, denn neben dem revolutionären war der naturalistische der andere große heilsgeschichtliche Mythos, mit dem das moderne Denken versuchte, die religiösen Millennarismen zu ersetzen. Aber dieser Mythos steht auf einem noch schwankenderen Boden als der revolutionäre. Um ihn zu zerstören, bedarf es nicht einmal des Urteils der Geschichte, dem schließlich die revolutionären Mythen erliegen. Es genügt die tägliche Beobachtung der Schrecken des *mors tua vita mea*, des Prinzips, auf das alles natürliche Leben sich stützt, oder die persönliche Erfahrung der Krankheit oder des Todes einer geliebten Person, der sich kein Ökologist auf Dauer entziehen kann.

4 Die soziale Abwehr:
Kindersegen und Reichtum

> Die Seelen der nicht
> empfangenen Kinder werden
> beim Jüngsten Gericht ihre
> Eltern anklagen
> *Johannes Chrysostomus*

Auf den ersten Blick scheinen sich eine sexualfeindliche Moral und die Ablehnung jeglicher Geburtenkontrolle nicht miteinander zu vertragen. Tatsache ist jedoch, daß die religiösen und politischen Fanatismen seit Jahrhunderten freie Sexualität und Geburtenkontrolle auf das Schärfste verfolgen. In der Frage seiner Fortpflanzung ist der Mensch dem existentiellen Schock mit zwei Reaktionsmustern begegnet: dem mönchisch-asketischen und dem vermehrungsfreudigen; beide können jedoch auf die heilsgeschichtliche Vision zurückgeführt werden. Im ersten Fall bereitet er sich auf das – im allgemeinen als unmittelbar bevorstehend betrachtete – Millennium durch die Aussetzung jeglicher anderer Aktivität außer Gebet, Reue und Proselytenmacherei vor; die Zeugung gilt hier nur als nutzloses und schädliches Zugeständnis an die irdischen Gelüste. Diese Haltung herrscht in der ganzen asketisch geprägten, christlichen Literatur vor, von der Patristik bis zur Sittenstrenge des 17. und 18. Jahrhunderts. Ihren Ausdruck findet sie in Texten wie dem *Lob der Jungfräulichkeit* (*De sancta virginitate*) des heiligen Augustinus, wo geschrieben steht, daß »die Keuschen wie leuchtende Sterne am Himmel strahlen werden«, während ihre Eltern Sterne ohne Licht sein werden«, oder in der *Geschichte des Judas Thomas*, in der zwei Neuvermählte in der Brautnacht eine Erscheinung Jesu erleben und von ihm feierlich ermahnt werden: »Wisset«, spricht der Erlöser, »wenn ihr euch diesem schmutzigen Akt nicht hingebt, werdet ihr Exempel der Reinheit sein und Kummer und Last der Kinder vermeiden, deren Schicksal immer eine Quelle der Bitternis ist. Für sie werdet ihr in der Tat zu Räubern und ungerechten Menschen, und durch ihre Übeltaten werdet ihr sehr betrübt sein. Fürwahr, die Kinder sind Ursache von vielem Leid, da sie dem Fluch des Königs oder des Dämons oder der Lähmung verfallen können. Und wenn sie sich bis zur Reife gut verhalten, so wenden sie sich später durch Ehebruch oder Diebstahl oder Unzucht oder Eitelkeit dem Bösen zu.«[1]

Die andere Reaktionsweise geht auf das biblische »*Wachset und mehret euch*« zurück und zielt darauf ab, das Auserwählte Volk zu vermehren – die Anhänger des Wahren Glaubens, die auch durch den Krieg zur Vorbereitung des Millenniums bestimmt sind. So wird das *bonum prolis* für alle christlichen Kirchen zur Hauptrechtfertigung der Ehe. Der heilige Johannes Chrysostomus wird behaupten, daß die Seelen der ungezeugten Kinder ihre potentiellen Eltern vor Gott beim Jüngsten Gericht anklagen werden, und viele Päpste werden bis in unsere Tage eine radikale Opposition gegen die Geburtenkontrolle vertreten, mit ruinösen Auswirkungen auf die ökonomische Entwicklung, den Schutz der Umwelt und den Kampf gegen den Hunger.

Nicht ohne Grund ist dieses hartnäckige Vermehrungsgebot des Christentums und der anderen heilsgeschichtlichen Religionen prompt in die verweltlichten Versionen des Millenniums, die Totalitarismen faschistischen und kommunistischen Schlags unseres Jahrhunderts, übergegangen, obwohl es sich häufig um Systeme handelt, die stark antiklerikal sind und sich durch ganz unterschiedliche ökonomische Strukturen auszeichnen.

Aber in einer psychologisch-existentiellen Optik ergibt sich ihre Übereinstimmung aus dem gemeinsamen heilsorientierten Dogmatismus. Denn aus ihrer Perspektive kann es das Problem der Überbevölkerung, d. h. des Ungleichgewichts zwischen Bevölkerung und Ressourcen, nicht geben. In der Zukunft des Heils, im Millennium, sei es nun religiös oder politisch, gibt es keinen Mangel mehr. So findet die Parabel der wunderbaren Brotvermehrung ihre prompte Entsprechung in der marxistischen These, daß »eine kommunistische Gesellschaft für jede Bevölkerung, wie groß auch immer, die volle Befriedigung der Bedürfnisse aller gewährleisten kann«.

Da zudem das heilsgeschichtliche Dogma immer einen erbitterten Kampf gegen die teuflischen Mächte einschließt, die sich der Ankunft des Millenniums widersetzen, und da der Heilige Krieg gegen die Feinde Gottes und der Revolutionäre Krieg gegen die

Feinde der Wahren Revolution wesentliche Bestandteile seines Programms sind, bedarf es vieler, vieler Kämpfer, die bereit sind, heroisch zu sterben. Messianisch motivierte Bevölkerungen drängen um so eher zum Invasionskrieg, je weniger das eigene Gebiet in der Lage ist, sie zu ernähren.

Jenseits oder diesseits jener glänzenden expansionistischen Programme kann der Kinderwunsch in vielen Kulturen eine exorzistische Bedeutung gegenüber dem Tod einnehmen. Und nicht nur aus dem offenkundigen Grund, daß Kinder als Fortdauer über den Tod hinaus wahrgenommen werden, sondern weil nach einer Hypothese von Ignazio Majore, auf die wir noch zurückkommen, der Zeugungsakt für den metazoischen (vielzelligen) Organismus den Versuch darstellt, einigen Zellen das Weiterleben nach dem Tod des Organismus selbst zu sichern[2]. Im Ahnenkult machten viele Kulturen diese Bindung der Unsterblichkeit an die Generationenfolge zur Institution. In der konfuzianischen Religion kann ein Mensch nur durch die Pietät der Nachkommen, die ihm die gebührenden Rituale sichern müssen, die Gewißheit eines glücklichen jenseitigen Lebens gewinnen. Schließlich hatte die Todesangst insofern einen außerordentlichen indirekten Einfluß auf die Bevölkerungsentwicklung, als durch das Verbot jeder empfängnisverhütenden Maßnahme allein die auf Reproduktion ausgerichtete sexuelle Aktivität sanktioniert war.

In *Die Furcht vor der Freiheit*[3] entwickelt Erich Fromm die berühmten Beobachtungen von Max Weber zu den Wechselbezügen zwischen der protestantischen Ethik und der Geburt des Kapitalismus weiter und arbeitet überzeugend auch die engeren Bezüge heraus, die den ökonomischen Aktivismus des entstehenden Kapitalismus mit der calvinistischen Gnadentheorie verbinden: Die ständige Ungewißheit eines jeden, der göttlichen Gnade (und daher des Seelenheils) teilhaftig zu sein, sowie der ökonomische Erfolg als nicht sicheres, aber doch hinreichendes Anzeichen göttlichen Wohlwollens haben Generationen von Calvinisten dazu bewegt, durch ein gänzlich der Arbeit und der produktiven Investition gewidmetes Leben Reichtümer anzuhäufen, ohne sie jemals zu genießen. Auch wenn Fromm – der als braver Neofreudianer das Problem der Todesangst verdrängt – es nicht zu bemerken scheint, so ist jene quälende Sorge um die Gnade und ihre irdischen Zeichen mit dem existentiellen Schock und der aus ihm resultierenden religiösen Abwehr deutlich verknüpft. Die Gnade war in der Tat die notwendige und hinreichende Bedingung für das jenseitige Heil, da ihr Besitz oder Nichtbesitz dem Leben oder dem Tod der Seele bzw. schlimmer noch, ewiger Freude oder ewiger Qual gleichkam. Niemand muß sich daher wundern, wenn sich so viele Protestanten besten Gewissens einem zügellosen ökonomischen Aktivismus widmeten.

In der katholischen Welt gab es übrigens schon seit längerem ein psychologisch sehr ähnliches und wirtschaftlich sehr gewichtiges Phänomen, wenn es sich auch auf andere Weise äußerte. Seit dem 14. Jahrhundert, d. h. seit jenem Herbst des Mittelalters, in dem – wie wir bereits sahen – die Angst vor der Verdammnis in der ganzen christlichen Welt paradoxe Ausmaße annahm, entwickelte sich in der katholischen Welt ein neues testamentarisches Verfahren, das der Kirche und frommen Stiftungen (im Austausch für eine kirchliche Garantie des ewigen Lebens) beträchtliche Teile vom Besitz des Erblassers überließ. Der Historiker Philippe Ariès bemerkt hierzu:

»Das Testament ist ein zwischen dem Erblasser und der Kirche als Statthalter Gottes geschlossener Versicherungsvertrag. Ein Vertrag mit doppelter Zweckbestimmung: einerseits ›Passierschein‹ für den Himmel – nach der Formulierung von J. LeGoff –, garantierte er den Bund mit der Ewigkeit, und die Prämien dafür wurden mit zeitlichem Geld gezahlt, den frommen Legaten; andererseits aber bedeutete er Ermächtigung zum dergestalt legitimierten Genuß der im Laufe des Lebens erworbenen Güter auf Erden, und die Prämien für diese Garantie wurden diesmal in geistlicher Währung entrichtet, in Messen, Gebeten und Akten der Barmherzigkeit.«[4]

Im Rahmen dieser testamentarischen Regelung, die sich im wesentlichen unverändert bis ins 18. Jahrhundert (und mit geringfügigen Veränderungen bis in unsere Tage) erhielt, und dazu dank dem Ablaßhandel, der bekanntlich bis zur Gegenreformation immer umfassendere Dimensionen annahm, haben sich die Kirche, die frommen Stiftungen und die religiösen Orden unermeßliche Vermögen angeeignet, welche bis heute die Grundlage ihrer außerordentlichen wirtschaftlichen Macht bilden.

Der produktive Aktivismus des protestantischen Kapitalismus wie die Anhäufung von Grundbesitz und Immobilien, die in der katholischen Welt durch die testamentarischen Hinterlassenschaften und den Ablaßhandel überwogen haben, waren wirtschaftliche Erscheinungen, deren Bedeutung in den entsprechenden Einflußsphären kaum überschätzt werden kann. Sicher waren es sehr verschiedenartige Phänomene. Aber diese Verschiedenheit betrifft lediglich die Folgen, die sie für die ökonomische Entwicklung auf regionaler und weltwirtschaftlicher Ebene hatten, und nicht die Verarbeitungsmechanismen der psychischen Grundspannungen selbst. Offensichtlich war der protestantische wirtschaftliche Aktivismus eine in seinen produktiven und kulturellen Auswirkungen sehr viel wichtigere Erscheinung; vor allem war er besser in der Lage, sich von seiner strikt religiösen Grundlage freizumachen. Während die katholische testamentarische Tradition mit dem Niedergang der Glaubensüberzeugungen schwächer wurde, hat sich der wirtschaftliche und produktive Aktivismus weit über die geschichtlichen und geographischen Grenzen der protestantischen Sittenstrenge hinaus über die ganze moderne Welt verbreitet, so daß D. H. Lawrence in den zwanziger Jahren bemerken konnte: »Die Arbeit ist die am weitesten verbreitete Droge unserer Zeit.«[5] Die Ursache dieses Phänomens ist offensichtlich: Unabhängig von den religiösen oder theologischen Vorschriften ruft die Angst mühelos sich wiederholende, heftige motorische Reaktionen hervor, die beim Menschen die Funktion haben, die physiologische Fluchtreaktion zu ersetzen und die Energien abfließen zu lassen, die mit der Adrenalinsekretion verbunden sind. Aus diesem Grunde läuft eine Person in einem Zustand von Angst nervös auf und ab, trommelt zwanghaft mit den Fingern auf dem Tisch oder bewegt rhythmisch ein Bein. Der Arbeitsaktivismus könnte eine höher entwickelte Form desselben Phänomens sein, die nicht nur eine motorische Entladung, sondern auch eine wirksame psychische Zerstreuung des angsterregenden Denkens gewährt. Wie auch immer in der katholischen und der protestantischen Welt die kulturelle und wirtschaftliche Verarbeitung der Grundspannungen ausgesehen haben mag, so waren die Spannungen in jeder der beiden Kultursphären stets die gleichen. Im wesentlichen handelt es sich immer um Ängste vor Verdammung, die von der katholischen Sittenstrenge und der protestantischen Gnadentheorie hervorgerufen wurden, aber diese Verdammungsängste waren ihrerseits nur die giftige Nebenwirkung des Gegenmittels, mit dem der zivili-

sierte menschliche Affe von Zarathustra an versucht hatte, die Todesangst zu verbannen: der Erlösungsreligion und dem Mythos
vom Jüngsten Gericht.

So kann uns also eine Psychologie, die sich des existentiellen
Schocks und seiner vielschichtigen Überkompensation bewußt ist,
nicht nur helfen, die großen religiösen und politischen Bewegungen zu verstehen, sondern auch die Grundlagen für demographische und wirtschaftliche Probleme, die scheinbar von der existentiellen Problematik sehr weit entfernt sind. Beispielsweise können
wir jetzt besser begreifen, warum das Problem der Bevölkerungsexplosion heute so dramatisch ist und gleichzeitig so vernachlässigt
wird: Die religiösen und politischen Millennarismen katholischer,
faschistischer, islamischer und marxistisch-leninistischer Provenienz trugen nicht nur zum Ausbruch jener Explosion bei, indem
sie jede nicht auf Fortpflanzung gerichtete Äußerung der Sexualität unterdrückten, sondern verhinderten auch mit ihren Wunderverheißungen alle empfängnisverhütenden Maßnahmen. Die
Verschwörung dieser Millennarismen hat schon Dutzende von
Millionen Unglücklicher zum Hungertod verurteilt und wird bis
zum Ende des Jahrhunderts weitere hunderte von Millionen dazu
verurteilen.

5 Die philosophische Abwehr: Vom Sinn des Seins

> Es ist offensichtlich, daß unser
> Interesse uns nötigt, an Gott zu
> glauben
>
> *Blaise Pascal*

Wir haben bereits untersucht, inwiefern das Problem des Todes dem magisch-religiösen Denken zugrundeliegt; in diesem Kapitel werden wir sehen, daß es auch Grundlage des philosophischen Denkens ist. Schon die ersten Philosophen des antiken Griechenland, das zu Recht als Wiege der Philosophie im modernen Sinne des Wortes betrachtet wird – d. h. als Suche nach Wahrheit in einer Form, die sich von Offenbarung oder religiöser Erleuchtung unterscheidet – setzen sich mit dem Problem des Todes als Phänomen, das zu verbannen oder zumindest zu erklären ist, auseinander. So spricht der erste griechische philosophische Text, der auf uns gekommen ist, das berühmte *Fragment des Anaximander* (um 580 v. Chr.), eben vom Tode.

Auch die griechische Kunst ist seit den Zeiten Homers davon besessen. »Preise mir jetzt nicht tröstend den Tod«, sagt Achilles zu Odysseus, »lieber möcht' ich führwahr dem unbegüterten Meier, der nur kümmerlich lebt, als Tagelöhner das Feld baun, als die ganze Schar vermoderter Toten beherrschen.«[1] Anakreon protestiert mit einem verzweifelten Vers: »Der Tod ist allzu schrecklich.«[2] Und Sappho widerspricht den einfachen Rezepten gegen die Todesangst und schreibt bitter: »Sterben ist etwas Schlimmes. Die Götter selbst haben so entschieden. Denn sie würden sterben, wäre das Sterben etwas anderes.«[3] Wie wir sehen werden[4], kreist übrigens schon das älteste Theaterstück der menschlichen Geschichte, *Der gefesselte Prometheus* von Aischylos, um das Thema der Situation des Menschen, der Unbarmherzigkeit der Götter und um den gnadenlosen Kampf, den der Mensch auf sich nehmen mußte, um sich über den tierischen Zustand zu erheben, in den das Schicksal ihn versetzte. Es waren keineswegs Ängste oder Reflexionen von Einzelnen. »Die Ionier«, schreibt Burnet, »waren durch die Unsicherheit des Lebens außerordentlich verängstigt: bei Homer, bei Simonides, bei Mimnermos von Kolophon wird das in aller Deutlichkeit sichtbar.«[5] Schelling, Rohde und Edith Hamilton[6] betrachten ihrerseits übereinstimmend die Todesangst als Hauptthema der griechischen Kultur, und Conford schreibt: »Das überwältigende Wissen um die Sterblichkeit bewegt und beunruhigt einen Großteil des griechischen Denkens.«[7] Aber betrachten wir zunächst das älteste Fragment von Anaximander: »Woher die Dinge ihre Entstehung haben, dahin müssen sie auch zugrunde gehen nach der Notwendigkeit, denn sie müssen büßen und für ihre Ungerechtigkeiten gerichtet werden gemäß der Ordnung der Zeit.« Sicher ist es befremdlich (und aufschlußreich für die uralte Neigung des menschlichen Affen, den Tod und alles andere Unglück in Begriffen von Strafe zu deuten) zu sehen, daß Anaximander nicht zögert, den einzelnen Lebewesen (den Dingen) die Verantwortung für Naturgesetze aufzubürden, welche sie wie das *mors tua vita mea* überfordern und überwältigen: ganz so, als ob die zum Überlebenskampf gezwungenen Gladiatoren der antiken Zirkusspiele verantwortlich für den Tod ihrer Mitkämpfer gemacht und das sadistische Gesetz der Spiele als »gerecht« beurteilt würden. Und trotzdem zeigt dieses alte Fragment, abgesehen von seiner eigentümlichen Nicht-Logik – oder im Gegenteil gerade deswegen – die ergreifende Anstrengung des alten Anaximander, des ersten philosophischen Affen, den wir kennen, in dem ungeheuren Gemetzel der Natur eine irgendwie geartete Logik und irgendeine Form von Gerechtigkeit zu finden. Es war dies übrigens eine Denkhaltung, die in verschiedenen Religionen schon seit langem wirkte.

Das andere große Bemühen vieler Philosophen – auch dies bezeichnenderweise wiederum parallel zum religiösen Denken – gilt dem Nachweis, daß der Tod keine völlige Vernichtung ist: ein um so intensiveres Bemühen, je schwächer die Kraft des religiösen Glaubens wurde. Im vorangehenden Kapitel verfolgten wir bereits die große Krise der religiösen Abwehr, die sich am Ende des Mittelalters eröffnete und in die politischen Fanatismen unseres Jahrhunderts mündete; aber vor diesem zeitgenössischen Endergebnis gab es andere Krisen. Jacques Choron, der Autor eines sehr schönen Buches mit dem Titel *Der Tod im abendländischen Denken*[8], schlägt in diesem Zusammenhang ein überzeugendes geschichtliches Schema vor:

»Im klassischen Griechenland war es sogar die Philosophie, die ein tröstlicheres Todesverständnis einführte. [...] Mit dem Aufkommen des Christentums [...] verlor die philosophische Interpretation des Todes immer mehr an Bedeutung [...].«[9] Und er beschließt seine Ausführungen zum 18. und 19. Jahrhundert mit folgenden Worten:

»Das Todesproblem stellte sich zum ersten Male, als man die Unvermeidbarkeit des Todes erkannt hatte. Und die Furcht vor dem Sterben sowie die Enttäuschung über die Vergeblichkeit des Lebens wirkten immer bedrängender und schmerzhafter, je mehr man fürchten mußte, daß der Tod die absolute Vernichtung der menschlichen Persönlichkeit mit sich bringe. [...] Unsere Geschichte des Todesgedankens in der Philosophie muß deshalb einerseits zeigen, wie man versuchte, den Tod nicht als das absolute Ende zu verstehen [...] Auf der anderen Seite ist jedoch ein zunehmender Skeptizismus gegenüber diesen Behauptungen und Glaubenssätzen zu beobachten. [...] Die zwei wichtigsten Aspekte des Todesproblems sind demnach: die Meisterung der Todesfurcht und die Neutralisierung oder Widerlegung des scheinbar unvermeidlichen Schlusses, unser kurzer Aufenthalt auf Erden sei ein sinnloser Witz, eine absurde Tragikomödie.«[10]

Schon Heraklit und Parmenides gelangen auf unterschiedlichen Wegen zu derselben Verneinung des Todes. Heraklit, von dem uns viele Fragmente überliefert sind, die sich bezeichnenderweise alle um das Problem des Todes drehen, betont die Hinfälligkeit und Vergänglichkeit aller Dinge, sieht aber im selben Moment im Feuer das Urelement, in das alles zurückgeht, aber aus dem auch alles wiederkehrt. Bei ihm findet sich eine der ersten abendländischen Formulierungen der Theorie der ewigen Wiederkehr, die bereits in vielen Kulturen verbreitet war.

Parmenides, der berühmte Gegenspieler von Heraklit, mißtraute der Wirklichkeit der Natur und den tausend Veränderungen, welche für sie charakteristisch sind, und behauptete als einzige echte Wirklichkeit die des Seins, das ewig und unveränderlich sei und vom menschlichen Geist nur intuitiv erkannt würde. Aber wenn – so Parmenides – die Veränderung illusionär ist, so ist auch der von den gewöhnlichen Sterblichen so gefürchtete Tod eine Illusion.

Übrigens tendieren nicht nur Parmenides und Heraklit, sondern fast alle Philosophen dieser Zeit, die sogenannten Vorsokratiker, zur Leugnung des Todes. Einige, z. B. die Physiker (Thales und Anaximenes), weisen auf eine Ursubstanz hin, aus der alles kommt, in die alles zurückgeht und aus der alles wieder entsteht, nach dem Muster der ewigen Wiederkehr, das sich schon bei Heraklit findet. Andere, wie die Pythagoreer, greifen auf eine religiöse Leugnung zurück, indem sie Elemente der esoterischen, erlösungsbezogenen Vorstellungen der Mysterienkulte übernehmen.

Mit Anaxagoras, einem anderen Vorsokratiker, der um 480 v. Chr. lebte, entsteht eine neue philosophische Haltung gegenüber dem Tod: eine gleichmütige, distanzierte Haltung, die bald für jeden echten Meister des Denkens oder der Wissenschaft zur einzig würdigen, geradezu gebotenen wird. Auf die Frage, warum er das Leben vorziehe, wenn er keine Angst vor dem Tode habe, antwortete der weise Anaxagoras: »Weil ich die Gestirne und die Gesetze des Kosmos erforschen kann, wenn ich lebe.« Die bewegende Schönheit dieser frühen Worte macht betroffen. Dieser Abstand, diese Gleichmut gegenüber dem Tod verstärken sich nach und nach bei den griechischen Denkern mit der Verbreitung der Auffassung, daß der Tod völliger Zerfall ist. Choron, der erwähnte Autor von *Der Tod im abendländischen Denken,* wundert sich darüber, aber aus psychologischer Sicht erkennen wir ein weiteres Beispiel des inneren Prozesses, durch den ein übermächtiges Ereignis von seinen gefühlsmäßigen Inhalten befreit und in Formen »reiner Sichtbarkeit« erlebt wird (vielen Psychotikern gelingt es gerade deshalb, furchtbare Erfahrungen zu überstehen, eben weil sie sich von den entsprechenden gefühlsmäßigen Inhalten »ablösen«). Glorreiche Beispiele dieses »Abstands« des Weisen waren auch Leukipp und stärker noch Demokrit (430–370 v. Chr.), die Gründer einer philosophischen Schule, welche die Verbindung oder Trennung der Atome, aus der Leben und Tod entstehe, nur vom blinden Zufall regiert sah. Von Demokrit, einem Manne, der trotz seines schmerzlichen Pessimismus die Freuden des Lebens zu genießen wußte, stammt der schöne Spruch: »Ein Leben ohne Feste ist wie eine Straße ohne Wirtshäuser.«

Aber der größte Meister der philosophischen Abwehr von Todesangst im antiken Griechenland bleibt wohl Epikur (341–270 v. Chr.), den sein noch berühmterer römischer Schüler Lukrez den größten Wohltäter und höchsten Ruhm des Menschengeschlechts nannte, weil er »für immer den Schrecken des Acheron verjagte, der das Leben des Menschen bis ins Innerste quält und die Schwärze des Todes über alles ausbreitet und alle Freude vergiftet.«[11] Bezeichnenderweise glaubte Epikur, den Urquell dieses Schreckens in der Furcht vor den Göttern und ihren Strafen ausgemacht zu haben, die in den Religionen seiner Zeit – wie auch heute noch – verbreitet war. Er ging nicht so weit, daß er die Existenz der Götter geleugnet hätte (eine derartige Lehre war in jener Zeit zu gefährlich); die Anklage wegen Atheismus wies er sogar entrüstet zurück. Epikur behauptete einfach, daß die Götter existieren, sich aber um die menschlichen Angelegenheiten überhaupt nicht kümmerten, denn diese wären nur eine lästige Störung ihrer heiteren Existenz: Fast kann man eine Verwandtschaft zwischen der Haltung der Götter und jener distanzierten und heiteren des Weisen erkennen, die Epikur »Ataraxie« (Unerschütterlichkeit des Gemüts; Gemütsruhe) nannte. Die von den Göttern verlassene Welt wird daher vom Zufall regiert – ein deutliches Echo der atomistischen Theorien von Demokrit. In dieser Welt der stofflichen Zufälligkeit – übrigens war auch die Seele stofflich gedacht, auch wenn sie aus runderen und leichteren Atomen bestehen sollte, die beim Tod des Körpers zur Auflösung bestimmt waren – kann der Weise durch den ausgewogenen Genuß der Lust die Seelenruhe erlangen, aber – fügte Epikur hinzu, auch wenn viele seiner Vulgarisierer und Verleumder es schließlich vergaßen – »Wenn wir also sagen, die Lust sei das Ziel, so meinen wir damit nicht die Lüste der Hemmungslosen und jene, die im Genuß bestehen, [...] sondern: weder Schmerz im Körper noch Erschütterung in der Seele zu empfinden.«[12]

Um die größte Sorge des Lebens, die Todesangst, zu besiegen, ersann Epikur in seinem Brief an den Schüler Menoikeus das berühmte »Argument«, das durch die Jahrhunderte hindurch so viele vom existentiellen Schock getroffene Menschen trösten sollte:

»Gewöhne dich ferner daran zu glauben, der Tod, sei nichts, was uns betrifft [...] Das Schauererregendste aller Übel, der Tod, berifft uns überhaupt nicht; wenn ›wir‹ sind, ist der Tod nicht da; Wenn der Tod da ist, sind ›wir‹ nicht. Er betrifft also weder die Lebenden noch die Gestorbenen, da er ja für die einen nicht da ist, die andern aber nicht mehr für ihn da sind.«[13]

Auch hier erstaunt uns die Naivität, mit der der menschliche Geist mit Epikur zum ersten Mal versucht, mit seinen rationalen Gegenmitteln das Gift wegzudestillieren, das ihn bedrängt. Leider sind es nur marginal wirksame Gegengifte, und zwar aus mehreren Gründen. Der wichtigste ist, daß die Todesangst nicht nur – wie Epikur anzunehmen scheint – aus der Furcht vor dem Jenseits entsteht, wie sie von den Religionen verbreitet wird: Die Religionen selbst sind, wie sich im zweiten Kapitel des Buches gezeigt hat, ihrerseits schon die erste Abwehr, die der Mensch gegen eine Todesangst aufgebaut hat, die immer schon da war. Diese Urangst vor dem Tode entsteht aufgrund der Tatsache, daß der biologische Schrekken, wie er für jeden lebenden Organismus angesichts jeder unmittelbaren Todesgefahr typisch ist, im Menschen durch einige charakteristische psychische Prozesse eine qualvolle Vervielfältigung erfährt: im dunklen oder aufflammenden, ahnenden oder verarbeiteten Bewußtsein des eigenen unausweichlichen Todesschicksals und durch die spezifisch menschlichen Eigenschaften der Voraussicht, der Erinnerung und der gefühlsmäßigen Anteilnahme, die sich unwiderbringlich mit dem Trauma des Todes verbunden haben. Es sind gerade diese Eigenschaften, welche der Mensch im Laufe seiner bio-psychischen Evolution entwickelt hat, die ihm den Tod unvermeidbar präsent, dominant und wiederkehrend machen, und denen der mutige Epikur auf der logischen Ebene so brillant zu begegnen versuchte.

Der Abstand, die völlige Heiterkeit angesichts des Todes auch jenseits der Gewißheiten des Glaubens, schien für viele in Sokrates, mehr noch als in Epikur oder Demokrit, ihren höchsten Ausdruck gefunden zu haben, und in der Tat können wir noch heute die Darstellung der letzten Stunden des großen Philosophen nicht ohne Anteilnahme lesen. Aber meiner Meinung nach ist das nur Schein. Man muß sich in Erinnerung rufen, daß bei Sokrates die Heiterkeit von der Gewißheit der Unsterblichkeit der Seele getragen wird, welche seine Vorgänger nicht besaßen. Sie ist im wesentlichen religiöser Herkunft und bezeichnet eine Wende in der Geschichte der Philosophie. Man kann sogar sagen, daß sich mit Sokrates ganz klar jene Ergänzungsfunktion der Philosophie gegenüber den Glaubensgewißheiten, die in die Krise geraten, abzuzeichnen beginnt. Choron hat dies scharfsinnig herausgearbeitet.[14] Bei Platon (427–347 v. Chr.) gründet die sokratische Überzeugung von der Unsterblichkeit der Seele in einem philosophischen System – dem platonischen Idealismus –, das in der Wirklichkeit der natürlichen Welt nur mehr das angenäherte, aber immer vergängliche Abbild einer höheren Welt sieht, der *Welt der Ideen,* zu der der Philosoph kraft seiner Seele Zugang hat.[15] Für Platon wurde die Philosophie mithin »Heilsweg«: eine Definition, die er bezeichnenderweise mit der religiösen Verkündigung und der pythagoreischen Philosophie esoterisch-mystischer Herkunft teilt. Und mit Platon entsteht eine ausdrückliche Konzeption der Philosophie als »Erziehung zum Tode«, die durch die Jahrhunderte hinweg hartnäckig wiederaufleben wird. »Die Philosophie«, sagt Platon, »ist eine beständige Vorbereitung auf den Tod.« (Platon benutzt sogar das griechische Wort μελήτη, das wörtlich »Theaterprobe« heißt und dem Satz eine besondere Dramatik verleiht.) Diese beruhigende Funktion der Philosophie gegenüber dem Tod wurde mit großem und dauerhaftem Einsatz von der *stoischen Schule* wiederaufgenommen. Man kann sogar sagen, daß der Tod das Hauptthema des Stoizismus in seiner fünfhundertjährigen Geschichte ist. Nicht ohne Grund spricht man noch heute von »stoischem Tod«, »stoisch ertragenem Leid«, »stoischem Verzicht«. Nach der stoischen Schule ist die menschliche Seele ein Hauch im großen Göttlichen Atem *(Pneuma)* der Natur, mit dem sie sich nach unserem Tode in einer nicht personalisierten und doch mit großer Ruhe erwarteten Form von Unsterblichkeit wieder verbindet.[16]

In der Stoa, die einige Gelehrte als Antwort auf die Zerstörung der klassischen griechischen *polis* durch Alexander den Großen verstehen, können wir den typischen Prozeß einer Vergöttlichung der Natur beobachten, wie er sich bis in unsere Tage häufig wiederholt. Gelegentlich erscheinen die von den Stoikern vorgebrachten Argumente zur Tröstung des Menschen vor dem Tode eher schwach. So wird z. B. gesagt, daß der Tod deshalb nicht ungerecht sei, weil er dem Menschen nicht von einem Tyrannen auferlegt wird, sondern von der Natur, die ihm das Leben gegeben hat: eine Pseudologik, die auch die Kindestötung als gerecht ansehen müßte. Dennoch kann man gewisse Stellen der *Meditationes,* die Marc Aurel schrieb, als er im Wortsinne der Herr der Welt war, nicht lesen, ohne eine tiefe Rührung für diesen »anomalen« antiken menschlichen Affen zu empfinden, der über seine eigene Allmacht spottet, und ohne die erschreckende Beschränktheit und Mittelmäßigkeit so vieler heutiger Staatsmänner zu fühlen – große, triumphierende und in ihrer kläglichen Macht zufrieden schwelgende Riesenaffen:

»Die Dauer des menschlichen Lebens gleicht einem Punkt, die Substanz des Menschen einem Flusse; sein Empfindungsvermögen vermittelt unklare Erkenntnisse, die Zusammensetzung des ganzen Körpers ist so, daß er leicht der Fäulnis verfällt. Die Seele ist ewig kreisende Bewegung, das Schicksal ein Rätsel, unser Ruf ein Geschwätz. Kurz: alles Körperliche ist wie ein Fluß, das Seelische Traum und Trug, das Leben ein Kampf und ein Verweilen in der Fremde, der Nachruhm aber Vergessenheit.«[17]

Mit dem Auftreten des Christentums reduziert sich die ganze abendländische Philosophie für mehr als ein Jahrtausend im wesentlichen auf die Auslegung der *Heiligen Schrift*. Sein bestimmender Faktor lag im übrigen in der überwältigenden christlichen Verheißung, und zwar nicht nur der Unsterblichkeit der Seele, sondern auch der Auferstehung des Fleisches, die bezeichnenderweise durch die Verkündigung von Paulus (*Apostelgeschichte*, Kap. XVII, 32) zum wesentlichen Bestandteil der christlichen Lehre wurde. Paulus war gleichzeitig auch der Eiferer für den offen sexualfeindlichen Rückschritt des Christentums. Die existentielle und heilsbezogene Funktion des Sexualtabus wird bei ihm in aller Deutlichkeit sichtbar. »Wer auf die größte Freude, das höchste Glück auf dieser Erde verzichtet«, lautet die Kernaussage des Apostel Paulus, »wird das ewige Glück des im himmlischen Reich wieder auferstandenen Fleisches finden.« Die rasche Verbreitung der christlich-paulinischen Lehre im ganzen Abendland muß daher seinem besonderen Trost- und Hoffnungspotential zugeschrieben werden, mit dem der Todesfurcht zu begegnen war. Im Orient hatte sie seit Zarathustra zahlreiche andere Antworten gefunden, was vielleicht den geringeren Erfolg des Christentums in seinem Ursprungsgebiet erklärt. Im Abendland hingegen gab es in den überlieferten polytheistischen Religionen keine wirklich überzeugende Antwort; außerdem war ihre Götterwelt im Gefolge der Konfusion der zahllosen Gottheiten des ungeheuer großen Gebiets des römischen Reiches immer verwirrender und chaotischer geworden. Es war die Zeit, in der in Rom der Handel mit »Unsterblichkeitspillen« blühte, die aus dem Orient eingeführt wurden. Und sicher waren nicht ohne Grund die einzigen gefährlichen Konkurrenten, die das christliche Evangelium in den ersten Jahrhunderten in Rom vorfand, die anderen orientalischen Kulte (der Kult um Isis und Osiris, der Mithraskult und die anderen Mysterienkulte: alles Religionen, die den Eingeweihten Erlösung und Unsterblichkeit versprachen). Aber niemand konnte eine ähnlich verführerische Botschaft wie das Christentum vorweisen; sei es wegen seiner personenbezogenen und allumfassenden Inhalte – ewige Seligkeit eines jeden Erwählten in der Fülle seiner eigenen Fleischlichkeit –, oder aber wegen seiner revolutionären und solidarisierenden Sprengkraft: als Heilsbotschaft wandte es sich, wie A. Toynbee treffend bemerkt,[18] sowohl an das innere Proletariat, die Sklaven, als auch an das äußere, d. h. an die vom römischen Bürgerrecht Ausgeschlossenen. Mit dem Christentum erreichte die Demokratisierung des Jenseits – ein Prozeß, der mit dem Buddhismus begonnen hatte – ihren Höhepunkt. Diese wunderbare Verheißung monopolisierte deshalb rasch und leicht Herz und Verstand von Millionen, und wenn sie – wie zahllose Kritiker seit Kaiser Julian Apostata bis heute betonen – vielleicht sogar einiges zum Zusammenbruch der Verwaltung und der Strukturen des römischen Reiches beitrug, so hat doch diese Verheißung über lange Jahrhunderte hinweg die existentielle Phobie der christlichen Völker beruhigt und die Philosophie auf die bloße Funktion als Magd der religiösen Doktrin beschränkt. Die Scholastik ist das typische Beispiel für diese Eklipse der Philosophie als selbständiger Wahrheitssuche.

Die große christliche Verheißung enthielt jedoch auch die Keime einer Krise in sich, die im »Herbst des Mittelalters«, um den Ausdruck von Huizinga zu verwenden, zum Ausbruch gelangte. Im Kapitel über die religiöse Abwehr verfolgten wir bereits die wichtigsten Züge dieser Krise, die durch die vom wachsenden Rigorismus des Spätmittelalters entfesselte Angst vor der Verdammnis erzeugt wurde. Hier sei nur daran erinnert, daß man, während wir schon bei Petrarca ein sich steigerndes Aufschaukeln von Todesangst und der Angst vor der Verdammnis finden, mit dem Humanismus und der Renaissance die Vorzüge des religiösen Skeptizismus zu schätzen begann.[19] So hat Guicciardini auf das kirchliche *memento mori* mit seinem *memento vivere* reagiert. Pomponazzi schrieb, daß »die Angst vor Bestrafung und die Hoffnung auf Lohn den Menschen in eine Knechtschaft bringen, die mit wahrer Seelengröße unvereinbar ist.«[20] Und Montaigne schließlich entwickelte eine Konzeption, die, obwohl sie auf das Bewußtsein des Todes konzentriert bleibt, der Philosophie ihre autonome Funktion als Suche und dem Philosophen seine Würde und intellektuelle Unabhängigkeit wiedereroberte. In seinen Essays bekennt der große französische Humanist, daß er im ersten Teil seines Lebens völlig im Bann der Todesfurcht stand, er erklärt aber auch, daß er gerade durch die Philosophie aus dieser Besessenheit herausgekommen ist: »Philosophieren heißt Sterben lernen und Sterben lernen heißt Leben lernen.«[21] So entdeckte Montaigne, daß die Besessenheit vom Tod zu nichts anderem führt als zur Vergiftung des Lebens. (»Wir trüben das Leben durch die Sorge des Todes und den Tod durch die Sorge des Lebens«; »Zu sterben wissen, das befreit uns von aller Lehnspflicht und von jedem Zwange.«[22]). Montaigne neigt dazu, vom Vertrauen in die Güte Gottes zum Vertrauen in die Güte der Natur überzugehen; er folgt dabei einem Modell, das wir schon bei den Stoikern vorfanden und bei Rousseau und anderen Denkern wiederfinden werden. Die Natur verstand er als große und mächtige Mutter des Menschen. Sie sorge sogar dafür, daß uns das Sterben nicht allzu schwer falle.[23] Es wird noch weiterer Jahrhunderte schmerzlicher und unerschrockener Reflexion bedürfen, bis Leopardi und wenige andere Denker den Mut finden, ihren Protest gegen die Grausamkeit der Naturgesetze zu verkünden, dem rhetorischen Bild der *Mutter* das der *Stiefmutter* entgegenzusetzen und die furchtbare Einsamkeit des Menschen auch in der Natur auszudrücken.

Wie Montaigne glaubt auch Giordano Bruno an die Natur, allerdings aus ausgesprochen religiösen Gründen. In der Natur erkennt er den *extensiven* Ausdruck der unendlichen Substanz, die in Gott ihren *intensiven* Ausdruck hat: eine Formel, welche seltsamerweise das wissenschaftliche Begriffspaar Materie / Energie vorwegzunehmen scheint.[24] So sieht er im menschlichen Wissensdurst selbst einen Beweis der göttlichen Vorsehung, welche jedes Lebewesen wachsen und sich bewegen lasse, Bruno schweigt aber vom Leiden und Sterben. Während er versucht, die Unsterblichkeit des Menschen durch seinen pantheistischen Monismus zu retten, so verfolgt Descartes den entgegengesetzten Weg. Er entwickelt eine dualistische Konzeption, die sich in der berühmten Aufspaltung des Menschen in *res cogitans* (d. h. den Geist) und *res extensa* (d. h.

den Körper) ausdrückt: letzterer vergänglich, unsterblich der erste. Wie zu Recht gezeigt wurde,[25] zielte Descartes' Beharren auf der sauberen Trennung der beiden Wirklichkeiten – der körperlichen und geistigen – vor allem darauf ab, das Vertrauen in die Unsterblichkeit der Seele zu retten. Wie übrigens ein bedeutender Kenner des cartesianischen Denkens bemerkt: »Er folgte sein Leben lang einem Irrlicht: Er wollte den Tod bezwingen, und zwar nicht nur den Tod der Seele, sondern auch den des Körpers.«[26] Und über Jahre hinweg behauptete er, das es mit einer geeigneten Diät und einer besseren Kenntnis der menschlichen Physiologie einfach wäre, das menschliche Leben um mehrere Jahrhunderte zu verlängern. Und er behauptete es mit so großer Selbstgefälligkeit, daß Christine von Schweden anläßlich seines Todes auf einige ihrer Sarkasmen nicht verzichten konnte.

Nachdem die Hoffnung scheiterte, das Lebenselixier zu finden, konzentrierte sich Descartes in einer zweiten Periode auf die Beweisführungen zugunsten der Unsterblichkeit der Seele. Aber er selbst teilt uns mit, daß die psychische Triebfeder seiner neuen Denkbemühung noch immer dieselbe war: Flucht vor der Todesangst. In einem Brief vom 15. Juni 1646 schrieb er, daß er, statt nach Mitteln zur Verlängerung des Lebens zu suchen, einen neuen Weg gefunden habe, den Tod zu besiegen: ihn nicht zu fürchten.[27] Und seine letzte Untersuchung, *Über die Leidenschaften der Seele*,[28] hat er gerade dem »Beweis« der Unsterblichkeit der Seele gewidmet.

Bei Pascal, Spinoza und Leibniz scheint die Philosophie – unterzieht man sie einer psychologischen Betrachtung – im wesentlichen in eine untergeordnete Rolle gegenüber der Religion zurückzukehren. Bei Pascal findet sich eine faszinierende Mischung von intellektueller Geistesschärfe und moralischer Schwäche. Sein Bewußtsein der existentiellen Lage ist ausgeprägt und klar: »Sorglos eilen wir in den Abgrund, nachdem wir etwas vor uns aufgebaut haben, was uns hindert, ihn zu sehen. Zum Schluß wird der Tod [...] uns unaufhebbar vor die entsetzliche Notwendigkeit stellen [...], daß wir entweder auf ewig vernichtet, oder auf ewig elend sind.«[29] Oder weiter: »Nichts Wirklicheres, nichts Furchtbareres als das gibt es. Man spiele so viel man will den Heldischen, das ist der Schluß [...] Im letzten Akt, wie schön auch immer das Schauspiel war, fließt Blut: am Ende wirft man die Erde auf den Schädel und damit für immer.«[30] Aber angesichts dieses schrecklichen Wissens weicht Pascal auf eine ebenso kleinliche wie offen zur Schau gestellte opportunistische Haltung aus:»Wenn wir darauf setzen, daß Gott existiert, können wir alles gewinnen.«[31] Existiert Gott aber nicht, ist nichts verloren. Es ist jedenfalls dienlich, schon der Absicherung wegen, an Gottes Vorhandensein zu glauben. Und was ist das Geheimnis der Gotteserfahrung? Pascal antwortet ohne Zögern: *il faut s'abêtir* (man muß sich dumm machen)[32], d. h. auf Vernunft und intellektuelle Freiheit verzichten,»denn der Glaube entsteht durch die Gewöhnung« (sic!), deshalb müsse man »so handeln, als ob man gläubig wäre«.[33]

Das Unbehagen, das wir bei der Lektüre der Überlegungen und Folgerungen Spinozas zum Tod spüren, ist ein anderes. Hier findet sich eine zur Schau getragene Heiterkeit (»Der freie Mensch denkt an nichts weniger als den Tod«), bei der man an alles glaubt, nur nicht an Aufrichtigkeit. Und wenn Spinoza sich anschickt, seine Argumente zugunsten einer »Weisheit« vorzutragen, die mit den Dogmen des Glaubens und dem gesunden Menschenverstand übereinstimmt, sind wir von ihrer Plattheit betroffen: Alles, was im gewöhnlichen Leben häufig vorkommt, sei eitel und unnütz und beschleunige nur den Tod.[34] Es besteht ein frappierender Unterschied zwischen der analytischen Fähigkeit von Spinozas Intellekt und diesen pathetischen Gemeinplätzen, bei denen der Philosoph völlig die Legionen von armen Tölpeln zu vergessen scheint, die in jeder Epoche für die hehren Ideale gestorben sind, die ihnen von den religiösen oder politischen Autoritäten vorgesetzt wurden. Wenn Spinoza dann die Unsterblichkeit nur dem verspricht, der die höchste Stufe des Wissens erlangt (welche sich natürlich mit der spinozistischen Philosophie deckt), so ist die Parallele zu den analogen, jahrtausendealten Verheißungen der Wahren Kirche unverkennbar.[35] Außer seiner religiösen Unsterblichkeitspolice scheint Spinoza also auch seine vortreffliche philosophische Police anzubieten, die allerdings der intellektuellen Aristokratie vorbehalten ist und daher die verbrüdernde Selbstlosigkeit der großen religiösen Botschaften vermissen läßt.

Bei Leibniz wird dieses Bündnis zwischen Philosophie und Religion bis in den Titel eines seiner Hauptwerke hinein deutlich: *Vernunftprinzipien der Natur und der Gnade* (1718). Wenn man einerseits feststellen muß, wie sehr der Mut des menschlichen

Denkens geschrumpft ist im Vergleich zu Standpunkten, die von einem Heraklit oder Epikur schon zweitausend Jahre vorher erreicht worden waren, so kann man andererseits gegenüber dem großen und eleganten Werk einer intellektuellen Architektur nicht unbewegt bleiben, wie sie Leibniz errichtete, um in der Theorie der Monaden und ihrer universellen Harmonie Religion und Vernunft zu versöhnen.

Beurteilt man die Einstellungen dieser und anderer Denker der Vergangenheit, so wäre es übrigens ungeschichtlich, würde man die überaus starke Wirkung der Anpassung und Einschüchterung vergessen, welche die herrschenden Mächte und die Kirche ausübten. So erklärt z. B. Hobbes, an die Auferstehung auch des Fleisches der Gerechten beim Jüngsten Gericht zu glauben, obwohl er die Unsterblichkeit der Seele leugnet. Hobbes anerkennt, daß sein Glaube ein Glaube an Wunder ist, aber er fügt hinzu: »Kann nicht Gott, der durch sein Wort den unbeseelten Staub und Lehm als lebendiges Wesen aufstehen hieß, ebenso leicht einen toten Kadaver aufs neue zum Leben erwecken?«[36] Auch hier muß die Ursache für diese Abdankung der Vernunft in der existentiellen Angst gesucht werden. Hobbes selbst erkennt, »seine Mutter habe ihn in Furcht empfangen und mit ihm einen Zwillingsbruder, die Furcht geboren [...] wahrscheinlich war dieser Zwillingsbruder Furcht nicht zuletzt seine Todesfurcht.«

Und nachdem Hume energisch die Argumente der Verfechter der Unsterblichkeit widerlegt hat, schließt er diplomatisch: »Nichts kann die unendliche Verpflichtung, welche die Menschheit gegen die göttliche Offenbarung hat, in helleres Licht setzen, als der Umstand, daß wir kein anderes Mittel finden, welches diese große und wichtige Wahrheit feststellen könnte«[37], nämlich die Unsterblichkeit der Seele. Besser als jede andere geschichtliche Analyse bezeugen diese Zeilen Humes den stummen und ständigen Kampf, den die antikonformistische Wahrheitssuche führen mußte, um sich gegen die Anfeindungen des erschrockenen und an seine dogmatischen Wahrheiten geklammerten menschlichen Affen zu immunisieren. Und auch, um sich vor den Verfolgungen der eigenen Phantasmen zu schützen: Hume selbst, Sprößling einer streng calvinistischen Familie und im Alter von siebenunddreißig Jahren von einer sehr ernsten Krankheit geschlagen, wurde wiederholt von Angstkrisen vor der Hölle und dem Teufel heimgesucht. Und trotzdem hat er dreißig Jahre später, im Bewußtsein seines bevorstehenden Krebstodes, so heiter gearbeitet und sich mit den Freunden unterhalten, daß niemand an den Ernst seines Zustands glauben mochte: er selbst war ein Wunder der außergewöhnlichen heroischen Fähigkeiten des Menschen.[38]

Kants Denken besitzt zum Thema der Unsterblichkeit und des jenseitigen Schicksals des Menschen eine besondere Originalität. In der *Kritik der reinen Vernunft* anerkennt er die Grenzen des menschlichen Verstandes bei der Lösung der »großen Probleme der Metaphysik: Gott, Freiheit und Unsterblichkeit.« In der *Kritik der praktischen Vernunft* glaubt er jedoch, den Beweis der Bestimmung des Menschen zur Unsterblichkeit im *kategorischen Imperativ* gefunden zu haben, d. h. in dem universellen menschlichen Bedürfnis, ein moralisches Gesetz, eine ethische Norm zu achten. Noch immer sind die Seiten, auf denen Kant seine Entdeckung mitteilt, faszinierend wegen des bebenden Jubels, der durch die engen Maschen des kantischen akademischen Stils dringt – auch wenn für uns vom demonstrativen Wert des kategorischen Imperativs wenig übrig bleibt, nachdem Sigmund Freud in den Befehlen des Über-Ich seinen umweltbedingten Mutterboden ausgemacht hat, oder nachdem heute die existentielle Psychologie in der Schuld- und Selbstbestrafungsreaktion auf den existentiellen Schock einige uralte Faktoren der moralischen Triebfedern des Menschen benennen kann. Was die anderen »rationalen« Argumente betrifft, mit denen Kant seinen Glauben an die Unsterblichkeit der Seele bekräftigt – also die Finalität, d. h. die weise Anordnung und Ausgerichtetheit auf das menschliche Glück, die in der Ordnung der Natur erkennbar sein sollen –,[39] so zeigen sie nur die plötzliche Verdunklung dieses sonst so klaren Geistes gegenüber der grausamen Konflikthaftigkeit dieser Ordnung und ihre Teilnahmslosigkeit am Leid der Kreatur. Die uneingestandenen Ängste, welche sich hinter den »rationalen« Gewißheiten Kants verbergen, tauchen in seinen Selbstberuhigungen wieder auf, – wie Thomas de Quincey berichtete, soll sich der Philosoph jeden Abend vor dem Einschlafen gefragt haben, ob es jemals einen gesünderen Menschen als ihn gegeben habe.[40]

Zur psychologischen Bedeutung von zwei kritischen Standpunkten des aufklärerischen Denkens soll hier wenigstens ein Hinweis auf den *atheistischen Materialismus* und den *Naturalismus* erfolgen. Wie von maßgeblicher Seite formuliert wurde, »hat sich die Aufklärung die Rückkehr zur Natur zum Programm gemacht, um ihre physikalischen Gesetze zu ergründen (P. S. de Laplace), um in ihr die objektive Struktur des Rechts aufzufinden (Montesquieu, Voltaire, Diderot), oder um das zu entdecken, was ursprünglich und spontan ist (Rousseau, für den Natur mit Unmittelbarkeit gleichkommt).«[41]

Im Rahmen ihrer mutigen und unermüdlichen antiklerikalen und antireligiösen Polemik bekämpften viele aufklärerische Denker – von La Mettrie bis D'Holbach, von Maupertius bis Voltaire – den religiösen »Aberglauben« von der Unsterblichkeit der Seele. Was jedoch bei all diesen Autoren außer der Schärfe und Kühnheit der Kritik an jahrhundertealter dogmatischer Überlieferung betroffen macht, ist auch eine merkwürdige Unbewußtheit der im wörtlichen Sinne apokalyptischen Folgen ihrer eigenen Kritik. Es scheint gleichsam, als ob die Aufklärer – alle von der Freude an der Provokation und der Zerstörung tausendjähriger Vorurteile gefangengenommen – nicht den Abgrund bemerkt hätten, den ihre ätzende Kritik in die Psyche des menschlichen Affen gräbt, indem sie die phantasmagorischen Abwehrbastionen unterhöhlt, hinter denen er sich seit den Anfängen der Kultur verschanzt hat. Das sinnbildhafte Beispiel dieser Haltung eines kindlichen und verantwortungslosen Optimismus scheint mir die oberflächlich-geistreiche Bemerkung zu sein, mit der d'Alembert in einem Beitrag zu Diderots berühmter *Enzyklopädie* sich einbildete, das Problem des Todes und der Todesangst zu erledigen. Er meinte, da der Tod natürlich sei wie das Leben, gebe es überhaupt keinen Grund, ihn zu fürchten.

Parallel zu dieser Hauptströmung des aufklärerischen Denkens entwickelt sich jedoch im 18. Jahrhundert eine ganze literarische Produktion – religiöse und philosophische Operetten, »Briefsammlungen aus dem Jenseits« und andere im Umkreis der sogenannten Esoterik der Aufklärung stehende Schriften –, die das Thema der Unsterblichkeit der Seele abhandelt und häufig die Vertreter des aufklärerischen Rationalismus selbst miteinbezieht: vom *Phaidon* (1767) des Moses Mendelssohn (ein jüdischer Philosoph, der sich zum Wortführer der aufklärerischen Ideen in der jüdisch-christlichen Welt gemacht hatte), über den Aufsatz von Alexander Radistschew *Über den Menschen, über seine Sterblichkeit und Unsterblichkeit* (1792), bis hin zur *Wahren Geschichte* des Barons von Montesquieu über die Seelenwanderung, ein im 18. Jahrhundert vieldiskutiertes Thema. Es ist eine Produktion, welche die subtile Unruhe bezeugt, die sich hinter der olympischen Unerschütterlichkeit vieler Aufklärer rührt.

Übrigens wirkt das unbedingte Vertrauen in die Güte und Weisheit der Natur, d. h. der sogenannte Naturalismus der Aufklärer, in psychologischer Sicht wie ein Trojanisches Pferd, mittels dessen das alte menschliche Bedürfnis nach einer Form von transzendenter Vorsehung tief in das Herz einer Bewegung eindringt, die sich für antireligiös hält.

Die ersten »anthropologischen« Schriften über die primitiven und »glücklichen« Kulturen (wie die *Neuen Reisen nach Nordamerika* von Lahontan oder die *Ergänzung zu Bougainvilles Reise* von Diderot) bahnten den Weg zu einer unbewußten Vergöttlichung der Natur, die schließlich prompt und unversehens den christlichen Mythos von Sündenfall und Erlösung wiederholte: d. h. der Mensch schien in Laster und Unglück gefallen, weil er die Gesetze der Natur verletzte, und der einzige Weg zur Befreiung und Erlösung wurde in seiner Rückkehr zu diesen weisen und nützlichen und so unbedachterweise verletzten Gesetzen gesehen.

Im zweiten Kapitel erwähnten wir bereits die politischen Auswirkungen der Vergöttlichung der Geschichte, die im Historismus erfolgte. Hier möchte ich nur auf die Ergebnisse des deutschen Idealismus speziell zum Thema des Todes hinweisen. Fichte setzte schließlich das reine, ideale Ich mit Gott gleich und begriff den Tod als Rückkehr zu ihm. Hegel, für den die ganze Wirklichkeit eine Entäußerung des Geistes ist, sieht im Individuum eine einfache Selbstentfremdung des Geistes. In diesem Sinne kann er den Tod als »höchste Liebe« definieren, denn »Durch den Tod hat Gott die Welt versöhnt und versöhnt sich ewig mit sich selbst.«[42] Hier finden wir die intellektuell überfeinerte Äußerung einer sehr alten Einstellung des Menschen gegenüber dem Tod. Außer dem Tod als Strafe gibt es auch eine Deutung des Todes als Extase und höchste Freude. Es ist eine Vorstellung, die bis auf die Anfänge der Opferkulte zurückgeht, wo das Opfer mit Ehrbezeigungen und Vorrechten überschüttet wurde, weil es der Gottheit bestimmt war. Aber vor allem im Christentum und anderen Erlösungsreligionen findet diese Umkehrung der Bedeutung des Todes ihre eindrucksvollsten und geschlossensten Ausdruck. Wenn der Heilige Franziskus dem Herrn dankt und ihn preist »für unseren Bruder, den leiblichen Tod«,* bringt er nur die christlichen Glaubensvoraussetzungen zu ihrem logischen Ende. Wenn die Seele in der Tat eine Gefangene des Fleisches und das von der Erbsünde gezeichnete Fleisch zuinnerst verderbt, wenn alles Weltliche und Irdische nur *vanitas vanitatum* ist, kann der Tod nur Befreiung vom irdischen Exil und Verheißung der ewigen Seligkeit sein: daher, um es mit Hamlet zu sagen, »ein andachtsvoll zu erwartender Verzehr«, oder, mit Sokrates, eine Heilung von der existentiellen Krankheit, die gefeiert wird, während man dem Asklepios einen Hahn opfert.

Die Verherrlichung des Todes als höchster Freude bei Fichte und Hegel zeigt uns sinnfällig die vorrangige Bedeutung der psychologischen Mechanismen gegenüber den begrifflichen Ausarbeitungen. War der Geist einst als einzige, transzendentale Wirklichkeit vergöttlicht, kann der Idealismus die Verwirklichung des Menschen im Tode sehen, wie es seit Jahrhunderten die Vertreter des glühendsten Mystizismus taten, die doch begrifflich dem Rationalismus der idealistischen Philosophen des 19. Jahrhunderts so fernstehen.

Zu ähnlichen Ergebnissen wie der Idealismus kommt bezeichnenderweise auch eine andere Denkrichtung, die ebenfalls dem Anschein nach sehr weit vom klaren historischen Rationalismus entfernt ist: die eher romantische und antirationalistische Strömung, zu deren typischen Vertretern Heinrich von Kleist, Novalis, Schelling und Creuzer zählen. Auch Heinrich von Kleist und Novalis[43], der mit neunzehn Jahren zutiefst durch den Tod seiner blutjungen, schwindsüchtigen Verlobten Sophie von Kühn getroffen wurde, besingen den Tod als ersehnte Überwindung der Schranken der Individualität, während Creuzer und Schelling vom Gedanken der »Rückkehr zur lebendigen, geistigen Natur« schwärmen, die der Tod gewährt: ein Gedankengang, der sich auch in Hölderlins Roman *Hyperion* und im *Tod des Empedokles*[44] findet.

---

* Italienisch *la morte,* daher »Schwester Tod« – *per nostra sora morte corporale. (Der Übers.)*

Der Fall Ludwig Feuerbach liegt wiederum anders. Bekanntlich war Feuerbach der mutigste und radikalste Zerstörer der religiösen Mythen und akademischen Dogmen des neunzehnten Jahrhunderts und mußte seinen intellektuellen Mut mit stärkster Isolation und größter Armut bezahlen.

Als Haupt der linkshegelianischen Schule, welche die die deutsche akademische Welt beherrschende Philosophie des absoluten Geistes in einen atheistischen Materialismus umkehrte, widmet er fast sein ganzes Werk der Interpretation der christlichen Religion als einer reinen und einfachen Projektion – oder »Entfremdung«, wie er sich, den hegelschen Begriff verwendend, ausdrückte – der Wünsche und wesentlichen Eigenschaften des Menschen. Vernunft, Wille und Liebe, Eigenschaften, welche der Mensch mit den Begriffen Allwissenheit, Allmacht und unendliche Liebe uneingeschränkt Gott zuschreibt, seien in Wirklichkeit charakteristische Züge des Menschen, die er nur dann einem äußeren Objekt zuschreiben kann, wenn er sie virtuell schon in sich trägt.[45] Das die Liebe Gottes zum Menschen symbolisierende Dogma der Menschwerdung beinhaltet nach Feuerbach in Wirklichkeit nur die Liebe des Menschen zu sich selbst, während das Geheimnis der Trinität das Geheimnis des menschlichen Zusammenlebens meint, da ein jeder seine Identität und Autonomie nur in seiner Beziehung zu anderen Menschen finden können.[46] Der scheinbare Gegensatz zwischen Feuerbach und der von ihm so heftig bekämpften Überlieferung fällt jedoch unversehens in sich zusammen, wenn man seine Einstellung gegenüber dem Tod psychologisch analysiert. Ebenso wie Hegel am Ende seiner umfassenden idealistischen Konstruktion bei der Behauptung anlangte, daß der im Individuum entäußerte Geist im Tod des Individuums seine Liebe zu den Menschen manifestiere, insofern er »seine Entäußerung wieder in sich aufnimmt«, behauptete Feuerbach, daß der Mensch im Tode in einem äußersten Akt der Freiheit (sic) seine höchste Liebe ausdrücke, welche ihn wieder mit der Natur – der materialistischen Variante des absoluten Geistes – verbinde. Was die Beziehung zwischen Mensch und Natur angeht, so sieht Feuerbach eine vorgegebene Harmonie zwischen der Natur und dem »echten Willen« des Menschen; der Tod des Individuums erscheint ihm deshalb als »Ausdruck dieser Harmonie«. Bei Feuerbach liegt wie bei wenigen Denkern die Bedeutungslosigkeit der begrifflichen Rationalisierungen gegenüber den psychologischen Bedürfnissen offen zu tage, oder, mit anderen Worten: hier erfolgt die prompte Übersetzung des religiösen oder historischen Vorsehungsglaubens in die Sprache des naturalistischen und materialistischen Glaubens an die Vorsehung. Wie beim Mystiker aller Mystiker, dem Heiligen Franziskus, und beim »hochgeistigen« Hegel wird auch bei Feuerbach der Tod zu Unserem Bruder Tod; daher müsse man der natürlichen Ordnung danksagen und folgendes verstehen: »Der Tod kommt nicht aus Mangel und Armuth, sondern aus Fülle und Sättigung her.«[47]

Nun, könnte ein skeptischer Geist fragen, warum sterben dann Pflanzen und Tiere? Das »Glaubensbedürfnis« des armen Atheisten Ludwig Feuerbach hält sich bei jenen müßigen Einwänden nicht auf, und sein »rationaler« Geist antwortet auf der Stelle, daß Pflanzen und Tiere »nur sterben, weil die Menschen sterben«: »gleichwie auch der Tod der wahrhaft Liebenden und Sittlichen der Grund des Todes der minder, der endlich und beschränkt Liebenden ist; [...].«[48] In diesem zärtlichen feuerbachianischen Todestaumel hat also alles seinen Platz und bewahrt strengstens die – wie man so sagt – materialistischen Voraussetzungen. Und da diese es verbieten, auf ein jenseitiges Glück zu hoffen oder es zu versprechen, verwundert es nicht, bei Feuerbach zu lesen: »Nach dem Tode daher noch Etwas zu wünschen, nach Etwas noch sich zu sehnen, ist grenzenlose Verirrung.«[49] So kann der arme Prophet des atheistischen Materialismus eine Anrufung des Todes anstimmen, die von Jakob von Todi oder Petrus Damiani hätte geschrieben sein können:

»O Tod! Ich kann mich nicht loswinden von der süßen Betrachtung deines sanften, mit meinem Wesen so innig verschmolzenen Wesens! Spiegel meines Geistes, Abglanz meines eigenen Wesens! Aus der Trennung der einfältigen Einheit der Natur mit sich selber ist der bewußte Geist auferstanden [...] Du bist der Abendstern der Natur, und der Morgenstern des Geistes [...].«[50]

Dieser flüchtige und unvermeidbar unvollständige Überblick über das philosophische Denken von seinen Anfängen bis ins 19. Jahrhundert scheint zu zeigen, daß die Philosophie über Jahrhunderte lang gegenüber dem religiösen Denken zwischen einer unterstützenden Einstellung und einer Bereitschaft zum Bruch schwankt.

In bezug auf das Problem des Todes aber führen die beiden Einstellungen bis ins 19. Jahrhundert hinein zu keinem dramatisch gegensätzlichen Ergebnis. Im Großteil der Fälle sind sowohl die Philosophen, welche in ihrem eigenen System bewußt neue Bestätigungen der religiösen Verheißungen suchten, als auch jene, die auf intellektueller Ebene eine durchaus heftige Polemik gegen die kirchliche Überlieferung entfachten, schließlich bei mehr oder weniger systematischen Abtötungsformen der eigenen Todesangst angelangt. So findet der Idealismus von Fichte oder Hegel diese Beruhigung jeweils im absoluten Ich oder im absoluten Geist; dem romantischen Denken eines Novalis, Creuzer oder Hölderlin gelingt es, sie in der »Überwindung der Schranken der Individualität« zu entdecken, erreichbar mit dem Tod; sogar der atheistische Materialismus eines Feuerbach kann im Tod den »Morgenstern des Geistes« besingen. Jenseits der unterschiedlichen gedanklichen Äußerungsformen drücken die verschiedenen Philosophien ein gleiches, altes, grundlegendes Bedürfnis nach einem rettenden Ausweg vor der Todesangst aus. Aber sowohl diejenigen Philosophen, welche veraltete Verteidigungen erneuern – und zwar oft im Widerspruch zu ihrem Denken –, als auch andere (Empiristen, Aufklärer oder Positivisten), welche nur mit ihrer radikalen Polemik gegen die Dogmen der Religion beschäftigt sind (oder mit taktischen Kniffen, mittels derer sie ihre Polemik gegenüber den herrschenden Mächten verbergen), scheinen nicht zu ahnen, wie groß die existentielle und kulturelle Krise ist, die der Zusammenbruch der Glaubensüberzeugungen im menschlichen Bewußtsein eröffnete.

Nur wenigen Denkern, die bezeichnenderweise von der offiziellen Kultur ihrer Zeit ausgeschlossen waren, beginnt im 19. und 20. Jahrhundert das Bewußtsein vom tragischen Ausmaß dieser Krise zu dämmern. Der Pionier dieser furchterregenden Bewußtwerdung – und *der* Philosophie der Angst und Verzweiflung, die daraus hervorgeht – war zweifellos Arthur Schopenhauer. Unsere Generalthese – daß der Tod, genauer: das Bewußtsein vom Tod als Urquell der menschlichen Kultur in ihrer Gesamtheit aufzufassen ist – findet in Schopenhauers Denken zwar noch keinen Ausdruck, hat aber in ihm bereits seine Wurzeln. Nachdem er betonte, daß der Tod »der eigentliche inspirierende Genius oder der Musaget der Philosophie ist«, führt Schopenhauer in *Die Welt als Wille und Vorstellung* aus: »Das Tier lebt ohne eigentliche Kenntnis des Todes [...] Beim Menschen *fand sich mit der Vernunft notwendig die erschreckende Gewißheit des Todes ein.* Wie aber durchgängig in der Natur jedem Übel ein Heilmittel oder wenigstens ein Ersatz beigegeben ist, so verhilft dieselbe Reflexion, welche die Erkenntnis des Todes herbeiführt, auch zu *metaphysischen* Ansichten, die darüber trösten und deren das Tier weder bedürftig noch fähig ist. Hauptsächlich auf diesen Zweck sind alle Religionen und philosophischen Systeme gerichtet, sind also zunächst das von der reflektierenden Vernunft aus eigenen Mitteln hervorgebrachte Gegengift der Gewißheit des Todes.«[51]

Es scheint mir überflüssig, die revolutionäre Bedeutung dieser Worte zu unterstreichen; um 1815 geschrieben, bezeichnen sie die erste, klare Bewußtwerdung des wesentlichen psychischen Unterschieds zwischen dem vorkulturellen Affen und dem menschlichen, und mithin der Besonderheit der menschlichen Existenz.

Natürlich ist diese Bewußtwerdung in einer vorpsychologischen, abstrakten Sprache gehalten. So bedeutet z. B. die Behauptung: »Beim Menschen fand sich mit der Vernunft notwendig die erschreckende Gewißheit des Todes ein«, dem archaischen Denken, das ganz auf der Assoziation, der Intuition, der Phantasie, dem Mythos oder dem Symbol beruht, rationale und begriffliche Funktionsweisen zuzuschreiben, die sich erst in viel späteren Zeiten der menschlichen Evolution entwickelten. Außerdem bleibt Schopenhauer weiterhin unbewußt Gefangener einer Konzeption von Vorsehung in der Natur, welche das aufklärerische Denken von der religiösen Konzeption der göttlichen Vorsehung übernahm. Wenn er daher z. B. behauptet, daß die zu unserer Beruhigung vor dem Tod bestimmten religiösen und philosophischen Systeme selbst Ausdruck dieser »Weisheit« der Natur seien, scheint er sich nicht darüber im klaren zu sein, daß diese »Heilmittel« gegen die Todesangst, welche die menschliche Psyche entwickelte, ihrerseits sehr »giftig« sind und dem Menschen unsagbares Leid bereitet haben, als Individuum wie auch als Gattung. Diese Vergöttlichung der Natur, die Schopenhauer möglicherweise dem von ihm hochverehrten Rousseau entlehnte, wird dort noch deutlicher, wo er den verschiedenen Gattungen das Lob der von der Natur gewährten Unsterblichkeit singt... Ein Blick auf sie genügt, meint Schopenhauer, um sich zu überzeugen, daß die Natur sich nicht für das Individuum interessiert:

»Aber würde die Mutter Natur ihre Kinder tausend Gefahren aussetzen, wenn sie nicht sicher wäre, daß sie im Fallen wieder in ihren Schoß zurückkehren? Der Tod rafft sie gnadenlos dahin, jedoch: ›Trotz Zeit, Tod und Verwesung sind wir noch alle beisammen!‹« Und weiter: »Unzerstörbar bleibt jedoch die Idee [...], die Gattung als ›unmittelbarste Objektivation des Dinges an sich, das ist des Willens‹.« [...] »So ist dies die große Unsterblichkeit der Natur, welche uns beibringen möchte, daß zwischen Schlaf und Tod kein radikaler Unterschied ist, sondern der Eine so wenig wie der Andere das Daseyn gefährdet [...] Wirklich ist der solideste Grund für unsere Unvergänglichkeit der alte Satz: *Ex nihilo nihil fit, et in nihilum nihil potest reverti.*«[52]

Man ist fast schockiert angesichts der plötzlichen Resignation, mit der sich der furchtlose Geist Schopenhauers vor der »Weisheit« der Mutter Natur niederkniet und bereit ist, seine Hymnen auf eine Lehre von der Unsterblichkeit anzustimmen, wo die wirklichen Organismen, welche die Unsterblichkeit ersehnen und vom Tode erschreckt sind, zu Millionen gnadenlos niedergemäht werden, während einige abstrakte Wesenheiten, die Gattungen – wahre Extrapolationen des menschlichen Geistes oder, mit Schopenhauer zu reden, reine »Vorstellungen« – bewahrt und verewigt werden: was nebenbei gesagt nicht einmal stimmt, da die Paläontologie darüber belehrt, wie kontinuierlich das ungeheure Opfer auch auf der Ebene der Gattungen ist. Aber es gibt eine Stelle bei Schopenhauer, die vielleicht das psychologische Motiv dieses Nachlassens der Kritik enthüllt: »Daß gerade die vollkommensten Wesen, die lebendig mit ihren unendlich komplicirten und unbegreiflich kunstvollen Organisationen [...] absolut zu nichts werden sollten [...] Dies ist etwas so augenscheinlich Absurdes, daß es nimmermehr die wahre Ordnung der Dinge seyn kann.«[53] »Zu absurd, um wahr zu sein«: auch der mächtige Geist Schopenhauers weicht vor der absurden Ungerechtigkeit der natürlichen Ordnung zurück. Vielleicht tröstet er sich auch deshalb wieder mit den üblichen Sprüchen auf Mutter Natur, die so weise und liebevoll zu ihren Kindern ist.

Vielleicht noch eindrucksvoller und psychologisch erhellender ist die intellektuelle Parabel eines anderen unerschrockenen, einsamen Denkers des 19. Jahrhunderts: *Friedrich Nietzsche*. Nietzsches Ausgangspunkt ist die Begegnung mit Schopenhauers Denken; sofort erfaßt er klar dessen geschichtliche, gegenüber der offiziellen Kultur zutiefst kritische Bedeutung. Später schreibt er, daß in ihm, als er in seiner Jugend *Die Welt als Wille und Vorstellung* las, das Gefühl entstand, dieses Werk sei geradewegs für ihn geschrieben worden, und daß er in Schopenhauer die Personifizierung von Dürers apokalyptischem Reiter sah, der »ohne Hoffnung, ›gleichmütig‹ zwischen Tod und Teufel reitet.«[54] Auf Schopenhauers furchtbare Botschaft »Gott ist tot« konnte Nietzsche nicht mit dessen Gleichmut reagieren. In der *Fröhlichen Wissenschaft*[55] stellt er fest, daß beim modernen Menschen das schon unerträgliche Gefühl von Einsamkeit und Verletzlichkeit, das mit »Gottes Tod« verbunden ist, von einem Gefühl nicht wiedergutzumachender Schuld verschärft wird. Denn wenn Gott tot ist, warum ist dies geschehen? »*Wir haben ihn getötet* – ihr und ich.«[56] Möglicherweise trug die Tatsache, daß Nietzsche Sohn eines protestantischen Pastors war, nicht wenig zu dieser Schuldreaktion auf den Verlust des Glaubens bei. Aber vielleicht fasziniert und erschüttert uns Nietzsches Denken gerade deswegen so, weil es – vielleicht auch in seinem Wahnsinn – sinnbildlich die tausend Qualen des menschlichen Affen spiegelt, der von seiner einsamen Wahrheitssuche in Anspruch genommen ist.

Im Gegensatz zu Schopenhauer akzeptierte Nietzsche nicht die buddhistische Konsequenz, daß, wenn das Leben Leid ist, die einzig mögliche Antwort in der Verneinung des Willens zum Leben liege. Hier ist anzumerken, daß Nietzsche schon als junger Mensch vielerlei Leiden erfuhr (schreckliche Migräneanfälle, periodische Blindheit, soziale Isolation, Frustrationen und Erniedrigungen in der Liebe), die ihn dreimal zum Selbstmordversuch trieben. Doch war seine Antwort die eines ungezähmten menschlichen Affen, der, vom existentiellen Schock gepeinigt, heroisch und verliebt das Leben über alles körperliche und seelische Leid hinweg wiederbestätigt. Eine Wiederbestätigung, die sich aus einem schöpferischen Denken speist. In einem Brief vom 14. Januar 1880 an die Freundin Malvida Meysenburg schreibt er beispielsweise:

»Die furchtbare und fast unablässige Marter meines Lebens läßt mich nach dem Ende dürsten [...] Was Qual und Entsagung betrifft, so darf sich das Leben meiner letzten Jahre mit dem jedes

Asketen irgend einer Zeit messen. [...] Kein Schmerz hat vermocht und soll vermögen, mich zu einem falschen Zeugnis über das Leben, wie ich es erkenne, zu verführen [...] Der Schmerz gilt nicht als Einwand gegen das Leben.«[57]

Und es gibt einen auch philosophisch gültigen Grund für diese kategorische Behauptung: »Meine Existenz«, schreibt Nietzsche, »ist eine fürchterliche Last: ich hätte sie längst von mir abgeworfen, wenn ich nicht die lehrreichsten Proben und Experimente auf geistig-sittlichem Gebiete gerade in diesem Zustand des Leidens und der fast absoluten Entsagung machte.«[58]

Die titanische Aufgabe, die Nietzsche mit außerordentlicher Bewußtheit auf sich genommen hat, ist in diesen wenigen Worten aus *Ecce Homo* enthalten: »Den ganzen Umkreis der modernen Seele umlaufen [...] mein Ehrgeiz, meine Tortur und mein Glück. Wirklich den Pessimismus überwinden.«[59]

Bei dieser Suche mit einem Hoffnungsstrahl im Dunkel der Verzweiflung hatte Nietzsche zunächst geglaubt, in der Kunst eine Antwort zu finden. Bekanntlich ist dies das Leitmotiv seines ersten großen philosophischen Werks, *Die Geburt der Tragödie* (1872), wo er schreibt, der Mensch sei eine lebende Dissonanz, und um zu leben, brauche er eine tröstende Illusion. In der griechischen Antike – in jener Phase existentieller Verzweiflung, die wir in der hellenischen Welt um das 4. Jahrhundert vor Christus haben auftauchen sehen – gelang es ihm, sie im tragischen Theater und seiner Musik zu entdecken. Und auch in unserer Zeit würde es dem wirklichen Künstler mit seinen »faszinierenden Träumen« gelingen, das Leben erträglich zu machen. Die geordneten, harmonischen Formen, mit denen wir normalerweise den Geist des Klassischen gleichsetzen, haben in Wirklichkeit – so behauptet Nietzsche – ihren Ursprung in einer starken Abwehrreaktion auf die beängstigenden, chaotischen Bedingungen des Menschseins. Die Musik des ältesten Griechenland spiegelte den ursprünglichen griechischen Geist wider, den Nietzsche *dionysisch* nannte; sie sei eingetaucht in den chaotischen Fluß des Lebens, während das von Nietzsche *apollinisch* genannte Bedürfnis nach Ordnung und Rationalität seinen reinsten Ausdruck in der griechischen Skulptur finde. Die große griechische Tragödie, die in Aischylos und Sophokles ihre größten Geister fand, ist nach Nietzsche auch die höchste Kunstform, da es ihr gelinge, die dionysische Musikalität mit dem apollinischen Heroismus zu verschmelzen. Aus dieser Vision des Künstlers als einem Seher und Wunderheiler entspringt auch die antihistoristische Polemik der *Unzeitgemäßen Betrachtungen* (1873–76). Ausgehend von einer Kritik am rationalistischen sokratischen Optimismus, der allzu geneigt ist, in der Wirklichkeit eine objektive, weise und vom Menschen nicht veränderbare Ordnung zu sehen, macht Nietzsche im historistischen Philosophen einen pathetischen und kraftlosen Besucher der Gärten der Geschichte aus, satt von geschichtswissenschaftlichem Wissen, aber unfähig zur Schöpfung neuer Geschichte. Sowohl der positivistische Glaube an die Wissenschaften als auch der historistische an die Geschichte sind für Nietzsche Ausdruck eines identischen Rationalismus. Aber hier stoßen wir auf die vorpsychologische Schranke von Nietzsches Untersuchung. Sie scheint nicht den irrationalen Charakter jenes wissenschaftlichen und historistischen »Rationalismus« zu sehen, der in Wirklichkeit nur eine Rationalisierung des ältesten und überwältigendsten Gefühls ist: der aus der beständigen Drohung des Todes und der offensichtlichen Sinnlosigkeit der menschlichen Existenz herrührenden Angst. In einer zweiten Periode seines Denkens schien Nietzsche die »ästhetische Lösung« des existentiellen Problems unbefriedigend. Vielleicht auch aufgrund seines Umgangs mit Wissenschaftlern und durch die wissenschaftlichen Studien, welche die letzten Jahre seines Aufenthalts in Basel begleiteten, gab Nietzsche den jugendlichen Ästhetizismus und den Glauben an den Wagnerianismus preis, um sich mit *Menschliches, Allzumenschliches* (1878) und dann mit *Morgenröte* (1881) und *Die Fröhliche Wissenschaft* (1882) einer stoischen Vision des Menschen anzunähern, der seinem Wissensdurst bis ins Letzte und um jeden Preis folgt, obwohl er sich darüber im klaren ist, daß dieses Wissen kein objektives Wissen ist. Nietzsche schlägt in diesen Werken vor, die *wunderschöne Illusion* der Kunst durch die *interessante Illusion* der Wissenschaft zu ersetzen. Mit dem Rationalismus des Positivismus hat der nietzscheanische Kult also nichts gemein, aber auch nichts mit dem Rationalismus eines Marx oder Freud, dem er doch in gewisser Weise verwandt ist. (Die Grundbehauptung beispielsweise von *Menschliches, Allzumenschliches*, nach der es einer Art »Vorstellungschemie« bedarf, die enthüllen kann, daß auch die herrlichsten Farben aus niedrigen, ja verachteten Stoffen gewonnen sind, reiht sich in denselben Typus bilderstürmender Forschung ein, mit der Marx und Freud zu zeigen versuchten, daß die schönsten Ideale der Menschheit immer Produkt oder Maske egoistischer wirtschaftlicher Interessen oder tierischer Triebe sind.) Aber während es Freud und Marx – jedem auf seine Weise – gelang, in dem Vertrauen, das sie in die wissenschaftliche Forschung setzten, Frieden zu finden, konnte Nietzsche sich damit nicht beruhigen. Mit seinem temperamentvollen, durchdringenden Geist stellte er die Gültigkeit der Wissenschaft zur Diskussion, indem er der Frage nachging, inwiefern sich die Wissenschaft selbst in einem sozialgeschichtlichen Kontext bewegt, der in auffälliger Weise ihre Hypothesen und Ergebnisse bestimmt. In Wirklichkeit blitzt hinter Nietzsches Wissenschaftsideal immer sowohl die Angst vor dem ätzendsten Skeptizismus als auch das Echo der ästhetischen Antwort auf, die er vorher auf diese Angst gegeben hatte.

Seit *Also sprach Zarathustra* (1879) sucht Nietzsche einen extremen Ausweg aus der Angst, die ihn angesichts der Zerstörung aller Sicherheiten peinigt, welche mit dem »Tod Gottes« begonnen hatte und die sein luzider Geist so unerbittlich weiterführte. Die aufregenden Gipfel des Wissens scheinen ihm jetzt nicht nur trügerisch, sondern »mit Eis bedeckt«, und er kommt zu dem Schluß, daß nur eine neue Art Mensch, wahrhaft groß und wahrhaft menschlich, eben der Übermensch, das Leben mit all seinem Leid wird akzeptieren können, indem er es zugleich auf glückliche, schöpferische und dionysische Weise lebt. Nur der Übermensch kann die Wahrheit ertragen und gleichzeitig das Leben genießen, denn für den Menschen, wie er heute ist – wie Nietzsche nicht zufällig schreibt, kurz bevor ihn der Wahnsinn überkommt –, sei es unmöglich, mit der Wahrheit zu leben;[60] »Die Wahrheit ist häßlich. Wir haben die Kunst, damit wir nicht an der Wahrheit zugrunde gehen.«[61] Und, könnten wir hinzufügen, gleichfalls die Magie, die Religion, die »Philosophie als Magd«, die Revolution und soviel anderes. Gleichzeitig mit diesem Traum vom Übermenschen entsteht bei Nietzsche der Traum von der ewigen Wiederkehr.

Schon die Idee des Übermenschen – d. h. eines Wesens, das noch lebenskräftiger und schöpferischer ist als der Mensch und daher eher als dieser imstande ist, die Absurdität seiner existentiellen Lage und die Monotonie der Naturgesetze zu sehen und dennoch, wer weiß wie, noch eher bereit ist, den Tod zu akzeptieren – bezeichnet die Aufgabe der furchtlosen Suche um jeden Preis, die Nietzsche sich gestellt, und die Kapitulation vor jener Suggestion der Illusion, die er so heftig bekämpft hat. Und so kann auch der Mythos von der ewigen Wiederkehr, diese orientalische Version der Unsterblichkeit, die schon viele Verehrer in Europa gefunden hatte – von Hölderlin bis Heine, von Byron bis Blanqui – diesem verzweifelten und verlorenen Nietzsche einen annehmbaren, tröstenden Landeplatz sichern. »Alles geht, alles kommt zurück«; sagt Zarathustra, »Alles stirbt, alles blüht wieder auf [...] alle Dinge [kehren] ewig wieder und wir selber mit, und daß wir schon ewige Male dagewesen sind, und alle Dinge mit uns.«[62]

Und an anderer Stelle: »Zwischen dem letzten Augenblick des Bewußtseins und dem ersten Schein des neuen Lebens liegt ›keine Zeit‹, – [...] wenn es auch lebende Geschöpfe nach Jahrbillionen messen und nicht einmal messen könnten. Zeitlosigkeit und Sukzession vertragen sich miteinander, sobald der Intellekt weg ist!«[63] Wie Choron auf den schönen Seiten, die er Nietzsche widmet, treffend bemerkt, scheint »der Glaube an die ewige Wiederkehr für ihn dieselbe Aufgabe zu erfüllen wie für andere der Unsterblichkeitsglaube«.[64]

Sicherlich können die Mythen vom Übermenschen und der ewigen Wiederkehr als Ausdruck von Nietzsches intellektueller Kapitulation gedeutet werden. Aber das Leiden, das hinter dieser Kapitulation steht – die drei Selbstmordversuche, die glänzenden, kühnen Schriften der Jugend und der Reife, der übermenschliche Stoizismus gegenüber körperlichem und seelischem Leiden, der Wahnsinn der letzten Jahre – gebietet uns den teilnahmsvollsten Respekt vor diesem großen und verzweifelten Geist.

Vor dem Hintergrund dieser Regression der Kritik bei den mutigsten Denkern Europas im 19. Jahrhundert können wir die unerschütterliche Standhaftigkeit eines italienischen Genies besser würdigen, das von unserer akademischen Kultur bezeichnenderweise für seine literarischen Werke umso mehr gepriesen wird, als es für seine philosophischen aufs äußerste herabgesetzt oder gar offen verleumdet wird: *Giacomo Leopardi*. Sicherlich besaß er nicht die Berufung – noch wollte er sie haben; im Gegenteil verachtete er sie ausdrücklich – und die für den größten Teil der europäischen Intellektuellen so typische Gewandtheit, die bereits kompliziert gewordenen Probleme der philosophischen Arbeit mit einer Abstrusität des Jargons oder dem Erfinden neuer Namen für alte Begriff noch komplizierter zu machen. Im Gegenteil, er war ein ätzender Verspötter dieses Jargons. Nur blieb er manchmal selbst in den Netzen der klassizistischen Manier der italienischen literarischen Provinz gefangen, in der er geboren wurde und lebte (ganz Italien war übrigens provinziell, zu seiner Zeit mehr noch als heute). Was aber zählt, ist die Tatsache, daß er sich der Neuheit, der Bedeutung seiner einsamen philosophischen Reflexionen bewußt war, auch wenn er vom kulturellen Klima und durch den direkten oder indirekten Druck seiner Verehrer ständig gezwungen wurde, sein literarisches Werk vorzuziehen und die eigenen philosophischen Intuitionen eher unter den Scheffel zu stellen. Und mehr noch zählt die Tatsache, daß er auf seinem einsamen Weg niemals die Ausrutscher akzeptiert hat, die Kompromisse und die Verirrungen, die so typisch für die »Virtuosen« der gängigen Kultur sind.

Leopardi nahm dort seinen Ausgang, wohin ihn die Erziehung stellte, die er durch seine rückständige, an der Überlieferung festhaltende Familie erhalten hatte: von einer aufrichtigen Apologie der religiösen – der christlich-katholischen – Abwehr der existentiellen Angst. Seine ersten Werke stehen im Dienst der apologetischen Bemühung, nachzuweisen, daß die menschliche Tragödie von der alten, fortwährenden Verletzung des göttlichen Gesetzes herrührt. Durch die Begegnung mit der Aufklärung gewann er dann schrittweise die Überzeugung, daß die religiöse Deutung des menschlichen Unglücks zu jeder Errungenschaft des Wissens und der Logik querlag, und er wurde Anhänger der naturalistisch-rousseau'schen Vision: Der Mensch werde frei und glücklich geboren, aber er lebe überall verzweifelt und in Ketten, weil er gegen die weisen, vorsorglichen Gesetze der Natur verstoße.[65] Aber eine neue Ära von Fortschritt und Glück würde sich eröffnen, wenn eine erneuerte Gesellschaft zur Achtung der natürlichen Gesetze zurückzukehren wüßte. Mit diesen Gedanken füllte er die ersten drei Viertel des *Zibaldone*, des Tagebuchs, das er von 1817 bis 1832 führte.

Aber – und dies ist der erste, einsame Schritt Leopardis über die bequemen Optimismen seiner und unserer Zeit hinaus – schon 1824 erkannte er die neue naturalistische Version der religiösen

Parabel in all ihrer manchmal naiven, manchmal anmaßenden Unhaltbarkeit, und gegen den selbst von Schopenhauer akzeptierten naturalistischen Mythos der vorsorgenden Mutter stellte er sein bitteres Konzept der Stiefmutter Natur, d. h. einer von grausamen Gesetzen regierten Natur, die im furchtbaren *mors tua vita mea* ihren Ausdruck finden, im Prinzip, daß der Stärkste überlebt, in der Teilnahmslosigkeit am Leiden der unterlegenen Lebewesen, im Hungertod als Regulator des Gleichgewichts zwischen Bevölkerung und Ressourcen. All dies sei ekelerregend für das Bewußtsein und das Herz des Menschen.

Gewiß blieb Leopardi die grausame Isolation nicht verborgen – auch weil er sie über Jahre schmerzlich erfuhr –, in die ihn seine Wahrheitssuche brachte; aber er wußte sie mit Würde zu konfrontieren. Im Jahre 1827 schrieb er:

»Ich weiß, daß ich – ob krank oder gesund – die Feigherzigkeit der Menschen verachte, allen Trost und kindlichen Betrug zurückweise und den Mut habe, den Verzicht auf alle Hoffnung zu ertragen, furchtlos die Wüste des Lebens zu betrachten, mir keine Seite des menschlichen Unglücks zu verhehlen und *alle Konsequenzen einer schmerzlichen, aber wahren Philosophie zu akzeptieren«* (Hervorh. d. Verf.).[66]

Jenseits dieser bitteren und verzweifelten Konsequenzen gelangte Leopardi in den letzten Lebensjahren zur Entdeckung eines großen und bewegenden Mitleids oder *pietas* für die Menschengattung und sah in der solidarischen, zwischenmenschlichen Liebe, in ihrem Bündnis gegen die Stiefmutter Natur, den einzigen wahrhaften Trost, den einzigen wirklichen Wert des Lebens. Am 2. Januar 1829 notiert er im *Zibaldone*:

»Nicht nur führt meine Philosophie nicht zur Misanthropie, wie es demjenigen erscheinen mag, der sie oberflächlich betrachtet und derer viele sie beschuldigen, sondern sie schließt die Misanthropie ihrem Wesen nach aus und neigt dazu, jene Mißstimmung, jenen Haß – kein systematischer, aber doch wirklicher Haß –, den so viele, welche keine Philosophen sind und weder Misanthropen genannt noch dafür gehalten werden wollen, insgeheim gegen ihre Mitmenschen hegen, zu bekämpfen. Ein Haß, der – gewohnheitsmäßig oder unter bestimmten Umständen – wegen des Übels entsteht, das sie wie alle anderen auch durch andere Menschen erleiden. Meine Philosophie macht die Natur zur

Schuldnerin, und indem sie die Menschen völlig entschuldigt, richtet sie den Haß oder zumindest die Klage auf das höchste Prinzip, den wirklichen Urquell des Übels der Lebenden.«[67]

Diese Reflexionen fanden bekanntlich ihre Synthese in den trockenen Versen von *Der Ginster*. Angesichts der verlassenen, versengten Landschaft der Vesuvhänge, wo jede Spur menschlicher Arbeit und menschlichen Leids von den Lavaströmen des Vulkans begraben wurde, tönen Schmähungen über die Mutter Natur und ihrer liebevollen Vorsehung:

>Zu diesen Fluren komme,
wer sich gewohnt, das irdische Leben
zu preisen, er komme, wenn er sehen will,
ob der Natur, der liebenden, am Herzen liege
das Wohl unseres Geschlechts.«

Dann, in drei berühmten Versen, wendet sich Leopardis Sarkasmus gegen den bequemen Optimismus der Fortschrittsgläubigen:

>Ja, seht nur solche Gefilde,
es kann euch von der Menschheit deutlich weisen,
von ihres ›Fortschritts Herrlichkeit‹.«

Nach dem bitteren Vergnügen der verächtlichen Ironie, mit der er die Koryphäen der religiösen und politischen Apotheose überschüttet, formuliert Leopardi die entscheidenden Werte seines einsamen und mutigen Denkens. Er erklärt, daß nur derjenige wirklich überlegen ist, der »mit freier Zunge« Zeugnis von der tragischen menschlichen Lage geben kann; der sich weigert, die Verantwortung für den eigenen und den universellen Schmerz auf seine Mitmenschen abzuladen, der aber »die Schuld der wahrhaft Schuldigen« gibt, der Natur. Von diesem Menschen sagt Leopardi:

>[Diese da, die Natur] sie nennt er Feindin. Gegen sie
    verbündet,
denkt er seit je, stehe
die menschliche Gesellschaft.
Verbrüdert denkt er alle sich, entzündet
von wahrer Liebe, umarmt er
die Menschen und erwartet
Beistand[...] in jeglicher Gefahr, in jedem
Drangsale des allgemeinen Kriegs.«[68]

Wohlverstanden war Leopardis denkerische Entwicklung keineswegs so kohärent und einlinig, wie sie diese schematische Darstellung präsentiert. Wie Sergio Solmi in seinem schönen Aufsatz zeigt, erscheint Leopardis Denken bei näherer Betrachtung als »ein Denken in Bewegung, das, indem es einige tiefe, in der Lebenserfahrung verwurzelte Überzeugungen festhält, in deren Lichte das Verhältnis zwischen einem existentiellen Mikrokosmos und dem Makrokosmos der Welt und der Natur in der ganzen tiefen Verbundenheit ihres Ablaufs reflektiert«.[69] So taucht z. B. seine Verankerung in den Mythen des Glaubens an die natürliche Vorsehung auch nach jenem Schicksalsjahr 1824 hartnäckig wieder auf, in dem er mit dem *Dialog zwischen der Natur und einem Isländer* das Konzept der Natur als Stiefmutter und Feindin, das in den letzten Jahren vorherrschen sollte, mutig zu umreißen begann. Noch 1828 schreibt er:

»Wenn ich sage: die Natur hat gewollt, hat nicht gewollt, hat beabsichtigt etc., verstehe ich unter Natur diejenige unbestimmte Intelligenz oder Kraft... die das Auge zum Sehen, das Ohr zum Hören gebildet hat, welche die Wirkungen auf die End- oder Teilursachen aufeinander abstimmte, die in der Welt offensichtlich sind.«[70] Analog dazu widmet er im Dezember 1820, nach jahrelanger Beschäftigung mit den aufklärerischen und materialistischen Auffassungen, viele Seiten des *Zibaldone* dem Nachweis, daß solche Auffassungen »mit dem Christentum nicht im Widerspruch stehen«.[71] Was Leopardi leider fehlte – zumindest auf philosophischer Ebene, denn auf der dichterischen und gefühlsmäßigen können wir oft ihre so zärtliche Gegenwart spüren – war die Dimension der Liebe, der Achtung und Bewunderung für das Menschengeschlecht in seiner Gesamtheit. Aus dem Groll, dem Ressentiment oder der Verachtung seiner aufklärerischen und naturalistischen Schwärmerei ging er zum Mitleid und den solidarischen Ermahnungen des *Ginster* über, aber nie schien er die bewegende und glanzvolle Größe des mühsamen Weges des Menschengeschlechts von den tierischen Anfängen hin zu den sublimen Intuitionen und Erleuchtungen zu sehen, deren Ausdruck auch er selbst war. Noch konnte er sich jemals der Hoffnung öffnen. »Alles ist übel«, schreibt er in einer seiner letzten Reflexionen, »daß jedes einzelne Ding existiert, ist ein Übel; jedes einzelne Ding existiert nur um des Üblen willen, der Zweck des Universums ist das Übel...«.[72] Aber gerade vor dem Hintergrund einer überwältigenden Verzweiflung zeigt sich die Größe, der Mut seiner Wahrheitssuche.

Im Vergleich zu dieser furchtlosen, stoischen Suche Leopardis und seiner mutigen Ablehnung jedes einfachen Trostes erscheint das Denken anderer, viel berühmterer europäischer Philosophen trotz großer Sensibilität für das Thema des Todes viel weniger konsequent und standhaft, auch wenn es sich oft in differenzierteren, feineren und überzeugenderen Formen darstellt. Sören Kierkegaard beispielsweise, der im allgemeinen als Begründer der Philosophie der existentiellen Angst gilt, propagiert in Wirklichkeit die religiöse Besänftigung dieser Angst. Er kann sie nicht anders denn in Begriffen von Paradoxie entwickeln: In der Tat konnte in einem Jahrhundert, in dem die religiösen Gewißheiten vom ethisch-wissenschaftlichen Denken unterhöhlt worden waren, der Glaube als eine zu wählende Entscheidung nur als ein paradoxer präsentiert werden. In *Furcht und Schrecken* (1844) macht er in der Figur Abrahams das Beispiel jener Form von Glauben aus. Abraham gehorcht dem Willen Gottes bis zur Vorbereitung für die Ermordung seines Sohnes Isaak, ein Akt, der völlig bar jeder logischen oder ethischen Rechtfertigung ist. Mit diesem Akt des Gehorsams – so Kierkegaard – isoliert sich Abraham von der menschlichen Gemeinschaft, insofern es eine von moralischen Übereinkünften getragene Gemeinschaft ist. Es ist wahr – Gott gibt Abraham den Sohn unversehrt wieder und mit ihm die ethische Norm, die Abraham ausgeschlagen hatte, aber von diesem Moment an wird sich Abrahams Zustimmung zur ethischen Norm nicht mehr von der Norm selbst her ableiten, sondern aus seiner persönlichen Beziehung zu Gott: eine von Kierkegaard als »absurd« definierte Beziehung, weil sie nicht mit rationalen Argumenten gerechtfertigt werden kann. Und dem absurden, paradoxen Wesen des Glaubens sind auch mehrere spätere Schriften Kierkegaards wie *Philosophische Brocken* (1844) oder die *Abschließende unwissenschaftliche Nachschrift* (1846) gewidmet, wo er den Glauben als »Sprung ins Dunkel« definiert.

Trotz des Anscheins und im Gegensatz zu Kierkegaards eigener Überzeugung war diese Haltung gegenüber dem Glauben keineswegs neu. Schon Tertullian hatte im zweiten Jahrhundert n. Chr. sein *credo, quia absurdum* verkündet (»ich glaube, eben weil Glauben absurd ist«), und die ganze Geschichte des religiösen Denkens ist ein ständiges Schwanken zwischen mystischem Irrationalismus und rationaler Explikation der geoffenbarten Wahrheit. Neu bei Kierkegaard ist der Verweis auf die Konkretheit der persönlichen existentiellen Erfahrung (die sich niemals in der abstrakten Aussage »Alle Menschen sind sterblich« manifestieren kann, sondern allein in dem plötzlichen Gedanken, der einen jeden von uns bestürmt: »Auch ich muß sterben«) und auf die verzweifelte Einsamkeit des Menschen in der Welt (»Das ganze Dasein ängstigt mich[...] ist mir unerklärlich[...] ist mir verpestet, am meisten ich selbst. Groß ist mein Leid, grenzenlos.«).[73] Neu ist ebenfalls seine Konzeption der Angst als einem Stachel für die Erkenntnis, wie er sie in *Der Begriff Angst* entwickelt. Für Kierkegaard hat die Angst die Aufgabe, den Menschen aus dem Bereich der Alltäglichkeit in den der existentiellen Wirklichkeit zu erheben. Gelingt es uns erst einmal, die Plattheit und Oberflächlichkeit des Alltagslebens zu sehen, so erscheint die Angst als ein echtes Instrument des »Erwachens«, als eine »Möglichkeit der Freiheit« und »Ausdruck der Vollkommenheit des menschlichen Wesens« – »Wer gelernt hat, sich recht zu ängstigen, hat das Höchste gelernt«.[74] Aber der Kern von Kierkegaards Angst scheint – zumindest auf der Ebene des Bewußtseins – eher in einem quälenden Schuldgefühl zu liegen, das in seiner pietistischen Erziehung und in einer gespannten Beziehung zu seinem Pastorenvater gründet – also eher in einem psychischen Syndrom, das schon für die religiöse Abwehr typisch ist – als in einer wirklichen Bewußtwerdung der menschlichen Lage und des existentiellen Schocks. Wie Choron bemerkt,[75] entspringt Kierkegaards Angst nicht aus der Angst vor dem Tode, sondern aus der Angst vor dem Leben.

Von den Existentialisten unseres Jahrhunderts hingegen werden Tod und Todesangst ausdrücklich als Triebfeder der philosophischen Reflexion anerkannt. Wie Hermann Glockner erzählt, beschrieb ihm ein berühmter Meister des Existentialismus in einem Gespräch den Gemütszustand, auf dem die existentialistische Philosophie gründet, wie folgt:

»Wir sind zu der erschütternden Erkenntnis gelangt, daß der Mensch von Anbeginn ein *Moribundus* ist. Diese Erkenntnis befruchtet und durchdringt unser gesamtes Philosophieren.«[76]

Und dennoch bleibt man auch bei diesen Denkern von einer merkwürdigen, stilistischen wie begrifflichen Vagheit betroffen, die unmittelbar auf ihre »erschütternde Erkenntnis« folgt.

Unter den zeitgenössischen Existentialisten hat sich Karl Jaspers am nachdrücklichsten mit dem Thema des Todes auseinandergesetzt, vielleicht deshalb, weil er seit seiner Kindheit an einer Lungenschwäche mit Herz-Kreislauf-Beschwerden litt und weil er als Arzt in seiner Jugend öfter mit der massenhaften Wirklichkeit des Todes im Krankenhaus konfrontiert war. Jaspers wendet einen großen Teil seines Denkens auf die Widerlegung der stoischen und religiösen Argumente, die den Menschen vor dem Tod beruhigen. Ihm zufolge haben die Stoiker die Kraft und Unabhängigkeit der Vernunft überbewertet, gingen am Problem des Wahnsinns vorbei und maßten sich an, die Todesangst zu vertreiben, indem sie ihre Unbegründetheit »logisch nachwiesen«. Aber selbst wenn sie Recht hätten, würden diese Beweise niemals helfen, dem Schrekken auszuweichen, der den menschlichen Geist beim Gedanken der Vernichtung überkommt.[77] Auch die Tröstungen und Täuschungen der Religion werden von Jaspers radikal angegriffen. Alle Beweise der Unsterblichkeit hinken ihm zufolge, während die der Sterblichkeit eindrucksvoll sind: die Seele sei ganz an die Körperorgane gebunden; die Gehirnforschung zeige die Abhängigkeit des Gedächtnisses von den Gehirnzellen; auch die Erfahrung des traumlosen Schlafes gar zeige uns im Nachhinein, daß das Aufhören unseres Seins möglich ist.[78] Und dennoch – nachdem Jaspers diese »Illusionen« des stoischen und religiösen Denkens zerstört hat, verkündet er schließlich, daß beim Menschen gerade durch die Erfahrung von »absolutem Scheitern«, von völligem Schiffbruch »der Aufschwung in die Transzendenz« erfolge. Aber was ist das für eine Transzendenz? Es ist dieses »Umgreifende, gedacht als das Sein selbst«, das Transzendenz, Gott und die Welt genannt werden könne. Vom Gefühl her sei es unvorstellbar.[79] Ein langer Weg also, um bei einer kalten, farblosen und abstrakten Spielart der religiösen Erfahrung zu landen.

Nicht weniger frustrierend ist das Denken von Martin Heidegger, der sich übrigens mit dem Tod nur als einem nebensächlichen Aspekt seiner Suche nach der Bedeutung des Seins zu beschäftigen scheint. Ein Großteil von Heideggers Hauptwerk *Sein und Zeit*[80] ist der Bestimmung unserer unmittelbaren und vorphilosophischen Wahrnehmung des Seins gewidmet, das er *Dasein* nennt. Hier beginnt für Heidegger und seine Leser eine verwickelte und mühsame Odyssee zur Erkenntnis und Definition dieses verborgenen Daseins. Es handelt sich – wie Heidegger »erklärt« – um etwas, das ganz spezifisch »je meines« ist; trotzdem ist es nicht nur spezifisch und bezieht sich nicht nur auf ein »je meines«, sondern auch auf ein »In-der-Welt-sein«. Heideggers schwer verständliche Definition wird fortgesetzt und präzisiert. Das Dasein ist auf verschiedene Weisen in der Welt: »zutunhaben mit etwas, herstellen von etwas, bestellen und pflegen von etwas, verwenden von etwas, aufgeben und in Verlust geraten lassen von etwas, unternehmen, durchsetzen, erkunden, befragen, betrachten, besprechen, bestimmen.«[81.] Alles Handlungen, die man nach Heidegger – wer weiß warum – im Begriff des »Besorgens« zusammenfassen kann. Nun, nicht einmal diese angestrengte Definition des Daseins als »Besorgen« erschöpft das Dasein in all seinen Aspekten, da sie das Werden des Daseins vergißt und damit eben den Tod: Der Tod ist in der Tat eine Möglichkeit des Daseins (wie Heidegger sich euphemistisch ausdrückt).

Dieses Verhältnis zwischen Dasein und Tod ist sehr eng: dieses, wie jener, ist spezifisch mein. Man kann *für* jemanden sterben, aber man kann niemanden von seinem Tod entbinden.

Aber was kann uns diese ermüdende Erkundung über den Tod und das Dasein sagen? Leider gar nichts, denn die Analyse von diesem *Sein zum Tode* kann uns keine Auskunft geben, ob eine andere – höhere oder niedrigere – Existenz nach dem Tode möglich ist, noch insgesamt, ob das Dasein unsterblich ist. Heidegger behauptet im Gegenteil, daß wir uns nur dann sinnvoll fragen könnten, was jenseits des Todes ist, wenn wir »das ontologische Wesen des Todes« verstanden hätten; aber er fügt hinzu, daß man noch sehen müsse, ob eine ähnliche Untersuchung theoretisch in irgendeiner Weise möglich sei.

Glücklicherweise entdeckt Heidegger an einem bestimmten Punkt seiner theoretischen Streifzüge, daß dieses für das Dasein typische *Sein zum Tode* auch für den Menschen typisch ist: sein Denken kann daher aus der Stratosphäre zu einer gewissen Konkretheit herabsteigen. So beobachtet er das, was schon Kierkegaard herausgearbeitet hatte, nämlich daß der Mensch und sein Dasein hartnäckig versuchen, den Tod auf abstrakte Weise oder als Tod der anderen zu sehen, aber niemals als eine Wirklichkeit, die uns schon umklammert. Aber gerade diese Flucht vor dem Tod, möglich wegen der Ungewißheit des »wann« (*mors certa, hora incerta*), schließt das Dasein von seiner authentischen Möglichkeit zu sein aus. Im Verlauf seines natürlichen *Seins zum Tode* öffnet sich das Dasein schließlich in Angst und Bedrohung durch diese extreme Möglichkeit: und in diesem Augenblick akzeptiert die von der Angst überflutete Kreatur entschlossen den Tod und gelangt zur »ihrer selbst gewissen und sie ängstigenden *Freiheit zum Tode*«.[82]

Die Tatsache, daß derselbe Denker, der so heftig gegen die jeder abstrakten Analyse des Todes anhaftende Flucht und gegen religiöse Illussionen polemisierte, zu dieser ultra-intellektualistischen Lösung gelangte, mit einer offensichtlichen Verherrlichung des Todes – denn hierin liegt, nach Jolivet,[83] der Gesamtsinn des heideggerschen Denkens – mutet unglaublich an, gibt aber einen Hinweis auf den furchtbaren Druck, den der existentielle Schock weiterhin selbst auf diejenigen ausübt, die ihn zu analysieren versuchen.

Auch wenn Sartre anfänglich von Heidegger beeinflußt war, weist er bald den heideggerschen Versuch zurück, den Tod durch eine beängstigende und kühne Hereinnahme ins Dasein einzubringen, was »wunderbarerweise« den Zwang zum Sterben in die Freiheit zum Sterben verwandelt. Sartre stellt vor allem klar, daß der Tod uns keinerlei Übergang zum Absoluten gewährleiste, sondern uns nur mit unserer menschlichen Lage konfrontiere. Es sei außerdem sinnlos, sich in einer Vision des Todes als letztem und sublimstem Akkord einer Melodie zu wiegen: Vielmehr müßten wir den Tod in all seiner Absurdität erkennen, die u. a. aus seiner Unvorhersehbarkeit rühre. Selbst der oft verwendete Vergleich zwischen der existentiellen Lage und dem zum Tode Verurteilten, der die Hinrichtung erwarte und sehe, wie seine Kameraden täglich hingerichtet werden, stimme nicht genau. Ein tragikomischer Zug läge darin: Wir seien zum Tode Verurteilte, die sich mutig auf ein exemplarisches und erinnerungswertes Martyrium vorbereiteten, aber häufig unversehens an einem Grippeanfall stürben. Diese Unvorhersehbarkeit des Todes – und daher seine verfrühte und plötzliche Ankunft – macht aus unserem Leben ein dauerndes mögliches Scheitern.[84] Der Fall des jungen Künstlers beispielsweise, der stirbt, während er seinen ersten, bedeutenden Roman beginnt, enthülle uns, daß der Tod, weit entfernt, dem Leben Sinn zu geben (wie viele Denker behaupten), es jeden Sinnes beraube.

Nachdem er diesen systematischen Angriff auf die verschiedenen Formen von tröstenden Todesdeutungen geführt hat, trägt Sartre *seine* Bedingung vor, unter welcher der Mensch »den Tod beherrschen« kann. In *La Republique de Silence*[85] erinnert er daran, daß er und seine Genossen während des Widerstands im von den Nazis besetzten Frankreich täglich die Angst vor dem drohenden Tod erlebten, daß sie aber andererseits auch ihre Möglichkeit erkannten, den Tod herauszufordern, wenn sie in bestimmten Situationen zu sich selbst sagten: »Lieber tot als...« Wie Sartre mitteilt, hat er aus diesem Erfahrungshorizont heraus in der *Wahl* und der *Handlung* die Möglichkeit für den Menschen gesehen, dem Leben jene Bedeutung wiederzugeben, welche die Kritik am heideggerschen Denken über den Tod auszulöschen schien. Im Umkreis dieser Wahl kann der Mensch – wie es der Held von *Die Mauer* tut – entscheiden, nicht auf tierische Weise zu sterben, also unbewußt, sondern bewußt und »würdig«.

Während Sartre auf intellektueller Ebene die letzten »Illusionen« zerstörte, die Heidegger vorgebracht hatte, stürzt er sich dennoch auf gefühlsmäßiger und unbewußter Ebene kopfüber in die älteste und einfältigste aller Illusionen. Und in der Tat scheint es mir nur in diesem Licht möglich, die hartnäckige Schwärmerei Sartres zu erklären, die er für die am weitesten verbreitete, säkularisierte Version des heilsgeschichtlichen Mythos in unserer Zeit hegte: den Marxismus-Leninismus. Die Rationalisierung dieser psychologischen Tiefendynamik in Sartres philosophischem Jargon ist ebenso oberflächlich wie abstrus.

Wenn für den Menschen die einzige Möglichkeit, der Existenz einen Sinn zu geben, in der *Freiheit zur Wahl* liegt – so Sartre –, können wir diesen Sinn nur in einem völligen Engagement für ein soziales und politisches Handeln finden, das darauf ausgerichtet ist, die Welt mehr mit den wirklichen Bedürfnissen des Menschen in Übereinstimmung zu bringen. Der die darunterliegende psychologische Dynamik enthüllende logische Sprung vollzieht sich bei Sartre, wenn dieses »mit den wirklichen Bedürfnissen des Menschen am meisten übereinstimmende« gesellschaftliche und politische Handeln mit dem Millennarismus der marxistisch-leninistischen Bewegung gleichgesetzt wird. Die Schuld am Niedergang der gesellschaftlichen Beziehungen trägt nach Sartre[86] die Mangelsituation, zu der jede Eigentumsgesellschaft und vor allem die kapitalistische führe. Daher wird nur der Einsatz für die marxistische revolutionäre Linke die Errichtung einer kommunistischen Gesellschaft ermöglichen und mit ihr die Beseitigung der durch den Mangel erzeugten gesellschaftlichen Gifte. Die Unbeholfenheit dieser gesellschaftlichen Analyse urmarxistischer Machart ist deprimierend.

Meiner Meinung nach liegt der Hauptgrund für den gewaltigen Erfolg dieses so widersprüchlichen Denkers darin, daß er an die entscheidende Angst unseres Jahrhunderts rührte und sie in politischen Aktivismus umlenkte.

Bevor wir diese Seiten über die existentialistischen Philosophen unseres Jahrhunderts beschließen, möchte ich noch einmal die Aufmerksamkeit auf einen ärgerlichen, möglicherweise bezeichnenden Zug lenken, den sie gemein haben: die Verworrenheit, die willkürliche Suche nach einem komplizierten, »neuen« und persönlichen Stil, um Themen und Konzepte zu behandeln, die so alt sind wie der Mensch selbst, die unbegründete Kompliziertheit ihrer Sprache und begrifflichen Ausarbeitungen. Auch Gianni Vattimo erinnert in einem Artikel über Heidegger[87] ironisch daran, »daß es seinen Verehrern noch nicht gelungen ist, zu verstehen, worin die Kehre seines Denkens besteht, von der er im *Brief über den Humanismus* spricht« und bekennt dann, nicht wirklich zu begreifen, woher »der große Anklang des heideggerschen Denkens trotz der Dürftigkeit seiner Ergebnisse« komme. Und mit einer Aufrichtigkeit, welche sich viel häufiger unter amerikanischen als bei europäischen Gelehrten findet, schreibt Gordon W. Allport, der siebenunddreißig Jahre lang Professor für Psychologie in Harvard und Präsident der amerikanischen Gesellschaft für Psychologie war: »Wenn wir wirklich ehrlich sein wollen, müssen wir zugeben, daß viele Werke der europäischen Denker mit existentialistischer Orientierung entmutigend sind: es ist zuviel eitle Weitschweifigkeit darin. Einige Gedanken sind erleuchtend wie Morgendämmerungen, aber häufig versinken sie in einem Meer von Dunkelheit.«[88] Die von ihnen zelebrierte »Feierlichkeit« der Sprache dient ihnen dabei als Verschleierung, als Kniff: alle priesterlichen und akademischen Kasten haben sich über Jahrhunderte hinweg dieser Sprachform als Instrument von Einschüchterung und Herrschaft bedient. Doch verbirgt sich hinter dieser Dunkelheit auch eine tiefe Angst, das Problem des Todes in seiner verheerenden

Schrecklichkeit bis ins Letzte zu betrachten. Und wenn uns diese verbreitete Neigung zur sprachlichen Mystifizierung bei den zeitgenössischen Existentialisten auch dazu einlädt, die Klarheit in der Aussage und den dahinterstehenden intellektuellen Mut eines Nietzsche oder eines Leopardi um so mehr anzuerkennen, so möchte ich andererseits nicht, daß diese kritischen Bemerkungen über gewisse Autoren Anlaß zu Mißverständnissen geben. Ich beabsichtige lediglich, auf die Schwierigkeiten, die Hürden, die Fallen aufmerksam zu machen, die den holprigen, leidvollen und beschwerlichen Weg des menschlichen Affen zur Bewußtwerdung seiner dramatischen existentiellen Lage verzögert haben.

Wie von maßgeblicher Stelle bemerkt wurde, war (mit Ausnahme der existentialistischen Richtung) »seit 1925 die philosophische Debatte über das Problem des Todes sehr spärlich«.[89] Während ein so scharfsinniger Gelehrter wie Jacques Choron zu dem wunderlichen Ergebnis kommt, dieses Schweigen sei der Tatsache zuzuschreiben, daß die Philosophie »eine autonome Disziplin«[90] geworden sei, so muß der wirkliche Grund dafür meines Erachtens in der Tatsache gesucht werden, daß unter den Intellektuellen, die besonders sensibel für die epochale Krise sind, in der sich der Mensch befindet, eine immer massivere Verdrängung des Problems überhand genommen hat; entweder hat sie zum Spezialistentum geführt (das Choron merkwürdigerweise als Ursache der Erscheinung angibt) oder zu psychoanalytischen Phantastereien oder, häufiger noch, zur Hinwendung der Intellektuellen zu den heilsgeschichtlichen, politischen Mythen faschistischen oder kommunistischen Gepräges. All dies werden wir jedoch im letzten Kapitel noch einmal eingehender betrachten.

6 Die psychologische Abwehr: Todestrieb und Repression

> Der Organismus will nur auf
> seine Weise sterben
> *Sigmund Freud*

In der *Einführung* habe ich bereits auf Freuds und Reichs Blindheit gegenüber der Evidenz der Todesangst und ihren pathologischen Auswirkungen auf die menschliche Psyche hingewiesen. In diesem Kapitel möchte ich diese Verdrängung des Todes nicht nur bei Freud und Reich, sondern auch bei wesentlichen Vertretern der Psychologie und Psychiatrie etwas genauer untersuchen. Selbstverständlich war diese Verdrängung nicht ihr Monopol. Sie betrifft alle Humanwissenschaften und in gewissem Sinne paradoxerweise auch die Medizin. Wir haben gesehen, daß die bedeutendsten Vertreter der *Kulturanthropologie* unendlich viele Dokumente und Zeugnisse zur entscheidenden Bedeutung der Todesangst für Ursprung und Aufbau der Kulturen vor Augen hatten, ohne dadurch zu irgendeiner theoretischen Aufarbeitung angeregt zu werden. In der *Soziologie* muß man bis zum Jahr 1955 warten, bis mit dem Werk von Geoffrey Gorer, *The Pornography of Death* (*Die Pornographie des Todes*), die erste soziologische Untersuchung über die Begräbnissitten unserer Gesellschaft vorliegt.[1] Im Falle der *Psychologie* und *Psychiatrie* verblüfft die Existenz dieses weißen Fleckes, handelt es sich doch um die Zweige der wissenschaftlichen Forschung, denen die Hauptaufgabe bei der Klärung von Faktoren zufällt, die das menschliche Denken und Verhalten regeln bzw. stören. Aber tatsächlich vernachlässigten oder verdrängten die zur Untersuchung der menschlichen Angst angetretenen Wissenschaften fast immer deren Hauptursache: eben die Todesangst.

Für Freud ist biographisch aufschlußreich, daß der Begründer der modernen dynamischen Psychologie sein ganzes Leben an akuter

138

Todesangst litt und daß er selbst zugab, nie einen Tag ohne wiederholte Gedanken an den Tod verbracht zu haben.[2] Seit seiner Jugend pflegte er sich von den Freunden mit den Worten zu verabschieden: »Lebt wohl, es könnte auch sein, daß wir uns nicht mehr wiedersehen.«[3] Jedesmal, wenn er Wien allein verließ, befiel ihn die Angst vor dem Reisen.[4] Wie bei vielen anderen Phobien entstand sie aus der Angst vor dem Sterben, und Freud überließ sich quälenden Abschiedsphantasien.[5] Während einer Reise z. B. nach Griechenland genügte es, daß er auf dem Schiff und im Hotel in einem Zimmer einquartiert war, das dieselbe Nummer trug – die Nummer 62 –, um sich hartnäckig einzureden, im Alter von zweiundsechzig Jahren sterben zu müssen.[6] Freud wurde nur zweimal in seinem Leben ohnmächtig (das erste Mal 1909 in Bremen, das zweite Mal in München, 1912) – in beiden Fällen drehte sich das Gespräch um Fragen des Todes und der Einbalsamierung, und beide Male hatte er es mit Carl Gustav Jung geführt, seinem designierten »Erben«, den Freud »vatermörderischer Impulse« zu verdächtigen begann, d. h. dieser bedrohte seinen Plan, durch die Psychoanalyse die »Unsterblichkeit« zu erlangen, mit Häresie.[7]

So unverständlich Freuds Weigerung auch scheint, die fundamentale Bedeutung der Todesangst für die psychische Konstellation eines Menschen anzuerkennen, so ist sie im Lichte seiner eigenen Biographie durchaus nachvollziehbar: ein typischer Fall von Rationalisierung. In einer ersten Phase steht sie im Kontext des Lustprinzips und des entsprechenden ödipalen Pansexualismus. In *Zeitgemäßes über Krieg und Frieden* (1915) vertritt er die, gelinde gesagt, sonderbare These, daß die Todesangst für den Menschen keineswegs real sei, sondern nur die Tarnung einer darunterliegenden Kastrationsangst, die aus dem Verlust der Mutterbrust stamme oder aus dem Zwang, sich von den Exkrementen zu trennen.

In einer zweiten Phase drückte sich diese Weigerung in systematischer Form aus, und zwar in dem Werk *Jenseits des Lustprinzips*, das 1920 erschien. Dies geschah nicht ohne Grund, denn die schreckliche Wirklichkeit des Ersten Weltkriegs, die angstvolle Unruhe über das Schicksal der drei Söhne an der Front und das Näherrücken des Februars 1918 – Freud glaubte, an diesem Schicksalsdatum sterben zu müssen –, hatten den Begründer der Psychoanalyse besonders nachdrücklich vor das Problem des Todes gestellt. In *Jenseits des Lustprinzips* – das Werk, das bekanntlich die Voraussetzungen für den Konflikt mit Reich und dann mit allen Neofreudianern schuf – gibt Freud den ursprünglichen Ansatz der Psychoanalyse auf (d. h., daß alle psychische Aktivität vom Lustprinzip bestimmt sei), um zu behaupten, daß neben den Sexualtrieben, außer dem Eros, ein ebenso tiefer Trieb am Werk sei, der Todestrieb, darauf gerichtet, den menschlichen Organismus wie die ganze Materie in einen Trägheitszustand zurückzuführen, den Freud bezeichnenderweise »Zustand von Nirwana« nennt. »Wenn wir es als ausnahmslose Erfahrung annehmen dürfen«, schreibt Freud in jenem Werk, »daß alles Lebende aus *inneren* Gründen stirbt, ins Anorganische zurückkehrt, so können wir nur sagen: *Das Ziel alles Lebens ist der Tod...*«[8]

Gewiß läßt der verzweifelte Kampf eines jeden Organismus gegen den Tod die Aufstellung einer derartigen These als kühn erscheinen, aber Freud ließ sich dadurch nicht erschüttern und setzte seine irreführenden Phantastereien fort:

»Die theoretische Bedeutung der Selbsterhaltungstriebe[...] schrumpft, in diesem Licht gesehen, ein; es sind Partialtriebe, dazu bestimmt, den eigenen Todesweg des Organismus zu sichern und andere Möglichkeiten der Rückkehr zum Anorganischen als die immanenten fernzuhalten [!], aber das rätselhafte, in keinen Zusammenhang einfügbare Bestreben des Organismus, sich aller Welt zum Trotz zu behaupten, entfällt. Es erübrigt sich, daß der Organismus nur auf seine Weise sterben will[...] der lebende Organismus [sträubt] sich auf das energischste gegen Einwirkungen (Gefahren), die ihm dazu verhelfen könnten, sein Lebensziel [eben den Tod, Anm. d. Verf.] auf kurzem Wege (durch Kurzschluß sozusagen) zu erreichen...«[9]

Mit dieser logischen Verdrehung gelang es Freud, die Todesangst in einen Todeswunsch zu verwandeln: eine Operation, die ähnlich nicht nur viele Mystiker vornahmen, sondern auch andere rationalistische und materialistische Denker wie Hegel und Feuerbach. Und all dies hatte für ihn offensichtlich einen versichernden und tröstenden Wert, denn es ersparte ihm, sich einem Thema zu stellen, das ihn erschreckte und erlaubte ihm, den Tod als einen ersehnten und heiteren Landeplatz zu betrachten (und der Ausdruck »Nirwana«, den er benutzt und der in der brahmanischen Religion so viel heißt wie »Seligkeit«, trifft in diesem Zusammenhang den

Kern). Mehrere seltsame Formulierungen in dem oben zitierten Textabschnitt erscheinen jetzt verständlicher. In diesem Kontext begreifen wir, warum Freud schrieb: »aber das rätselhafte, in keinen Zusammenhang einfügbare Bestreben des Organismus, sich aller Welt zum Trotz zu behaupten, entfällt«, oder: »Es erübrigt sich, daß der Organismus nur auf seine Weise sterben will ...«

Die Folgen dieser Thesen über den Todestrieb waren ungeheuer groß, sowohl für Freuds unmittelbare Schüler als auch allgemein für die – im wesentlichen konservative – gesellschaftliche Einstellung der Psychoanalyse. Die wichtigsten Vertreter der orthodoxen Psychoanalyse (von Reik zu Alexander, Deutsch und Klein, von Hesnard zu Musatti, Servadio oder Fornari) sind Freud in dieser grundsätzlichen Verdrängung und der entsprechenden Verwandlung der Todesangst in einen Todeswunsch oder Todestrieb gefolgt. Diese gleichsam säkulare Blindheit scheint mir für sich genommen ein Beweis für die Kraft der Widerstände gegenüber der Urangst vor dem Tod zu sein, die in der Welt der Psychoanalyse (wie anderswo auch) verbreitet ist.

Die Ergebnisse dieser Verschleierung der Todesangst unter dem Todestrieb waren jedenfalls schwerwiegend, und zwar auf geschichtlicher, klinischer und gesellschaftlicher Ebene. Auf *geschichtlicher Ebene* hat die Wiederbestätigung des für die religiöse Überlieferung typischen, degradierenden Menschenbildes in breiten wissenschaftlichen Kreisen eine größere Bereitschaft für die Hoffnung auf eine menschliche Evolution in konstruktivem und solidarischem Sinne zunichtegemacht. (Die Psychoanalyse, schreibt Freud im *Unbehagen an der Kultur*, könne die Behauptung der Religion nur bestätigen: d. h., daß wir alle arme Sünder seien.)

Auf *klinischer und therapeutischer Ebene* haben die Verneinung der Urquelle von Angst und der Anspruch, den Patienten zu überzeugen, daß seine Todesfurcht in Wirklichkeit einen unbewußten Zerstörungs- oder Selbstzerstörungswunsch verberge, das Verständnis der tiefen Ätiologie des psychischen Unbehagens gefährdet und die Therapie schwer behindert. So wird z. B. in der berühmten *Neurosenlehre* von Otto Fenichel – mit fast tausend Seiten und über sechzehnhundert Verweisen auf ein halbes Jahrhundert klinischer Literatur – bezweifelt, daß eine natürliche Todes-

141

angst überhaupt existiere. Jede Angst zu sterben, meint Fenichel, verdecke unbewußte Gedanken, libidinöse Antriebe oder Kastrationsängste.[10] Vor diesem Hintergrund stellen die seltsamen Tüfteleien von Franco Fornari über die Todesangst der Gebärenden nur ein besonders auffallendes, jüngeres Beispiel einer historisch erstarrten Haltung dar. Fornari hütete sich wohl, in dieser Angst den Ausdruck der realen Besorgnis um die eigene Unversehrtheit und das eigene Überleben von jenen Frauen zu sehen; Frauen, die sich der Risiken der Geburt bewußt und gleichzeitig durch die heute vorherrschende Erziehung von der eigenen biologischen Naturhaftigkeit entfremdet sind. Er entdeckt hier nur eine »Urparanoia«, d. h. die Projektion von mütterlichen destruktiven Impulsen auf das Ungeborene und den Vater. Und für diese seltsame theoretische Konstruktion findet er, seltsamer noch, eine Bestätigung in Giorgones Meisterwerk *Der Sturm*. Dieses Bild soll nicht, wie man immer annahm, ein kraftvoller Ausdruck des männlichen Verlangens nach der Frau und eine Metapher der das Leben tragenden kosmischen Kräfte sein, sondern eben eine »ausgezeichnete Darstellung der Urparanoia«.[11] Und weiter:

»Das Gewitter bedeutet das Platzen der Fruchtblase. Auf der einen Seite befindet sich eine nackte Mutter[...] mit einem Kind am Busen, in einer Haltung, die vage an die Entbindung erinnert.[...] Auf der anderen ist ein Soldat, in dem man die Figur des Krieger-Vaters erkennen kann[...] [der] jenen Urkrieg übernimmt, der zwischen dem Kind und der Mutter existiert.«

Diese diagnostische und therapeutische Verwirrung ist möglicherweise einer der Gründe dafür, daß die psychoanalytischen Therapien immer länger dauern und immer größere Schwierigkeiten mit dem Abbau der Übertragung haben. Otto Rank, ein Freudschüler, der sich mit dem Meister eben wegen des Problems des Todes überwarf, stellte diesbezüglich eine interessante und überzeugende Hypothese auf: daß diese Schwierigkeiten vor allem deshalb erwachsen, weil der Patient die Macht, den Tod abzuwehren, auf den Therapeuten überträgt, eine Macht, die er früher den Eltern zugeschrieben hatte, und daß er daher die Auflösung der Übertragung als Risiko des Todes oder einer unkontrollierbaren Todesangst fürchtet.[12]

Auf *gesellschaftlicher Ebene* schließlich führte die Konzeption vom Menschen als selbstzerstörerischem Wesen den Großteil der psychoanalytischen Therapeuten zu der Annahme, jede reformerische Aktivität sei illusorisch. (Nur einigen Virtuosen der politischen und wissenschaftlichen Schaukelpolitik wie Otto Fenichel oder Cesare Musatti gelang es, den der freudschen Theorie des Todestriebes innewohnenden radikalen Pessimismus mit dem optimistischen Radikalismus des revolutionären Marxismus zu versöhnen.)

Selbst auf *kulturanthropologischem Gebiet*, auf dem doch der psychoanalytische Ansatz eindringliche Untersuchungen erlaubt, zog die freudsche Verdrängung der Todesangst irreführende Ergebnisse nach sich. So gelangte Géza Róheim, der Begründer der psychoanalytischen Anthropologie, zu dem Schluß,[13] daß die Mythen vom jenseitigen Leben keineswegs den Wunsch weiterzuleben artikulieren, sondern – in Übereinstimmung mit dem freudschen Dogma vom Todestrieb – nur ein Verlangen nach Regression auf einen unbeseelten Zustand, den Tod. Diese Mythen würden vor allem den »Grundtraum des Menschen« wiederholen: wie jedesmal beim Einschlafen würde der Mensch in den Mythen über die Reise ins Jenseits seinen Wunsch zu sterben ausdrücken, indem er ins Nirwana der Bedingungen im Uterus regrediert.[14]

Bevor ich dieses Thema abschließe, noch ein paar Bemerkungen zu Franco Fornari.[15] Gerade er scheint mir ein besonders beredtes Beispiel für die paradoxen Ergebnisse zu sein, zu denen ein scharfsinniger und kreativer Gelehrter gelangen kann, wenn er die Welt durch die Zerrbrille des Todestriebes betrachtet, also der Freudschen Verwandlung der Todesangst in den Wunsch nach dem Tod. Fornari widmete mehrere Arbeiten dem Versuch, den Krieg als »Verteidigung vor depressiven Ängsten und vor Verfolgungsängsten, die in jedem Menschen vorhanden sind« zu verstehen.[16] Der Anfang scheint vielversprechend: Alles in allem hat auch unsere Untersuchung gezeigt, daß der Mensch in den Religions- und politischen Kriegen im wesentlichen versucht, seine Todesangst auf paranoide Weise zu verarbeiten, indem er sie nach außen projiziert und als Bedrohung wahrnimmt, die vom Feind des wahren Glaubens, der Mutter Vaterland oder der wahren Revolution ausgeht. Aber sehr schnell begreift man, wie unmöglich es für einen Freudianer ist, diese einfache, von tausenden von geschichtlichen und anthropologischen Quellen bezeugte Wirklichkeit zu sehen. So wird z. B. die Tatsache, daß wir »im Traum oft einen erschrek-

kenden Alptraum von Vernichtung unserer selbst oder einer geliebten Person haben«,[17] von Fornari keinen Moment als logischer
Ausdruck der für den Menschen typischen existentiellen Angst gesehen, sondern sofort als »evidenter Kern einer Urparanoia«[18]
ausgemacht, d. h. als Projektion unserer destruktiven, verdrängten Energien. Und im weiteren Verlauf der Untersuchung refe-
riert er eine Reihe von Beobachtungen über das Verhältnis zwischen dem Krieg auf der einen und Initiationsriten, Sexualität,
magisch-religiöser Welt und Menschenopfern auf der anderen
Seite, ohne auch nur im geringsten den roten Faden zu erfassen,
der sie verbindet, d. h. die Todesangst und die entsprechenden
Abwehrmechanismen. So weiß er z. B. angesichts der klaren Bedeutung der Opferriten – Schutz vor dem Tod mittels Beschwichtigung der Gottheit und mittels Exorzismus der bösen Mächte –
als wackerer Freudianer von nichts anderem zu reden als von Masochismus.[19] Wohl ist es eine Tatsache, daß »der Großteil der
Ethnologen übereinstimmend die Ansicht vertritt, daß der
Glaube, der Tod sei Folge der schwarzen Magie fremder Stämme,
eine der häufigsten und gewichtigsten Kriegsursachen unter den
primitiven Völkern ist«, aber in diesem verbreiteten Zeugnis der
Ethnologen vermutet er keineswegs eine Bekräftigung der paranoiden Umwandlung von Todesangst, sondern er gewahrt hier
nur neue Indizien zugunsten der kleinianischen Theorie, die
Gruppe projiziere ihre Aggression auf die eigenen Toten, auf
eine Außengruppe.

Die anthropologischen Dokumente liefern auch ein klares
Zeugnis über den Großteil der Initiationsriten: es handelt sich um
Riten von Tod und Auferstehung. In vielen primitiven Kulturen
haben nur die Krieger, die viele Feinde töteten, Zutritt zur jeweiligen örtlichen Version des Paradieses, und in sehr vielen anderen
ist »Der Krieg als Tugend eine Beschwichtigung der Götter«[20]; *in
allen* dagegen »erscheint die primitive Religion als ein Verteidi-
gungsgebäude gegen einen unsichtbaren und allmächtigen Feind,
der nur mit Opfern, und unter diesen eben die kriegerischen Unternehmungen, beschwichtigt werden kann«.[21] Aber für Fornari
kann das alles jeweils nur die Angst vor der Trennung von der
Mutter oder den symbolischen Vatermord der Kinder oder das
Hinaustragen von verdrängter Feindseligkeit gegenüber den Verstorbenen bedeuten[22]: niemals jedoch die Verarbeitung der älte-

sten menschlichen Angst, die aus dem kritischen Horizont von Freud und seinen Nacheiferern verdrängt wurde. Andere bedeutende Erscheinungen, die ganz offensichtlich mit der paranoiden Verarbeitung der Todesangst zusammenhängen – die Menschenopfer; die ständige Konfliktbereitschaft der Primitiven, die einen religiösen Hintergrund hat; die Jagd nach Köpfen als dem Sitz der Seele und des Lebens des anderen – werden von Fornari regelmäßig mißverstanden.

Übrigens ist Fonari keine isolierte Erscheinung. Auch R. E. Money-Kyrle, ein berühmter freudianisch-kleinianischer Kriegsforscher zwischen den dreißiger und fünfziger Jahren, betrachtete das Phänomen unter besagten Gesichtspunkten, die von der Psychoanalyse vorgeschlagen wurden: So erscheint der Krieg
– als symbolische Aggression und sexuelle Eroberung;
– als Ausbruch verbrecherischer, verdrängter Impulse;
– als Ausbruch verdrängter, vatermörderischer Impulse;
– verstanden nach den Gesichtspunkten von Melani Klein, d.h. als paranoide Projektion der eigenen Aggression auf den anderen.[23]

Aber die Hypothese, daß es sich um in Aggression gekehrte Todesangst handeln könnte, wird nicht einmal erwähnt, und zwar aus dem einfachen Grund, weil es diese Angst für die Freudianer nicht gibt, wie es für Don Ferrante* keine Pest gab. Den Gipfel der psychoanalytischen Blindheit vor der »Pest« erreichten Eliane Metais und Alix Strachey. Eliane Metais hatte das Glück, mit der Nase auf einen anthropologischen Fall von größter Deutlichkeit zu stoßen: Der Stamm der Kanaken, den die weißen Kolonisatoren der Möglichkeit beraubt hatten, sich in periodischen Kriegen gegen die Nachbarn, die man für die Todesfälle unter den eigenen Stammesmitgliedern verantwortlich hielt, zu entfesseln, war Opfer einer tiefen Depression geworden, die sich durch ständige Todes- und Vernichtungsängste auszeichnete.[24] Nachdem der Mechanismus der paranoiden Umwandlung blockiert worden war, war die Todesangst wieder in ihrem reinen Zustand ausgebrochen. Fornari dagegen meint:

»Was man bei den primitiven Völkern beobachtet, denen die

---

* Figur aus Manzonis Roman *Die Verlobten* und Verkörperung des pedantischen, rückwärtsgewandten, wirklichkeitsfremden Menschen. (*Der Übers.*)

Möglichkeit des Krieges genommen wird, scheint ein endgültiger Beweis für die freudsche Hypothese vom Todestrieb zu sein, insofern sie uns vor die Welt der Destruktion stellt – aber nicht als äußerer Situation, sondern als etwas, das rein von innen her auftaucht.«[25]

Wes das Herz voll ist, des geht der Mund über zum Ruhme Freuds und seiner unantastbaren Verdrängung des Todes. Alix Strachey geht daher so weit, zu schreiben:[26] »Selbst der Glaube an die Unsterblichkeit« – d. h. der offensichtlichste und allgemein anerkannte Ausdruck des menschlichen Bedürfnisses, den Tod zu verneinen – kommt »vom Bedürfnis der Beruhigung vor den angstvollen Schuldgefühlen, die wir wegen unserer verdrängten Destruktionstriebe gegen die Verstorbenen hegen.«[27]

Bezeichnenderweise verdrängten auch die großen Häretiker der psychoanalytischen Orthodoxie, obwohl sie die Freudsche Hypothese des Todestriebs radikal zurückwiesen, die Todesangst mit derselben Hartnäckigkeit wie Freud. Beispielsweise wird in allen Schriften Carl Gustav Jungs über die Hauptfaktoren der Neurosen und Psychosen, die unter dem Titel *Psychogenese der Geisteskrankheiten*[28] veröffentlicht wurden, *die Todesfurcht niemals unter den Ursachen des psychischen Unbehagens genannt, und es wird keine einzige Zeile über sie verloren.* Alfred Adler beschränkte sich darauf, den Hauptfaktor der psychischen Störung von der Sexualunterdrückung auf die Frustration des Machtwillens durch die Umwelt zu verlagern, aber für die älteste Angst des Menschen ließ er keinerlei Raum.

Wilhelm Reich und die Neofreudianer bestreiten die Freudsche Theorie vom Todestrieb in aller Form, trotz allem verstärkt sich bei ihnen die Verdrängung der Todesangst. Wie wir bereits aufzeigten, liegt für Reich der Urquell der Angst und Neurosen in der Unterdrückung der natürlichen Sexualität durch die patriarchalische autoritäre Moral, die diese Unterdrückung ihrerseits nutzt, um die Massen gegenüber der herrschenden Macht hörig und gegen die mutmaßlichen oder wirklichen inneren und äußeren Feinde der Macht aggressiv zu machen. Nach Reich resultiert jede körperliche oder seelische Krankheit aus der Sexualunterdrückung, und die Heilung des persönlichen und gesellschaftlichen Leids könne durch eine Rückkehr zu natürlichen Formen von Erziehung, Reife und Sexualleben gesichert werden. Mehrere Autoren machten sich über die Grobschlächtigkeit dieser Analyse lustig sowie über die jämmerlichen Widersprüche zwischen Reichs persönlichem Verhalten – er war aufs Äußerste eifersüchtig gegenüber seinen Frauen und tyrannisch gegenüber seinen Mitarbeitern – und diesen edlen libertären Verkündigungen. Zwei Psychoanalytiker legten auch eine kluge Untersuchung vor, nach der die Wurzeln dieser pansexualistischen, antipatriarchalischen Ideologie in den Verdrängungen einiger schrecklicher Kindheitstraumata liegen sollen: insbesondere die Erfahrung des Selbstmords der Mutter und des Vaters nach einem mütterlichen Ehebruch, den Reich im Alter von dreizehn Jahren entdeckt und enthüllt hatte.[29] Abgesehen von diesen biographischen Daten, die ein schweres Gewicht besitzen, möchte ich zu bedenken geben, daß der Pansexualismus gewiß nicht von Reich, sondern von Freud erfunden wurde, der doch in gänzlich anderen famliliären Verhältnissen aufwuchs; Reich beschränkte sich darauf, diesen Pansexualismus von ihm zu entlehnen. Es scheint mir außerdem absurd, sich in einer Art biographischem Reduktionismus anzumaßen, die pionierhafte Bedeutung des Reichschen Versuchs zu leugnen, den bestimmenden Einfluß der Psychologie der Massen wie der Führungseliten im gesellschaftlichen Gesamtprozeß herausgearbeitet zu haben[30], ein Versuch, durch den Jahre später meine psychopolitischen Untersuchungen neuen Antrieb erhielten.[31] Reich lieferte insgesamt einen Beitrag zur Entwicklung der psychologischen Zugangsweise zum Gesellschaftlichen, den keine Instrumentalisierung seiner paranoiden Tendenzen vermindern kann.

Das eigentliche Problem in kultureller und wissenschaftlicher Hinsicht ist ein anderes und betrifft nicht nur Reich, sondern alle messianischen Persönlichkeiten im allgemeinen und die im Fahrwasser Rousseaus im besonderen. Im Kapitel über die religiöse Abwehr versuchten wir den Mechanismus zu erklären, mit dem die messianische Botschaft – beim Propheten wie bei den Anhängern – die Todesangst beschwichtigen will, indem sie demjenigen, der sich dem Gesetz des wahren Glaubens unterwirft, ein Tausendjähriges Reich des Glücks verspricht. Bis zu Rousseau war das Gesetz, das es wiedereinzuführen und zu ehren galt, das göttliche. Mit Rousseau kam es zu einer Vergöttlichung der Natur (die allerdings bereits mit Spinoza eingesetzt hatte). Bedingung für das neue Millennium war nun die Rückkehr zum Naturgesetz, das – wie schon das göttliche – von der menschlichen Verderbtheit und Auflehnung verletzt worden war. Bei Reich sehen wir ebenfalls den messianischen Mechanismus am Werk. Dies mag zum Teil aus dem Bedürfnis resultieren, die ehebrecherische Mutter zu vergöttlichen, den Vater zu verteufeln und sich vom Schuldgefühl zu befreien. Was aber zählt, ist die Tatsache, daß nach dem Zusammenbruch der Glaubenswahrheiten die Vergöttlichung der Natur für viele messianische Persönlichkeiten typisch ist und daß sie lediglich eine verweltlichte Version des religiösen Millenniums darstellt. Und nicht ohne Grund entwickelt Reich (wie Freud und viele andere prophetische Persönlichkeiten) in den letzten Lebensjahren Phantasien einer übermenschlichen Herkunft. *Contact with Space*, Reichs letztes Werk, beginnt mit folgendem Satz:

»Am 20. März 1956, um 10 Uhr abends, ist mir die offensichtlich unglaubliche Idee gekommen, die mich, wie ich fürchte, niemals mehr verlassen wird: bin ich ein Mensch, der aus dem All kommt? Gehöre ich zu einer neuen Rasse, die von Wesen aus dem All gezeugt worden ist, welche sich mit Frauen des Planeten Erde leiblich vereint haben?«[32]

So werden auch bei Reich, dem Denker, der einen so wichtigen Beitrag zur Anwendung der dynamischen Psychologie auf das Gesellschaftliche lieferte, die ruinösen und entstellenden Auswirkungen der Verdrängung der Todesangst mit seltener Deutlichkeit sichtbar; nicht nur wegen des unkritischen Festhaltens an einem einfachen heilsgeschichtlichen Mythos vom universellen Glück à la Naturalismus, sondern auch aufgrund der messianisch-paranoiden Verzerrung der ganzen Persönlichkeit. Das Ausmaß dieser Verzerrung, die bei Reich in den letzten Jahren wahnhafte Züge annahm, läßt sich umso eher erklären, wenn man sich die Verdrängung der Todesangst und der entsprechenden Schuldgefühle vergegenwärtigt: Die Überlegung scheint plausibel, daß gerade bei Reich diese Verdrängung wegen des Doppelselbstmords der Eltern und der tragischen Rolle, die er dabei spielte, so stark war, daß sie ihrerseits die dem naturalistischen Millennarismus ohnehin innewohnenden paranoiden Momente verstärkte.

Alle Neofreudianer – von Fromm und Karen Horney bis zu Kardiner und Sullivan – bewegen sich auf der naturalistischen Linie der Reichschen Leugnung des Todestriebs (deren Priorität sie al-

lerdings verschweigen). Sie schreiben die seelischen Störungen sowie die inner- und zwischengesellschaftliche Destruktivität den
kulturellen Bedingungen zu. Wie Reich stellen sie sich nicht der
Frage nach dem Mutterboden der kranken Gesellschaften. Sie
meiden diese Frage, weil sie den Trostmythos von der weisen Natur bewahren wollen, mit dem sie die ehemals göttliche Vorsehung
und den Mythos des Tausendjährigen Reiches, wie er in der Rückkehr zu den natürlichen Gesetzen enthalten ist, ersetzen. Außerdem würde eine derartige Frage nur das Problem der Urangst vor
dem Tode aufkommen lassen, das sie mit so verzweifelter Anstrengung verdrängen.

In diesem Zusammenhang scheint mir eines der letzten Werke von
Erich Fromm, *Anatomie der menschlichen Destruktivität* (1973),
besonders enttäuschend. In dieser systematischen Arbeit (650 Seiten, Hunderte von bibliographischen Nachweisen) läßt Fromm die
wichtigsten Theorien der Aggressivität Revue passieren, wobei er
in der Einleitung behauptet, sie mit einer Interpretation existentiellen Typs transzendieren zu wollen. Und in einem Kapitel, das
der Analyse der »bösartigen« Aggression gewidmet ist (wie
Fromm mit einem sonderbar moralischen Begriff die menschliche
Destruktivität bezeichnet, die ihm in biologischen Begriffen
unerklärbar scheint, und der er die natürliche Aggressivität ge-
genüberstellt, jene des schrecklichen *mors tua vita mea*, die er
komischerweise für »gutartig« hält), scheint er sich mit der Anwendung einiger Grundbegriffe des Existentialismus für einen
Moment der wirklichen Grundlage der Destruktivität zu nähern:
der Todesangst, ihrer Verdrängung, ihrer paranoiden Verarbeitung. Er schreibt: »Bewußtsein seiner selbst, Vernunft und Phantasie haben die Harmonie zerstört, welche die tierische Existenz
kennzeichnet. Durch ihr Erscheinen ist der Mensch zu einer Anomalie, zu einer grotesken Laune des Universums geworden.«[33]
Aber sofort zieht sich dieser Verzuckerer aller bitteren Wahrheiten – seien es freudianische, marxistische oder existentialistische
– vor dem Abgrund zurück, aus dessen Tiefe jener schreckliche
Urgrund auftauchen könnte, und stimmt den Psalm des »religiösen Heils« an:
    »Die existentielle Gespaltenheit des Menschen wäre unerträg-
lich, wenn er sich nicht ein Gefühl der Einheit mit sich selbst und

mit der natürlichen und menschlichen Welt außerhalb erstellen könnte. [...] Dieser Versuch wurde im ersten Jahrtausend vor Christus in allen hochentwickelten Gesellschaften unternommen – in China, in Indien, in Ägypten, Palästina und Griechenland. Die großen Religionen, die dem Boden dieser Kulturen entsprungen sind, lehrten, daß der Mensch die Einheit nicht durch das tragische Bemühen erringen kann, seine innere Zerspaltenheit durch Ausschaltung der Vernunft aufzuheben, sondern allein dadurch, daß er seine Vernunft und Liebe voll entwickelt.«[34]

Nach diesem ermüdenden Exkurs in die Abbruchhalden des Existentialismus kommt Erich Fromm auch nicht der leiseste Zweifel, daß die so unterschiedslos gepriesenen Religionen selbst Hauptursache der »bösartigen Aggression« sein könnten, die er so ausführlich wie ergebnislos erforscht. Möglicherweise ist Fromms Blindheit auch unvermeidlich, weil in der *Anatomie der menschlichen Destruktivität*, trotz des anspruchsvollen Titels, die ganze – in unserem Buch erstmals angestrebte – Analyse des grundlegenden und universellen Mechanismus fehlt, mittels dessen sich die religiöse (später die politische) Leugnung von Todesangst in fanatische Hörigkeit und Destruktivität verwandelte: die sühnende und verfolgende, masochistische und blutrünstige Verarbeitung dieser Angst. So nimmt es nicht wunder, daß im Epilog des Buches die in der Einleitung in den Raum gestellte existentialistische Hypothese vollkommen vergessen bzw. abgetan wird und Erich Fromm sich auf eine zusammenfassende Deutung der menschlichen Destruktivität zurückzieht, die der Substanz nach von den kultur- und umweltbezogenen Deutungen seiner früheren Jahre kaum zu unterscheiden ist. Er schreibt:

»Ich habe in dieser Untersuchung zu zeigen versucht, daß der prähistorische Mensch, der als Jäger und Sammler in Sippenverbänden lebte, durch ein Minimum an Destruktivität [...] gekennzeichnet war und daß erst mit der wachsenden Produktivität und Arbeitsteilung [...], mit der Errichtung von Staaten mit Hierarchien und Eliten Destruktivität und Grausamkeit großen Ausmaßes entstanden.«[35]

Und weil die »bösartigen Formen von Aggressivität [...] *nicht* angeboren [sind]; daher können sie beträchtlich reduziert werden, wenn die gegenwärtigen sozio-ökonomischen Bedingungen durch andere ersetzt werden, die der vollen Entwicklung der echten Bedürfnisse und Fähigkeiten der Menschen günstig sind.«[36] Wie es scheint, liegt für Fromm die ganze Schuld an der erweiterten ökonomischen Akkumulation (siehe Marx) und dem Heraustreten aus dem »Naturzustand« (siehe Rousseau): alles in allem also ein verzagtes Herumschippern in existentialistischen Gewässern, um sofort wieder in den sicheren Hafen des marxistischen und naturalistischen Millennarismus zurückzukehren.

Im Licht dieser Analyse erscheint auch Fromms flammende Polemik gegen die Theorien der angeborenen Aggressivität von Konrad Lorenz und Irenäus Eibl-Eibesfeldt wie ein unbewußter »Familienstreit«. Bekanntlich kritisierten die beiden Verhaltensforscher den naiven gesellschaftlichen Optimismus der Fortschrittsgläubigen samt ihren wiederholten Versuchen, die schreckliche innerspezifische Destruktivität des zivilisierten Menschen als Produkt kranker Gesellschaften auszugeben, die von älteren, natürlicheren und entschieden friedlicheren Formen menschlichen Zusammenlebens abweiche.[37] Im Namen des Realismus und der wissenschaftlichen Objektivität trugen sie eine reiche Dokumentation zur Aggressivität zusammen, die jeder Gattung, einschließlich unserer, angeboren sei. Vor allem in seinem neueren Werk, *Krieg und Frieden aus der Sicht der Verhaltensforschung*[38], stellt Eibl-Eibesfeldt den blassen Argumentationen Fromms über die »geringere Destruktivität« des vorgeschichtlichen und primitiven Menschen eine große Menge von Fakten über Häufigkeit und Grausamkeit der Kriege in den primitiven Gesellschaften historischer Zeit und selbst aus der Alt- und Jungsteinzeit gegenüber. Wenn sie jedoch ihre Hypothesen über den Ursprung des ungeheuren *Plus* an innerspezifischer, für den Menschen typischer Aggressivität vortragen, geraten die beiden Verhaltensforscher zu einem nicht weniger einfältigen Naturalismus als dem ihrer Gegner. Denn nach ihrer Auffassung soll die außergewöhnliche Destruktivität des Menschen allein durch den Verlust der symbolischen Hemmungs- und Ritualisierungsmechanismen der Aggressivität entstanden sein, die von der Natur für die Tiere bereitgestellt worden sind; um zum »allgemeinen Frieden« zu gelangen, würde es genügen, jene verlorenen Mechanismen wiederzugewinnen (woher und wie, bleibt ein Rätsel): kurz und gut, zur Natur zurückzukehren. Schmachbedeckt vor die Tür geworfen, kommt der alte Papa Rousseau durch das Fenster des verhaltenstheoretischen

Nativismus wieder herein – ahnungsloser Bruder der verhaßten umweltbezogenen Soziologie. Diese Übereinstimmung ist möglich, weil dem einen wie der anderen die authentische existentialistische Dimension fehlt, d. h. das Bewußtsein von der Urangst vor dem Tode, die den Menschen seit den altsteinzeitlichen Anfängen verfolgt; das Bewußtsein der uralten Verdrängungen und paranoiden Verarbeitungsweisen, mit denen der menschliche Affe versuchte, sich gegen jene Bedrohung seit mindestens hunderttausend Jahren zu wehren.

Zu ähnlich ausweichenden Ergebnissen wie Reich und die Neofreudianer kommt eine andere Gruppe von »Psycho-Philosophen« Freudscher Provenienz. Sie verkünden jedoch, den »bequemen Optimismus« der Leugner des Todestriebes zurückweisen zu wollen: Brown, Marcuse, Deleuze, Foucault, Guattari, Cooper. Diese Autoren sehen in unserer Kultur nur einen repressiven Mechanismus, der im Namen einer echten Befreiung des Menschen demaskiert und zerstört werden müsse. Als Vertreter und Schoßkinder der Welt des politischen Millenniums mit marxistischem Hintergrund scheint ihnen niemals der Verdacht zu kommen, daß die *repressive* Kultur einen *defensiven* Ursprung hatte und noch immer eine *defensive* Funktion gegenüber der Todesangst haben könnte. Insbesondere Herbert Marcuse hat sich mit der üblichen Eilfertigkeit von der Todesangst zu befreien versucht. In einem Aufsatz in einer von Herman Feifel im Jahre 1959 herausgegebenen Sammlung mit dem Titel *The Meaning of Death*[39] vertritt er die – für einen um die Führung des freudo-marxistischen Millennarismus der sechziger Jahre rivalisierenden Denker mehr als vorhersehbare – These, daß die Todesangst »nichts anderes« als eine der vielen hassenswerten Stützen der repressiven kapitalistischen Gesellschaft sei.

Die Thesen von Guattari und Deleuze sind noch wahnhafter. Als brave, für die Moden der Zeit sensible Intellektuelle geht es ihnen mit ihrem *Anti-Ödipus*[40] vor allem darum, die Probleme der Psychiatrie im marxisierenden linken Jargon der siebziger Jahre neu zu formulieren. So sehen sie in der freudschen Ödipustheorie und der entsprechenden Wechselbürgschaft der überlieferten Moral nur den »Imperialismus der Ödipalisierung«, während sie im Unterbewußten die »Fabrik« (sic) sehen und herbeiwünschen, in der der neue, »wirklich materialistische« Psychiater die »Produktion der Unbewußtsein-Fabrik« und der »Wunschmaschine« – des Menschen – zu entdecken und würdigen wisse. Von dem demagogischen Jargon einmal abgesehen, scheinen diese Autoren – wie übrigens die ganze Antipsychiatrie – in der Falle der Wiederholungs- und Vereinfachungsmechanismen der Revolte gegen den Vater gefangen; es gelingt ihnen nicht zu begreifen, inwiefern die überlieferte Repressivität selbst in weitem Ausmaß eine Reaktions- und Verteidigungsbildung gegen den existentiellen Schock war.

Der Fall Norman Brown ist sehr viel interessanter und beeindruckender, da Brown bei seiner Untersuchung unmittelbar vom Problem des Todes ausging. Brown schätzt und zitiert die tiefen Worte von Miguel de Unamuno[41]: »Was den Menschen von den anderen Tieren unterscheidet, ist der Schutz seiner Toten [...] Und wovor schützt er sich, indem er sie so nutzlos schützt? Das gequälte Bewußtsein flieht vor seiner gefürchteten Vernichtung.«[42] Wie wir im Kapitel über die Analität noch zeigen werden, geht Brown außerdem auf die Zusammenhänge von Analtabus und Todesangst ein. Aber die hohen Reflexionsebenen seines Hauptwerks *Life against Death* (1959) scheinen sich aufzulösen, wenn er zu den Resultaten kommt, die den bequemen Optimismus der Wiegenlieder der Neofreudianer, die er an vielen Stellen so verächtlich bespöttelt, bei weitem übertreffen. Im Anschluß an die Herausarbeitung der Extreme von Destruktivität und Wahnsinn, zu denen der Schrecken des Todes die Menschheit im Laufe der Jahrhunderte trieb, kommt Brown zu dem sonderbaren Schluß, daß dieser Schrecken im Menschen besiegt werden könne, gelinge es, die Repression zu zerschlagen und seine Leiblichkeit ganz auszuleben. Das neue, von der Unterdrückung befreite Leben soll dann eine neue Art von Mensch hervorbringen:

»Wenn es uns gelingt, ihn uns vorzustellen, einen von der Repression freien Menschen – einen Menschen, der stark genug ist, leben zu wissen und daher sterben zu können – wird er die Angst und das Schuldgefühl überwinden. [...] Mit dieser Art Mensch wird sich die mystische Hoffnung des Christentums auf Erden verwirklichen, die Auferstehung des befreiten Fleisches, wie Luther sagte, von Tod und Unreinheit.«[43]

Wie man sieht, handelt es sich um eine Neuausgabe des Übermenschen Nietzsches, allerdings ohne die Hoffnung der ewigen Wiederkehr. Wie bereits Nietzsche stellt auch Brown sich nicht wirklich die Frage, wie nur ein von der Repression freier Mensch den Tod weniger fürchten sollte. Gewiß ist es wahr, daß derjenige, der verängstigt ist und ein leeres Leben lebt, sehr viel stärker durch die Furcht vor dem Tode bedrängt wird als eine glückliche Person mit einem an sinnlichen und kreativen Erfahrungen reichen Leben. Aber das rührt allein daher, daß der Mensch im Liebestaumel seine geheime Sorge besser *vergessen* und vielleicht zeitweilig in eine vorbewußte Seinsweise zurückkehren kann, in welcher der Tod weniger präsent ist. Aber diese mühelosere *Ablenkung* von der Todesangst kann nicht – außer von einem, der ein verzweifeltes Bedürfnis danach hat – für ein Nichtvorhandensein oder die Überwindung einer Angst eingetauscht werden, die, wie Geschichte und Vorgeschichte zeigen, eine typische und nicht unterdrückbare Gegebenheit des menschlichen Bewußtseins ist.

Die Verdrängung der Todesangst war allerdings keine Besonderheit in der Welt der Psychoanalyse. Auch in den wichtigsten anderen psychologischen und psychiatrischen Theorien und den entsprechenden therapeutischen Techniken würde man vergeblich nach einer Würdigung der Todesangst als einem Faktor suchen, der persönliches Leiden oder gar das von Gruppen oder der menschlichen Gattung erzeugt. Selbst auf der Ebene der empirischen Forschung erweist sich das Thema des Todes als völlig vernachlässigt. Herman Feifel, einer der wenigen Gelehrten auf diesem Gebiet, kommt zu folgendem Ergebnis: »Wenn man die überwältigende Vielfalt der wichtigen wie der peripheren Schriften psychologischer Literatur systematisch durchforscht hat, entdeckt man erschüttert, wie wenig das Thema der menschlichen Einstellungen zum Tode erforscht wurde.«[44]

Obwohl es allgemein anerkannt ist, daß die Psychologie von Anfang an die »Frage nach dem Menschen und das Aufstellen von komplexen Theorien über die Natur des Menschen und speziell über seine Psyche« zum Thema hat,[45] und daß »Darwin der transzendenten Legitimation des menschlichen Geistes den Gnadenstoß gab«,[46] so kann man weder in der Experimentalpsychologie (z. B. von E. H. Weber, Th. G. Fechner und W. Wundt), noch in den funktionalistischen Theorien (G. S. Hall), noch in der pragmatischen – und Verhaltenspsychologie (J. B. Watson und B. F. Skinner) und auch nicht in der Gestalttheorie (Fritz Perls) und in der Transaktionsanalyse (Eric Berne) und ebenfalls nicht im Panorama der klinischen- und Sozialpsychologie ein systematisches oder auch nur besonderes Augenmerk für die Todesangst als einem bestimmenden oder wichtigen Faktor der menschlichen psychischen Dynamik und ihrer pathologischen Degeneration finden. Auch das Monumentalwerk *The Stress of Life*[47], in dem H. Selye zu Beginn der fünfziger Jahre im Streß den Hauptfaktor jeder seelischen und körperlichen Krankheit ausmachte, beschreibt zwar ausführlich die verschiedenen psychischen Ursachen von Streß (im Arbeits-, Familien- und gesellschaftlichen Leben), ignoriert jedoch gänzlich die Todesangst, also die älteste und typisch menschliche Ursache von Streß.

Was die Psychiatrie betrifft, so wird weder in ihren beschreibenden Anfängen (W. Greasinger, E. Kraeplin) noch in ihren biologistischen wie psychodynamischen Weiterentwicklungen das Problem der Todesfurcht jemals als ein zentraler, leiderzeugender Faktor anerkannt, den man vielfacher Verkleidungsformen verdächtigen muß, sondern man sieht es höchstens (nach dem Beispiel der psychoanalytischen Deutungen) als Tarnungsangst gegenüber anderen Ängsten. In einem Werk z. B., das dem »katastrophischen Todeskomplex« gewidmet ist[48], behauptet der amerikanische Psychiater J. C. Rheingold, daß das Individuum, wenn seine Erfahrung mit der Mutter gut ist, keinen Todesängsten verfallen, sondern diese im Gegenteil als natürlichen Teil seines Weltbildes akzeptieren wird. Vergleichbare Auffassungen werden von den Psychiatern J. Bowlby,[49] A. J. Levin[50] und J. C. Moloney vertreten: letzterer geht sogar soweit, die Todesangst als »einen einfachen kulturellen Mechanismus« zu definieren.

Das Werk von Ronald Laing Laing und der von ihm ins Leben gerufenen »antipsychiatrischen« Bewegung richtete in der Psychiatrie jedoch den weitaus größten, weil folgenreichsten Schaden an. Bei Laing und vor allem bei seinen französischen, italienischen und amerikanischen Nachfahren marxistischer Prägung finden wir alle typischen Züge des politischen Millennarismus in einer wissenschaftlichen Version; vor allem die Leugnung der biologischen und biochemischen Faktoren von Geisteskrankheit. In den verschiedenen Werken von Laing[51] wird Geisteskrankheit als Reaktion auf die schädlichen Einflüsse der Gesellschaft und als insgesamt heilsame Reaktion präsentiert. Die Schizophrenie erscheint so als »Reise«, die von dem »Andersartigen« erfunden wurde, um sich vor der Vernichtung durch die Umwelt zu retten. Der Geisteskranke ist nach der Ansicht der Antipsychiatrie nur deshalb geisteskrank, weil er von den verderblichen Einflüssen der bürgerlich-kapitalistischen Gesellschaft vergiftet wurde, wie er auch in der mittelalterlichen Anschauung nicht wirklich krank, sondern nur von teuflischen Mächten besessen war.

Diese Übereinstimmung zwischen der mittelalterlichen und der antipsychiatrischen Auffassung ist nicht zufällig; im Gegenteil, sie stammt von demselben *paranoiden Split*, der jede heilsgeschichtliche Anschauung verbindet: eine genetische oder unheilbare Krankheit als solche zugeben, würde für den Fanatiker des religiösen oder politischen Millennarismus in der Tat bedeuten, die Nichtrealisierbarkeit eines himmlischen oder irdischen Paradieses einzugestehen und sich die Möglichkeit zu nehmen, die Schuld allen menschlichen Leids auf die Mächte des Bösen oder eine Gruppe von Ungläubigen abzuwälzen. Es wäre jedoch interessant, die besondere Wechselbeziehung zu erforschen, die immer zwischen dem religiösen oder politischen Fanatismus und dem Wahnsinn besteht.

Der christliche Kalender beispielsweise strotzt vor Heiligen, deren Erfahrungen und Verhalten – aus psychiatrischer Sicht – offen psychotische Züge tragen: visuelle und auditive Halluzinationen, qualvoll strenges Einhalten eines Rituals, masochistische, erotische und paranoide Delirien. Aber da sich diese phantastischen Zustände mit den Lehren, den Mythen oder Riten der überlieferten Religionen in Übereinstimmung befanden, hat sie die kirchliche oder politische Führung der jeweiligen Epoche nicht nur bewundert, sondern aus ihnen geradezu Beweise von »Heiligkeit« gemacht. Zeigten sich umgekehrt ähnliche Phänomene in widersprechenden oder abweichenden Formen, sahen die Vertreter des »wahren Glaubens« und der »wahren Kirche« in ihnen ebenfalls Beweise, aber Beweise einer »Teufelsbesessenheit« des Kranken.

In vergleichbarer Weise interpretiert eine gewisse, dem politischen Millennarismus marxistisch-leninistischer Provenienz verpflichtete Psychiatrie die Aggressivität und das Antisoziale des Psychotikers als Inkarnation politischer Rebellion und zögert nicht, aus den Kranken die eigentlichen »Heroen« einer im Gang befindlichen Revolution zu machen. Richtet sich aber die Rebellion nicht gegen die zu zerstörende bürgerliche Ordnung – Äquivalent der heidnischen Ordnung für die frühen christlichen Bewegungen –, sondern gegen das »Neue Jerusalem« des »Realen Sozialismus«, greift die marxistische Psychiatrie nicht nur gegenüber den Psychotikern, sondern auch gegenüber den als Psychotiker ausgegebenen politischen Opponenten zur härtesten Unterdrückung. Der Widerspruch besteht nur scheinbar. Wenn man den psychologischen Kern dieser Verhaltensweisen betrachtet, so liegt er auch hier in der paranoiden Verzerrung, die für jeden Millennarismus typisch ist; er tendiert dazu, in jedem Widerstand gegen das eigene Voranschreiten den Ausdruck böser Mächte zu sehen, die verfolgt und niedergeschmettert werden müssen, und umgekehrt in jeder Person bzw. Gruppe, die denselben Feind bekämpft wie er, die Manifestierung von »engelhaften« oder, was dasselbe ist, »revolutionären« Kräften. Dieser Mechanismus erklärt auch die Zwiespältigkeit im Verhalten aller Fanatiker – ganz gleich ob religiösen und politischen – gegenüber jeder Form von antisozialem Verhalten, auch kriminellem und terroristischem: der Verbrecherwelt, den Drogen, dem Vandalismus, dem Terrorismus und der Kriminalität selbst wird mit großer Nachsicht begegnet, wenn sie in einer feindlichen Gesellschaft auftreten; tauchen sie in Gesellschaften auf, in denen die fanatische Gruppe selbst an der Macht ist, werden sie mit extremer Härte bekämpft.

Viele italienische Epigonen von Ronald Laing haben die Thesen ihres Meisters mit der für unsere Welt des linken Jargons typischen Leichtfertigkeit und Demagogie weitergetrieben. So konnte Franco Basaglia eine rasche und glorreiche Karriere machen, indem er die sonderbare These aufstellte, daß die »psychiatrische Repression« ein typisches und unvermeidbares Produkt der kapitalistischen bürgerlichen Gesellschaft und ihres Bedürfnisses ist, die Andersartigen und Opponenten zu unterdrücken – während just vor seiner Nase und der seiner Kollegen das Land, in dem seit mehr als einem halben Jahrhundert der Kapitalismus und die bürgerliche Klasse ausgerottet wurden, nicht nur brutalere Formen psychiatrischer Repression als jene urkapitalistischen entwickelte, sondern sie auch ausdrücklich zu dem Zweck heranzog, den politischen Widerspruch zu unterdrücken. Am schlimmsten war, daß diese späten Apologeten Gesetze mit fatalen Folgen durchsetzen konnten: Sie konnten die psychiatrischen Kliniken abbauen, Tausende sich und andere bedrohende Psychotiker wieder auf die Straße und in die Familien schicken, jeden Nukleus von Gesundheitswesen zerstören sowie die öffentlichen Ausgaben ins Unermeßliche treiben, um Tausende von untätigen *operatori territoriali** anzustellen und sich als wohlverdiente »Befreier« und Urheber einer großen »Revolution« ausgeben, die jedoch in Wirklichkeit nichts anderes war als eine Tragikomödie.

Das subtile Ausweichen der bedeutendsten existentialistischen Philosophen vor der Todesangst – ein Ausweichen, das wir bereits im Kapitel über die philosophische Abwehr beleuchtet haben – spiegelt sich auch in der sogenannten existentiellen Psychoanalyse und Psychologie: Ludwig Binswanger, der Begründer der existentiellen Analyse, mündet mit der religiösen »Lösung« des existentiellen Problems im Fahrwasser Kierkegaards.[52] Medard Boss übernimmt die typische existentialistische Formel, mit der die Todesangst verwandelt wird in Angst vor dem »In-der-Welt-sein« und behauptet, daß nur diese Formel, die – wie er sagt, anders nicht erklärbare – Tatsache verstehbar machen kann, daß Personen, welche größere Angst zu leben hätten, auch diejenigen sind, die größere Angst zu sterben hätten.[53] Der Verdacht scheint ihm nicht zu kommen, daß gerade jemand größere Lebensangst haben könnte, weil er eine größere Todesangst hat. Die Grundlektion von Reich – daß es einen fundamentalen Gegensatz Lust/Angst gibt, der, da er die ganze Erfahrung des Organismus prägt, diesen geängstigten Organismus kontrahiert und als solchen unfähig macht, Lust zu empfinden – scheint ganz und gar vergessen zu sein. Die Verformung der existentiellen Psychologie in den Vereinigten Staaten ist in dieser Hinsicht geradezu emblematisch. Wie berufenerseits beobachtet wurde, wären die Tendenzen des amerikanischen Existentialismus sehr viel optimistischer und zeigten nicht das über-

---

* Sozialarbeiter, Psychologen, Ärzte und andere Mitarbeiter in kleinen, dezentralisiert arbeitenden Gemeinschaften zur Betreuung der psychisch Leidenden. (*Der Übers.*)

triebene Interesse [sic!] des europäischen Existentialismus an der Angst, dem Schrecken, der Verzweiflung und dem Ekel.[54] A. H. Maslow z. B., einer der Väter der amerikanischen existentialistischen Psychologie, schreibt einen langen Aufsatz, der den amerikanischen Kollegen die wertvollen Beiträge erklären soll, welche die neue existentielle Zugangsweise zur psychologischen Forschung und Therapie geben kann, aber er erwähnt nicht einmal die Thematik des Todes unter diesen Beiträgen. Und mit einzigartigem Dünkel fügt er hinzu:

»Ich glaube, daß wir das Beharren der europäischen Existentialisten auf der Verzweiflung, der Angst und Ähnlichem nicht allzu ernst zu nehmen brauchen. [...] Dieses raffinierte Gejammere auf kosmischer Ebene entsteht immer, wenn in der Geschichte eine gesellschaftliche Wertehierarchie ins Wanken gerät und zusammenstürzt.«[55]

Auch die anderen amerikanischen Psychologen, die eingeladen waren, für die von Rollo May herausgegebene Aufsatzsammlung *Existential Psychology* einen Beitrag beizusteuern, scheinen nicht anders darüber zu denken. Mit Ausnahme von Herman Feifel ignorieren alle anderen Autoren das Thema des Todes und konzentrieren sich auf die voluntaristischen Aspekte des Existentialismus. Das jüngste Beispiel für die Übereinstimmung zwischen dem zweideutigen Ausweichen eines Konzepts von »In-der-Welt-sein«, wie es dem europäischen Existentialismus genehm ist, und den optimistischen Verzuckerungen, wie sie die amerikanischen Kollegen lieben, stellt die Tatsache dar, daß heutzutage ganze Abhandlungen von »Meistern« der existentiellen Psychologie publiziert werden können, in denen das Thema des Todes und der Todesangst gänzlich vernachlässigt und die Stichwörter »Tod« und »Todesangst« im Register nicht einmal vorkommen.[56]

Insgesamt führt also die Untersuchung der vorherrschenden psychologischen und psychiatrischen Einstellungen zur Todesangst zu der Entdeckung, daß selbst die Wissenschaften, die speziell zur Erforschung der psychischen Spannungen – und daher ihrer allgegenwärtigen Komponente, der Angst – bestimmt sind, die wichtigste Angstursache des Menschen verschwiegen oder verdrängt bzw. versucht haben, sie als Tarnung anderer, »tieferer« Gefühle zu »interpretieren«. Hier zeigt sich ein Phänomen, das

159

Freud im letzten Jahrhundert in ähnlicher Weise in bezug auf die Sexualtriebe beobachtete. Bekanntlich erzählt Freud, daß der berühmte französische Psychiater J. M. Charcot in der Salpêtrière in Paris gegenüber einer Hysterikerin, die Symptome und Verhaltensweisen von offen sexueller Bedeutung entwickelte, lachend äußerte: »*C'est toujours ça, toujours ça!*« (mit klarer Anspielung auf den sexuellen Bedeutungsgehalt der Symptome) und zu einem anderen Thema übergegangen ist. Freud begriff sofort die wissenschaftliche Absurdität eines solchen Verhaltens, und nicht zuletzt aus dieser Einsicht entstand die psychoanalytische Forschung.

Etwas sehr Ähnliches jedoch ist Freud selbst zugestoßen, und es stößt weiterhin Psychotherapeuten und Psychiatern aller Schulen angesichts der Todesfurcht zu, die direkt oder indirekt von den Patienten geäußert wird. Wie H. Feifel schrieb, »sind in der Psychopathologie die Themata und Phantasien des Todes wiederkehrend und auffällig.«[57] Die Angst zu sterben wird von einer breiten Mehrheit der Patienten geäußert, aber fast kein Therapeut oder Psychiater ist geneigt, die Begründetheit dieser Angst anzuerkennen, noch sie überhaupt als eine wirkliche Angst einzustufen: sie ist und muß immer einzig und allein eine Tarnungsangst sein. Wenn daher ein Patient in hypochondrischer Form davon bedrängt wird, bestehen Psychotherapeut und Psychiater darauf, ihm diesen Schrecken als »Tarnungsangst« anderer verdrängter Triebe sexueller Art oder als Ausdruck eines Tötungswunsches zu »erklären«. Fällt er nach dem Tod einer geliebten Person in eine Depression, die ihn umzubringen droht, sehen sie darin eine selbstbezogene Aggressivität, die ursprünglich gegen den Toten gerichtet war, oder eine »narzistische Kränkung«, die der Überlebende erfährt, weil er den Schlag verkraften muß, den ihm der Verstorbene versetzt haben soll, indem er seinen Lebensplan durchkreuzte. Wenn eine Person über Monate hinweg nicht einschlafen kann, weil sie genau in dem Augenblick, da sie das Bewußtsein verliert, zu sterben fürchtet, versichern sie ihm in der Nachfolge von Reich, daß es sich in Wirklichkeit nur um die Angst vor dem Orgasmus handle, oder – laut Jung – daß es die Angst sei, von den bedrohlichsten Archetypen des kollektiven Unbewußten überwältigt zu werden. Diese Verdrängungsleistung der Psychologie ist vor allem auch deshalb so verhängnisvoll, weil einige Ansätze Freuds zur Typologie der Neurosen und ihrer entsprechenden Symptome durchaus gewinnbringend auf die religiösen und politischen Reaktionsformen, auf die Todesangst bezogen werden könnten. So ließe sich zeigen, daß sie sich bei den somatischen Konversionen der Teufelsbesessenheit in hysterischer Form äußert, bei den Schuldgefühlen und den Versöhnungsritualen als Zwangsverhalten und bei dem Verfolgungswahn des alten und neuen Fanatismus in paranoider Form.

In diesem Ansatz liegt gleichzeitig ein Schlüssel zum Problem des Masochismus, das seit Freud so heftig umstritten ist. Meiner Meinung nach bestritten Reich und die anderen Neofreudianer zu Recht die Freudsche These eines »Urmasochismus«, die sich ja aus der absurden Hypothese des »Todestriebs« ableitet. Ihre Auffassung jedoch, der Masochismus sei allein ein Produkt der »kranken Gesellschaften«, welche die natürliche Sexualität und andere instinkthafte Bedürfnisse des Individuums unterdrücken, ist in mehrfacher Hinsicht problematisch: sie erklärt nicht die Entstehung der »kranken Gesellschaften« selbst; sie vereinfacht die Problematik allzu stark und ist ebenfalls nichts anderes als eine Reaktionsvariante auf ihre eigene, verdrängte Todesangst. Von unserem Ansatz her stellt sich der Masochismus – diese so alte und in allen Kulturen verbreitete Erscheinung, die seit Jahrtausenden die Menschen dazu bringt, sich für jede Art von Gottheit, Ideologie oder Institution aufzuopfern – vor allem als eine Haltung dar, die sich zwangsläufig aus dem Selbstbestrafungs- und Versöhnungsmechanismus ergibt, mit dem der menschliche Affe von Anbeginn an den existentiellen Schock verarbeitet: Der Tod wird als Strafe für irgendeine schwere Verletzung irgendeines höheren Gesetzes gedeutet, und der Mensch versucht nun, die ewige Seligkeit entweder durch Selbstbestrafung zu erlangen, die ihn mit der beleidigten Gottheit versöhnt, oder indem er sich bis zum Holocaust einer wahren Kirche oder wahren Revolution opfert, die ihm die Erlösung in einem Tausendjährigen Reich garantieren. Waren also Reich und die Neofreudianer im Recht, als sie den Todestrieb leugneten, so war Freud nicht völlig im Unrecht, als er von »Urmasochismus« sprach: Wenn es keinen »biologischen« Masochismus beim Menschen gibt, so erscheint es aus psycho-existentieller Perspektive als durchaus möglich, daß der Masochismus tatsächlich von Anfang an, d. h. gleichzeitig mit den ältesten Formen von Kultur, vorhanden war.

Glücklicherweise gibt es in diesem trostlosen Gelände einige Ausnahmen. Der einsame Ahnherr der wenigen Wissenschaftler in der Welt der Psychologie und Psychiatrie, die die Verdrängung des Todes nicht mitgemacht haben, war ohne Zweifel Otto Rank – ein Freudschüler, der sich eben deshalb mit dem Meister überwarf. Schon in seinen Jugendwerken hatte Rank im Geburtstrauma einen existentiellen, vorbewußten und vorkulturellen Faktor des menschlichen Unbehagens lokalisiert. Seine Theorie des Geburtstraumas war von Freud mit Interesse aufgenommen worden und hatte somit innerhalb der orthodoxen psychoanalytischen Schule ihren Stellenwert gefunden. Immerhin befand sie sich nicht in offenem Widerspruch zur These vom universellen sexuellen Ursprung der Neurosen und enthüllte auch noch nicht die Verdrängung der Todesangst, die ab 1920, also mit dem Erscheinen von Freuds *Jenseits des Lustprinzips*, allgemein verbindlich kodifiziert wurde. Aber als Rank begann, seine Aufmerksamkeit auf dieses Thema zu lenken, traf ihn unvermeidbar die Exkommunikation durch den »Großen Alten«.

Schon in *Psychology and the Soul* (1931) thematisierte Rank die Weigerung der Psychoanalyse, die Auswirkungen zu untersuchen, die das Problem des Todes auf das psychische Gleichgewicht des Menschen haben kann. Mit der Studie *Will Therapie, Truth and Reality* (1936) aber ging er noch einen Schritt weiter und analysierte ausführlich die Verteidigungs- und Fluchtmechanismen, die der Freudschen Theorie des Todestriebs zugrundeliegen: Mit dieser Theorie könnte das Problem des Todes aus einem gefürchteten Schicksal magisch in ein gewünschtes Triebziel verwandelt werden.[58] Übrigens hätte Freud – so Rank in bezug auf verschiedene Schriften vor *Jenseits des Lustprinzips*[59] – schon früher versucht, sich der Todesangst zu entledigen, indem er sie als Kastrationsangst interpretierte, die durch die Befreiung der Sexualität überwunden werden könne.

So war also die ausweichende Haltung von Freud und seinen Schülern schon in den frühen Dreißiger Jahren kritisch entlarvt worden. Darüberhinaus entwarf Rank eine existentielle Psychopathologie, die heute viel realistischer erscheint als die Konzeptionen der Freudianer und Neofreudianer. Nach Rank ist die sogenannte Normalität nichts anderes als das Ergebnis einer »organisierten gesellschaftlichen Lüge« über die existentielle Tragödie, und der Neurotiker ist daher nur ein Personentyp, dem es weniger gut gelingt, sich selbst und die anderen zu belügen. Mit anderen Worten: während wir denjenigen »normal« nennen, der die Wirklichkeit verdrängt, ohne für sich und seine Umwelt ernsthafte Probleme zu schaffen, nennen wir jemanden, dem dieses Unterfangen nicht gelingt und der beim Psychotherapeuten Hilfe sucht, »neurotisch«.[60] Rank bemerkt dazu, daß das normale Verhalten im wesentlichen einen *Partialisierungsprozeß* darstellt, mit dessen Hilfe das Individuum aus einer allzu widersprüchlichen und bedrohlichen Wirklichkeit nur einige – und zwar weniger beängstigende – Aspekte des Ganzen »herausschneidet«. Das Individuum erarbeitet sich die beschränkte und beruhigende Sicht der Wirklichkeit, wie sie ihm von Kultur und Gesellschaft vorgesetzt wird.[61] Derselbe Partialisierungsprozeß liegt vielen Neurosen zugrunde. Als Beispiele nennt Rank einige Zwangsneurosen und Phobien, bei denen gewisse Abwehrmechanismen gegenüber der Todesangst so weit auf die Spitze getrieben werden, bis sie das Individuum schließlich zugrunde richten. So ist etwa das rituelle Händewaschen eine uralte Form, die existentielle Angst bzw. die entsprechenden Schuldgefühle zu beschwichtigen. Wenn aber die Waschungen fortgesetzt werden müssen, bis die Hände bluten, haben wir ein »neurotisches« Verhalten vor uns. Bei den Phobien nimmt die defensive Einschränkung der Aktivitäten derartige Ausmaße an, daß das Individuum sich mehr und mehr von allen Handlungen ausschließt, die für den Alltag unentbehrlich sind (auf der Straße gehen, in den Autobus steigen, essen etc.). Diese Einschränkung kann bis zur Reduktion auf die totale Handlungsunfähigkeit oder sogar zum Tod führen – aus Angst vor dem Tode.[62] Eine andere Reaktionsweise auf die Bedrohung der existentiellen Wirklichkeit: völlige Verneinung; ihre Übereinstimmung mit unseren Wünschen und Deutungen fingieren. Mit dieser psychotischen Reaktion schließt sich das Individuum in seine Allmachtsphantasien ein oder – was dasselbe bedeutet – in eine rein subjektive, vegetative und akustische Welt, aus der die Wirklichkeit gänzlich ausgeschlossen wird.[63]

Schließlich sei hier noch an eine tiefe Intuition von Rank erinnert, welche die Psychodynamik der menschlichen Aggressivität erhellt: Die Todesangst werde im Ich durch die Tötung oder das Opfer des anderen gemildert; das Subjekt befreie sich damit vom

Sterben, vom Getötetwerden als einer Bestrafung.[64] Diese Hinweise erklären *in nuce* den Opfermechanismus des Sündenbocks und jede andere Form von paranoider Destruktivität.

Mit ihrer systematischen Verdrängung der Todesangst aus der psychischen Dynamik des kulturell angepaßten Menschen wie des Neurotikers hatten Freud und viele andere Schulhäupter die Psychologie und Psychiatrie in eine tragikomische Situation zwischen theoretischem Wahn und strategischem Ausweichverhalten manövriert, und zweifellos stellen die Analysen von Rank den ersten, herausragenden Beitrag zu ihrer Befreiung aus dieser Lage dar. Im Verhältnis zu diesen so wegweisenden Untersuchungen erscheinen daher andere Aspekte seines Denkens umso enttäuschender. Bekanntlich hat Rank, der schon seit seinen psychoanalytischen Anfängen ein besonderes Interesse am Mythos gezeigt hatte,[65] sich nach dem Bruch mit Freud und der Übersiedlung in die Vereinigten Staaten einer explizit religiösen Lebensauffassung angeschlossen und eine therapeutische Methode entwickelt, die das Heil aus dem Jenseits beschwört. Es scheint in der Tat unfaßbar, daß gerade der Denker, der Freuds Flucht vor der Todesangst so zwingend entlarvte und in aller Schärfe die defensive, sedierende Funktion der »Lügen« herausarbeitete, die von den verschiedenen Kulturen entwickelt und den »normalen« Menschen zur Bewältigung jener Angst verkauft wurden – daß gerade dieser Denker den verschleiernden Charakter der religiösen Lehren, insbesondere des Christentums, zu dem er sich schließlich bekannte, nicht sehen wollte.

Seit *Psychology and the Soul* (1931) findet sich daher bei Rank ein wahrhaft verblüffendes Nebeneinander: einerseits seine tiefschürfende Analyse der existentiellen Ursachen der Geisteskrankheit bzw. aller kulturellen Tarnungen der Todesangst; andererseits eine einfältige Apologie der ältesten und am meisten mißbrauchten Tarnung eben dieser Ängste: der Religion. In der »Unparteilichkeit« seiner wissenschaftlichen Autorität wiederholt er mit der Gleichsetzung von Geisteskrankheit und Sünde die schlimmsten Irrtümer von Sören Kierkegaard bzw. der Psychologie und Psychiatrie christlicher Provenienz.[66] In dieser Perspektive wird der Neurotiker zu einem Menschen, der die »Naturgesetze« bricht und sich mit der Leugnung seiner kosmischen Abhängigkeit zu übermenschlichen Dimensionen aufbläst – wie der Sünder die göttlichen Gesetze verletzt, seine Abhängigkeit von der Gottheit leugnet und sich in einem grenzenlosen, blasphemischen Stolz isoliert. Der Neurotiker, schreibt Rank, verliere jede Form vom kollektiver Spiritualität; mit einer heroischen Geste stelle er sich ganz und gar in den Umkreis der Unsterblichkeit seines Ich. Das zeigten die kosmischen Phantasien der Psychotiker in aller Deutlichkeit.[67]

Rank scheint die logische Widersprüchlichkeit gar nicht zu bemerken, in die er mit seiner Kapitulation vor dem Trost der Religion geraten ist. An bestimmten Stellen von *Psychology and the Soul*,[68] *Art and the Artist* und *Beyond Psychology*,[69] wo er dem Ursprung der romantischen Liebe nachgeht, scheint er die Krise des modernen Menschen als ein Resultat des geschichtlichen Prozesses zu sehen, der zum Zusammenbruch der Glaubensgewißheiten führte – doch dann schlägt er dem Leser vor, diese Krise durch eine unmöglich gewordene Restauration jener Gewißheiten zu meistern. Ähnlich konfus beschreibt er die Neurose als eine Form von Verweigerung gegenüber den kulturellen Verteidigungsstrategien bzw., wie er es trocken nennt, der »gesellschaftlichen Lüge«; und doch bietet er als Therapie die Rückkehr zu eben diesen Abwehrstrategien an. Mit anderen Worten, Rank versteht den Neurotiker wesentlich als eine Person, die angesichts einer unerträglichen Wirklichkeit auf Verteidigungsrituale und Phobien zurückgreifen muß, und den Psychotiker als eine Person, die jene unerträgliche Wirklichkeit ins eigene Ich aufnimmt und gemäß den eigenen Überlebensbedürfnissen in einem seligen Delirium neu zusammensetzt. Dabei scheint Rank aber überhaupt nicht zu bemerken, daß diese beiden Portraits exakt auf die prophetischen Eiferer aller Religionen passen und zumal auf die einer so ausgesprochen erlösungsorientierten wie die christliche. Auf dieser widersprüchlichen Basis thront dann als therapeutische Methode die »Therapie des Willens«, die den Anspruch erhebt, das Ich in religiösen und moralischen Begriffen zu reorganisieren. Ausgerechnet mit diesem Instrumentarium will sie ein Leiden überwinden, das häufig gerade durch den Konflikt zwischen der Spontaneität des Organismus und der gesellschaftlichen Unterdrückung entstanden ist.

Auch Ignazio Maiore, ein italienischer Psychiater, mißt dem Thema des Todes eine große Bedeutung bei. Maiore kritisiert vor allem überzeugend das Trügerische gewisser religiöser »Lösungen«, mit denen der Mensch dem Problem der Todesangst begegnet. Leider bleibt Maiore jedoch bei einer verflachten biologistischen Sicht jener Angst stehen; er erfaßt nicht ihre spezifisch menschliche Dimension und ignoriert außer den einschlägigen philosophisch-wissenschaftlichen Reflexionen sogar die pionierhafte Leistung von Otto Rank. So kann er auch nicht entfernt zu einer systematischen Analyse des Ursprungs und der Entwicklung der menschlichen Kultur und ihrer Destruktivität gelangen, wie es von unserem anthropologischen Ansatz her möglich ist.

Ernest Becker hingegen steht erklärtermaßen auf demselben Boden wie Rank. Becker war nie klinischer Psychologe; dennoch müssen wir uns an dieser Stelle mit ihm beschäftigen, da er seine philosophischen Überlegungen immer von einem spezifisch psychoanalytischen Nährboden aus entwickelt. Auf den ersten Blick scheint es überflüssig, Becker und Rank getrennt zu untersuchen, so sehr berühren, ja überschneiden sich ihre Ergebnisse. Im Unterschied zu Rank ist Becker jedoch ein ausgesprochen synthetisches Talent, so daß sich seine Betrachtung geradezu anbietet, um Gemeinsamkeiten wie Unterschiede zwischen ihrer Position und unserem Ansatz genauer zu bestimmen. Generell sieht Becker schärfer noch als Rank die besondere Tragik der menschlichen Existenz sowie die Beziehung, die zwischen dem Bewußtsein vom Tode und der jeder Neurose zugrundeliegenden Angst besteht:

Der Mensch ist ein Geschöpf mit der Gabe eines Geistes, sich im Fluge zu erheben, um die Atome und das Unendliche zu untersuchen, oder sich mit seiner Vorstellung an irgendeinen Punkt des Alls zu versetzen, um fasziniert seinen eigenen Ursprungsplaneten zu betrachten. Diese unendliche Ausdehnung, diese Gewandtheit, das Ätherische und sein Selbstbewußtsein geben dem Menschen im wörtlichen Sinne den Status eines kleinen Gottes in der Natur, wie das die Denker der Renaissance genau erkannten.

Aber wie die Weisen des Orients ebenso erkannten, ist der Mensch dennoch ein Wurm und Nahrung für Würmer. Hierin liegt die Paradoxie: der Mensch, der Natur fremd, hat doch unrettbar an ihr teil. Er ist doppelte Wirklichkeit: zwischen den Sternen umherschweifend und trotzdem in einen Körper gebannt, der, wie noch heute die Kiemenrelikte bezeugen, einmal ein Fischkörper war. Sein Körper ist eine Fleischhülle, die ihm in vieler Hinsicht fremd erscheint; am fremdesten und abstoßendsten ist hierbei, daß der Körper schmerzt und blutet und die Bestimmung hat, zu verfallen und zu sterben. Der Mensch ist buchstäblich zerrissen. Er hat das Bewußtsein von der wunderbaren Einzigartigkeit seines Seins, das sich mit erhabener Majestät aus der Natur erhebt und dennoch dazu bestimmt ist, unter die Erde zurückzukehren und zu verwesen und für immer zwischen den Schatten zu entschwinden. Den niedrigeren Lebewesen ist dieser schmerzliche Widerspruch offensichtlich erspart geblieben: Sie lebten in einer Welt ohne Zeit, pulsierten sozusagen in einer stummen Seinsweise. Daher war es auch so einfach gewesen, ganze Herden von Büffeln oder Elefanten zu erlegen. Die Tiere wissen nicht, daß ihnen der Tod bevorsteht, und grasen ruhig weiter, während ihre Artgenossen um sie herum zu Boden stürzen. Das Bewußtsein des Todes ist reflexiv und bleibt den Tieren erspart, die in einem gleichbleibenden Zustand von Unbewußtheit leben und sterben. Nur wenige Minuten des Schreckens, wenige Sekunden der Agonie, und alles ist vorbei. Aber eine ganze Existenz mit einem Todesschicksal zu durchleben, das die eigenen Träume verfolgt und selbst die schönsten Sonnentage überschattet, ist etwas ganz anderes. Beckers Meinung nach haben diejenigen Recht, die behaupten, daß ein volles Bewußtsein seiner Lage den Menschen unvermeidbar in den Wahnsinn treiben würde.[70]

Becker meint weiterhin, daß niemand unserer Wirklichkeit ernsthaft ins Auge sehen will. Einer Wirklichkeit von Geschöpfen, die vergeblich in einem Universum herumzappeln, das sie nicht verstehen. Becker glaubt, daß wir aus dieser Perspektive heraus besser auf die eisige Überlegung Pascals vorbereitet sind, daß die Menschen unvermeidbare Toren sind und daß kein Tor zu sein einer anderen Form von Narretei gleichkommt. Und zwar unvermeidbar, weil der existentielle Dualismus ihre Lage unmöglich, ihr Dilemma beängstigend macht. Toren deshalb, weil alles, was der Mensch in seiner symbolischen Welt verrichtet, ein Versuch der Negation und Überwindung seines grotesken Schicksals ist. Der Mensch wirft sich in blindes Vergessen, bestehend aus Spielen und sozialem Wettbewerb oder psychologischen Krücken oder persönlichen Sorgen, die der Wirklichkeit seiner Lage so fern stehen, daß sie als Formen von Wahnsinn aufgefaßt werden können. Es ist verabredeter, gemeinsamer, maskierter oder festlich begangener Wahnsinn, aber auf jeden Fall Wahnsinn.[71]

Becker führt auch aus, daß die Menschen dazu verurteilt sind, in einer im wesentlichen tragischen, dämonischen Welt zu leben, und fragt, was wir aus einer Schöpfung machen könnten, in der die Routine der Organismen im Zerfleischen anderer Organismen besteht, um deren Essenz zu assimilieren und die Überbleibsel mit ekelerregenden Gasen auszuscheiden. Jeder Organismus versucht, jeden anderen zu verschlingen, den er verdauen kann. Die Stechmücken blähen sich mit Blut auf, die Wespen greifen mit teuflischer Wut an, die Haie zerrissen und verschlängen weiter, selbst wenn ihre eigenen Eingeweide schon aufgeschlitzt sind. Ganz zu schweigen vom täglichen Blutbad »natürlicher« Unfälle jeder Art, wie daß etwa ein Erdbeben siebzigtausend Unglückliche in Peru lebend begräbt, der Straßenverkehr eine Pyramide von über fünfzigtausend Leichen im Jahr allein in den USA schafft, ein Seebeben im Indischen Ozean eine Viertelmillion Menschen hinwegfegt. Die Welt ist ein ungeheurer Alptraum, der sich auf einem Planeten abspielt, welcher seit Hunderten von Millionen Jahren vom Blut all seiner Geschöpfe getränkt ist. Das Höchstmaß an Weisheit, zu der uns die Geschichte unseres Planeten in den letzten drei Milliarden Jahren führen kann, liegt in der Einsicht, daß dieser Planet in einen riesigen Misthaufen verwandelt worden ist.[72]

In dieser Lage ist das Selbstbewußtsein des Individuums für Becker die »Lebenslüge«, mit der das Kind und der Heranwachsende sich vor dem existentiellen Schrecken schützen. Und er gelangt sogar zu Folgerungen, die auf einen totalen Skeptizismus hinauszulaufen scheinen. Das Problem der geistigen Gesundheit bestünde darin, zu definieren, welches die bessere Illusion sei, in deren Schutz man leben könne.[73] Aber merkwürdigerweise landet er mit dem religiösen Patentrezept für die geistige Gesundheit dann doch in Ranks Fußstapfen, wenn er fragt, was für die geistige Gesundheit denn ideal sei, und antwortet, eine gelebte und starke Illusion, die über das Leben, den Tod und die Wirklichkeit nicht lüge. So gesehen rangiere das Christentum vielleicht sogar an höchster Stelle, denn die Religion verwandele die kreatürliche, unbedeutende Lage des Menschen in einen Grund der Hoffnung, löse das Problem des Todes, erlaube einen heroischen Sieg in Freiheit und löse darüber hinaus das Problem der Menschenwürde auf höchster Ebene.[74]

Diese bedingungslose Kapitulation Beckers vor der religiösen »Lösung« ist atemberaubend: Sicher »löst« die Religion das Problem des Todes – aber die ganze Krise des modernen Menschen entsteht doch gerade aus den »Lösungen« des Glaubens und seinem Zusammenbruch unter dem Druck seiner inneren Widersprüche und der nicht umkehrbaren ethischen und intellektuellen Evolution des menschlichen Affen. Wer die Augen vor der Geschichte verschließt, negiert außerdem den ungeheuren Preis an Grausamkeit, Wahnsinn und moralischer Niedertracht, den die Menschheit für die typischen paranoiden Deformationen der Erlösungsreligion bezahlte, zu der Rank und Becker zurückkehren wollen. Becker scheint die innere Unhaltbarkeit seines restaurativen Vorschlages gar nicht zu bemerken. Ihm zufolge ist der Neurotiker neurotisch, weil er nicht an eine Rechtfertigung seines absurd erscheinenden Lebens glauben könne, wie dies der religiöse Mensch vollbringe, da der Glaube vom Menschen verlange, sich vertrauensvoll dem Alogischen zu überantworten.[75]

Rank und Becker schlagen also vor, zu Tertullians berühmter Formel *Credo quia absurdum est* (*Ich glaube, weil es absurd ist*) zurückzukehren. Dieser Vorschlag ist in der Moderne seit Kierkegaard wiederholt gemacht worden, nachdem alle Versuche einer Versöhnung von Glaube und Vernunft in der Nachfolge des Heiligen Thomas gescheitert waren. Aber es ist ein aussichtsloser Vorschlag. Nicht nur, weil er mit zweitausend Jahren Verspätung kommt – Tertullian konnte seine Stimme noch mit einem gewissen Erfolg erheben, weil der Glaube zu seiner Zeit nur einem bestimmten Typ von Philosophie widersprach, d. h. im wesentlichen: bestimmten Meinungen. Die Krise des modernen Menschen entsteht hingegen aufgrund einer systematischen, fast unmerklichen Zerstörung der religiösen Weltauffassung auf allen Gebieten des Lebens durch das wissenschaftliche Denken. Tertullians »Absurdität« meinte nur die Wahl einer neuen und befremdenden Mythologie im Vergleich zu anderen, altvertrauten Mythologien; heute bedeutet jedoch die Rückkehr zu den religiösen Dogmen eine Flucht vor der Wirklichkeit. Flucht in ein psychotisches Delirium, das die Wirklichkeit entsprechend den eigenen Bedürfnissen wiederspiegeln will, aber eine ganz offensichtliche Regression des Individuums auf kindliche Verhaltensweisen von eingebildeter Allmacht und vollkommener Abhängigkeit darstellt. Außerdem gibt es etwas im Menschen, das weder Rank noch Becker noch all die Apologeten aller festgegründeten Wahrheiten sehen: Der Mensch hat einen sublimen und nicht unterdrückbaren Trieb, zu suchen und zu wissen, auch wenn – wie es häufig geschieht – er damit seine Unsicherheit, seine Zweifel, seine inneren Qualen eher vergrößert. Aber hierauf werden wir noch im letzten Kapitel zurückkommen.

Angesichts der »religiösen« Resignation von Becker und Rank ist es auch weiter nicht überraschend, daß beide eine beschränkte und verächtliche Einstellung zur Sexualität haben. Man muß sich sogar fragen, ob diese Auffassung eigentlich Ursache oder Folge jener resignativen Konsequenzen ist, denn meiner Beobachtung nach wird der religiöse Ausweg heutzutage häufig von jenen gewählt, die in der Liebe besonders bittere Erfahrungen gemacht haben. Und in der Tat haben die Ausführungen der beiden Autoren des öfteren den Beigeschmack von Genugtuung, Sarkasmus oder Rache, wenn sie die Flüchtigkeit, das Trügerische der sexuellen Erfahrung aufzeigen. So meint Becker, daß die Sexualität bei der Verwirrung des Menschen über den Sinn seines Lebens entscheidend beteiligt sei. Ein Sinn, der verhängnisvoll als zwei Bereichen zugehörig und damit gespalten erscheine, einmal in den Bereich der Symbole und damit der Freiheit; zum anderen in den des Körpers, also der Notwendigkeit. Hartnäckig würden wir versuchen, aus dem Körper metaphysische Antworten herauszupressen, die der Körper als etwas Materielles nicht geben könne.[76]

Der angestrengte Versuch eines intelligenten Autors wie Becker, im Körper und in der Sexualität »Beweise« ihrer Untauglichkeit zu metaphysischen Antworten zu finden, ist wahrhaft beeindruckend. Verläuft er doch genau parallel zu der vergeblichen Bemühung, dieselben metaphysischen Antworten im menschlichen Geist aufzuspüren, der gleichfalls vergänglich ist. Becker scheint auch nicht entfernt die Möglichkeit zu erahnen, daß dieselben transzendenten Kräfte in der Sexualität wie im menschlichen Geist wirken – daß man, kurz gesagt, entweder den Menschen in seiner Ganzheit rettet oder unvermeidbar bei willkürlichen, widersprüchlichen Verkürzungen landet. In Übereinstimmung mit seinem Meister verwirft Becker somit eine Auffassung vom Leib und von der Liebe, die in verschiedensten Epochen und Kulturen gerade in einem sehr engen Bezug zu der von beiden so exklusiv behandelten religiösen Erfahrungen stand.

170

Wir würden, so Becker, in einem einzelnen, partiellen, körperlichen Produkt dieser Schöpfung eine Antwort auf das transzendente Geheimnis suchen, deshalb sei die Mystik der Sexualität ebenso verbreitet wie enttäuschend. In dem Maße, wie sie den infantilen Wünschen so angenehm nachsichtig entgegenkomme, sei sie aber hinsichtlich persönlichen Wachstums und Bewußtseins selbstzerstörerisch.[77]

Die großen Intuitionen der *Veden* (»Am Anfang war das Begehren«), eines D. H. Lawrence (»Gott in mir ist mein Begehren«) oder Wilhelm Reich (»Im Orgasmus ist das Pulsieren des kosmischen Lebens«) werden damit »erledigt«. Vielleicht bezeugt das aber auch einen tiefen, schmerzlichen Ausschluß von eigener authentischer sexueller Erfahrung. Im Vergleich zu der Hellsichtigkeit anderer Passagen ihrer Werke bleiben nämlich bestimmte Urteile über die geschichtliche Funktion der Liebe im 19. und 20. Jahrhundert äußerst summarisch. So ist für Rank die zentrale – und ihm zufolge übertriebene – Bedeutung, welche die Liebe in unserer Kultur erlangte, nichts anderes als das Ergebnis der religiösen Krise seit der Aufklärung. Nachdem er Gott verloren hatte – was blieb dem modernen Menschen übrig? Nach Rank hat er sein Bedürfnis nach dem Absoluten in eine andere Person verlegt, in ein Liebesobjekt.[78] Und Becker geht mit seinem typischen Sarkasmus noch weiter, wenn er meint, sobald uns die Last des Lebens erdrücke, könnten wir sie zu den göttlichen Füßen der geliebten Person niederlegen. Das schmerzliche Selbstbewußtsein könnten wir auslöschen, in dem wir im Liebesrausch alles vergäßen und uns nach dieser Erfahrung außerdem lebendiger fühlten.[79] Schade nur, daß dieser ätzende Spott weder geschichtlich noch psychologisch gesehen trägt. In geschichtlicher Hinsicht stimmt es einfach nicht, daß die Verherrlichung der Liebe immer nur parallel zum Niedergang des religiösen Ideals erfolgte; die Gedichte von Catull und Sappho, der Mythos von Amor und Psyche, von Orpheus und Eurydike, die Geschichten von Tristan und Isolde, Romeo und Julia, Tankred und Chlorinde hatten ihre Blüte in Epochen tiefer Religiosität. Psychologisch betrachtet speisen sich meiner Ansicht nach beide Erfahrungsweisen, die religiöse wie die erotische, aus ein und demselben Impuls: den Tod zu negieren und das Leben zu bejahen. In der erotischen Erfahrungsmöglichkeit aber drückt sich der Versuch aus, den Kreis der Einsamkeit zu überschreiten, in den der Tod

– auch in seinem religiösen Verständnis – den Menschen einschließt; sie drückt eine Sehnsucht nach völliger Verschmelzung mit einem anderen Wesen aus, die den biologischen Determinismus hinter sich läßt.

Hat man sich das vorgängige, subjektive Mißtrauen gegenüber der erotischen Erfahrung einmal klargemacht, so wird auch der Weg frei, um das bei allen Schranken bleibend Wichtige der Analysen von Becker und Rank zur Problematik der Sexualität in der modernen Gesellschaft zu würdigen. So wird man z. B. sicher ihre Kritik an der biologistischen Sexualerziehung teilen, wie sie heute allgemein verbreitet ist: Becker ist zuzustimmen, wenn er sagt, daß die Sexualerziehung ein frommer Wunsch, eine anmaßende Rationalisierung sei. Man will glauben machen, daß wir mit der Erklärung der sexuellen Funktionen die Geheimnisse des Lebens erklären. Der moderne Mensch versucht, die Faszination und Erschütterung gegenüber dem Leben mit einem sorgfältig fabrizierten *Handbuch technischer Anweisungen* zu ersetzen.[80]

Betrachtet man aber die philosophischen Voraussetzungen, die diesen an sich richtigen Beobachtungen zugrundeliegen, stößt man sofort auf die theoretischen Schranken bzw. die emotionalen Klischees. Die Sexualität, schreibt Becker, ist eine enttäuschende Antwort auf das Rätsel des Lebens.[81] Diese Feststellung wäre zur Not noch akzeptabel, käme sie nicht von einem Autor, der auf das Rätsel des Lebens ausgerechnet den aufgewärmten Kohl der religiösen Antwort geben will; der nicht begreift, daß diese Antwort für jede Suche nach einer Vermittlung zwischen der heutigen Situation des Menschen und dem Bedürfnis nach Sinngebung nur zur Enttäuschung führen kann. Wenn nämlich Becker expliziert, daß die Sexualität das Bewußtsein der Gattung darstelle und mithin die Niederlage des Menschen als Individuum und Persönlichkeit, daß sie den Menschen daran erinnere, daß er als Individuum durch ein beliebiges anderes ersetzbar sei, oder daß der Mensch nicht nur ein Tier sein will, das kopuliere wie jedes andere auch, und daß sich hieraus die Präsenz der Sexualtabus im Innersten jeder menschlichen Gesellschaft, und zwar von Anfang an, erkläre,[82] dann ist das enttäuschend. Wem es vergönnt war, die ganze unendliche Fülle von Leidenschaft zu erleben – poetisch und animalisch zugleich, erregend und versöhnend, euphorisierend und erschreckend – spürt sofort das Lächerliche dieser Ausführungen. Ihr Autor verharmlost die tatsächlichen existentiellen und gesellschaftlichen Wurzeln der sexuellen Unterdrückung und vermerkt sie quasi am Rande; darüber hinaus verfestigt er in gefährlicher Weise die Tradition der Sexualfeindlichkeit und landet bei aberwitzigen Resultaten. So geht Becker davon aus, daß das Kind eine heroische Zielsetzung braucht. Um sie zu erreichen, müsse das Kind einen Gegner finden. Und da der Körper das Problem darstelle, über das es triumphieren müsse, um Kulturmensch zu werden, müsse das Kind in gewissem Sinne dem Versuch des Erwachsenen, den Körper nicht als Feind zu betrachten, Widerstand leisten.[83] Wer die psychopolitische Analyse der Ursachen und ruinösen Folgen der religiös bedingten Sexualtabus kennt, dem muß die Verteidigung dieser Tabus mit ihrer destruktiven Gegenüberstellung von Körper und Seele gleichermaßen unbegründet, rückschrittlich und gefährlich erscheinen. Gewisse traditionalistische Nostalgien von Rank und Becker nehmen in dieser Perspektive einen geradezu verhängnisvollen Ton an. Sicher hätten die Menschen, wie Becker schreibt, die klinische Neurose vermieden, als sie ihren Heroismus vertrauensvoll in irgendeiner Form von Drama ausleben konnten, das sie transzendierte.[84] Aber Becker scheint sich nicht darüber im klaren zu sein, daß sie den klinischen Wahnsinn nur vermeiden konnten, weil sich häufig die ganze Welt in ein Irrenhaus verwandelt hatte. Der Iraner, der auf Befehl Khomeinis ausrückt, um sich von den irakischen Flammenwerfern auf dem »Feld der Ehre« verbrennen zu lassen, macht nichts anderes als Millionen von fanatisierten menschlichen Affen in den vergangenen Jahrhunderten – er flieht vor der existentiellen Angst, vermeidet die klinische Neurose und »lebt seinen Heroismus aus in Form eines Dramas, das ihn transzendiert«. Aber ein derartiger Vorschlag zur »Überwindung« der klinischen Neurose kann nur von menschlichen Affen kommen, die anders nicht in der Lage sind, sich gegen die existentielle Angst zu wehren. Im Falle von Becker und Rank wäre es sicher ungerecht, von Feigheit, Konformismus oder Flucht vor der Wahrheitssuche zu sprechen. Im Gegenteil, diese Männer besaßen die moralische und intellektuelle Kraft, zur ältesten Verdrängung, zum letzten Tabu des menschlichen Denkens vorzustoßen. Aber die Wüste der Trostlosigkeit und Verzweiflung, die sich vor ihnen auftat, war zu groß; so hat sich ihre Psyche zur alten Fata Morgana des religiösen Millenniums geflüchtet.

Im Verlauf dieses Kapitels hat sich gezeigt, daß in der Psychologie und Psychiatrie die Flucht vor der Todesangst, bei wenigen Ausnahmen, die Regel darstellt. Abschließend möchte ich noch kurz auf zwei Wissenschaftler eingehen, die zu diesen Ausnahmen gehören: Victor Frankl und Emil Landsberg. Der österreichische Psychiater Victor Frankl ist durch das traumatische Erlebnis der Internierung in den Konzentrationslagern zur Formulierung seiner Theorie und therapeutischen Technik, der *Logotherapie*, gelangt. In diesen Lagern des Schreckens, wo er alle seine Angehörigen und Tausende von Leidensgenossen sterben sah, ist er zu der Überzeugung gekommen, daß das wichtigste Bedürfnis des Menschen – zum Leben wie zum Sterben – darin besteht, seiner Erfahrung des Lebens, seiner Existenz irgendeinen gültigen Sinn zu geben. Und in seiner Berufspraxis während der Nachkriegsjahre hat Frankl weiterhin die Beobachtung gemacht, daß jeder einzelne seiner Patienten – ganz gleich, über welche besonderen Symptome er klagt – mit allen anderen ein- und dasselbe Drama teilt: den Verlust bzw. die mangelnde Verwirklichung einer Bedeutung, einer gültigen Zielsetzung für das eigene Leben.[85] Dem »Bedürfnis nach Lust« in der psychoanalytischen Schule und dem »Bedürfnis nach Macht« in der adlerschen Psychologie hat Frankl daher das »Bedürfnis nach Sinn« entgegengesetzt und die These aufgestellt, daß die neurotische Verfassung aus der mangelnden Verwirklichung dieses tiefen existentiellen Bedürfnisses herrühre. Parallel dazu sei die Psychose nichts anderes als der Versuch, jene Befriedigung, jenen Sinn auf regressiven Existenzstufen zu finden, die von jedem Kontakt mit einer absurden, unzugänglichen Wirklichkeit abgeschnitten sind. Frankl ist also davon überzeugt, daß die »existentielle Frustration« bzw. das »Gefühl von existentieller Leere«,[86] wie er es nannte, bei der Entstehung der Neurose eine zentrale Rolle spielt. Und entsprechend sieht er die Aufgabe der (Logo-)Therapie darin, dem Patienten zu helfen, wieder ein Bewußtsein von seinem – oft übersehenen oder vernachlässigten – »Bedürfnis nach Sinn« zu erlangen, die »existentielle Leere« zu überwinden und dem eigenen Leben wieder einen Sinn zu geben.

Ausgehend von einem solchen Verständnis des psychischen Leidens kann man ohne weiteres die zeitgenössische Psychopathologie aus dem Zusammenbruch der alten religiös-moralischen Überzeugungen und der stabilen gesellschaftlichen Normen herleiten.[87] Im Gegensatz zu Rank und Becker hat Frankl jedoch keine vorfabrizierten religiösen Rezepte für seine Patienten und die Menschheit parat. Er präzisiert ausdrücklich, daß seine Rede von den spirituellen Bedürfnissen des modernen Menschen keineswegs auf »einen wesentlich religiösen Bedeutungsgehalt«[88] zielt; sie zeigt lediglich ein »spezifisch menschliches« Bedürfnis nach Sinn an, das sich außer auf religiösem Gebiet auch in der Sexualität sowie im kreativen oder im gesellschaftlichen Bereich verwirklichen kann. Und zwar insofern, als jedes Individuum *von sich her* die Bedeutung *seines* Lebens finden muß, die *für es* gültig ist:[89] Unter allen Therapeuten unterliege daher der Logotherapeut am wenigsten der Versuchung, seine Wertvorstellungen dem Patienten aufzupfropfen.[90]

Leider scheint Frankl seinen Patienten jedoch nicht selten auch jene »Sinngebungen« zu suggerieren, deren er sich angeblich enthält, sogar solche, die ans Groteske grenzen. So fragt er z. B. einmal einen armen Kerl, der wegen des Todes seiner geliebten Frau in eine tiefe Depression gefallen ist, ganz unvermittelt:

»Was wäre denn passiert, wenn *Sie* zuerst gestorben wären und Ihre Frau Sie hätte überleben müssen?«

»Oh«, antwortet der arme Patient, »es wäre schrecklich gewesen für sie! Wie sehr hätte sie gelitten!«

Und allbereit pfropft Frankl ihm seine tragikomische »Sinngebung« auf:

»Sehen Sie? Dieses Leid ist Ihrer Frau erspart geblieben, und Sie waren es sogar, der es ihr erspart hat. Aber jetzt müssen Sie dafür bezahlen [sic!], indem Sie ihre Frau überleben und beweinen.«

Frankl versichert uns, daß der Patient nach dieser brillanten Intervention schrittweise aus der Depression herausgekommen ist. Seit Jahrhunderten allerdings kritisiert die Medizin das *post hoc, ergo propter hoc*, die Annahme des ersten Anscheins als zwingenden Beweis.

An anderer Stelle berichtet Frankl über den Fall einer Frau, die einen Selbstmordversuch gemacht hatte, nachdem ihr ein schöner und gesunder Sohn gestorben und sie mit einem gelähmten Sohn allein zurückgeblieben war. Dieser Frau riet Frankl, sich als Achtzigjährige auf dem Totenbett ein finanziell, in der Liebe und gesellschaftlich erfolgreiches, aber kinderloses Leben vorzustellen. Was würde sie darüber denken? Und die Frau antwortete natürlich sofort: »Ich würde denken, daß mein Leben gescheitert ist, denn es war ohne die Freuden des Mutterseins.«

Sieht man von diesen immer zwischen ungewolltem Humor und Sadismus schwankenden Beispielen einmal ab, so hat Frankl insgesamt einen Zugang zum Verständnis des psychischen Leidens eröffnet, der endlich der existentiellen Situation Rechnung trägt, wenn auch das Thema des Todes in seinem Begriff des »Leeren« bzw. der »Sinnlosigkeit« mehr implizit als explizit vorhanden ist. Frankl hat außerdem zwei klinische Begriffe geprägt, mit deren Hilfe man die Bedeutung der Todesangst für die Neurosen noch genauer fassen kann: den Begriff der »vorwegnehmenden Angst« und der »Hyperaufmerksamkeit«, also einer »übergroßen Aufmerksamkeit«. Frankl beobachtete nämlich, daß die Voraussicht und Erwartung eines gefürchteten Ereignisses – die vorwegnehmende Angst bzw. die Hyperaufmerksamkeit – zu den wichtigsten angststeigernden Mechanismen gehören. Wenn z. B., wie es häufig vorkommt, eine ängstliche Person übermäßig schwitzt, so wird es bei einer bevorstehenden, wichtigen Begegnung mit einer Autoritätsperson mit Sicherheit zu dem gefürchteten Anfall von Schwitzen kommen, weil diese Person ihn erwartet und in vorwegnehmender Angst fürchtet.[91] Oder wenn ein Mann allzusehr von dem Wunsch besessen ist, einer Frau seine sexuelle Potenz zu beweisen, wird die reale Begegnung möglicherweise mit einem Desaster enden (Hyperaufmerksamkeit).[92] Obwohl Frankl selbst nicht näher darauf eingeht, wird an dieser Stelle deutlich, daß gerade im Mechanismus der vorwegnehmenden Angst – in Verbindung mit der typisch menschlichen Fähigkeit zur Voraussicht – die Ursache für die übergroße Steigerung der Todesangst beim Menschen liegt. Möglicherweise ist dieser Mechanismus von den verzweifelten Versuchen des Menschen, sich gegen die Todesangst zu wappnen, eher noch verstärkt als geschwächt worden, und vielleicht sind deswegen selbst die religiösen Verdrängungen unter dem Ansturm neuer Angstwellen periodisch in eine Krise geraten.

Einer der wichtigsten Beiträge zum Verständnis der spezifisch menschlichen Erfahrungsweise des Todes stammt von Paul Landsberg, einem Philosophen, der wie sein Lehrer Max Scheler mit größter Aufmerksamkeit auf die psychologischen Aspekte philosophischer Probleme eingeht. In seinem tiefgründigen Werk *L'expérience de la mort* (1933)[93] geht Landsberg von folgender Behauptung aus: Obwohl alle Menschen schon früh vom Gedanken an den eigenen Tod beunruhigt werden, dringt das Bewußtsein der Unvermeidbarkeit dieses Todes nicht wirklich ins Herz des Individuums – bis es zu einem bestimmten Typ von Erfahrung kommt. Hierbei kann es sich auch um eine Ohnmacht oder einen schweren Alptraum handeln; im allgemeinen aber besteht diese Erfahrung im Tod einer Person, die wir zutiefst lieben.[94]

Nach Landsberg wird Bewußtsein von der Unvermeidbarkeit des Todes nur durch die individuelle Anteilnahme wachgerufen, nur durch die ganz persönliche Liebe. Allein die Nähe zur sterbenden Person führe zu dem klaren Bewußtsein, daß wir selbst sterben müssen. Wenn die Gemeinschaft mit einer Person zerstört wird, ich aber in einem bestimmten Maße selbst Teil dieser Gemeinschaft war, fühle ich, wie der Tod in das Herz meiner eigenen Existenz eintritt.[95]

Die Tatsache, daß diese für die menschliche Todeserfahrung charakteristische Dimension der Anteilnahme von einem Philosophen untersucht wurde, wirft ein Licht auf den Irrweg, auf den die psychologischen Wissenschaften durch die geradezu systematische Verdrängung der Todesangst bei ihren Begründern geraten ist. Die Anteilnahme wurde geschichtlich schon sehr früh thematisiert – in berühmten Werken wie den *Bekenntnissen* des heiligen Augustinus, dem *Gilgamesch-Epos* und vielen anderen Darstellungen der Kulturgeschichte, vom Tränenbach des unbesiegbaren Achilles über dem Leichnam des Patroklos zum Selbstmord von Romeo über Julias Leiche. Aber auch ohne Hilfe literarischer Beispiele wird diese Erfahrung das Leben eines jeden zeichnen; die Tatsache jedenfalls, daß sie in den Humanwissenschaften und generell im kulturellen Leben so selten behandelt wird, läßt sich nur aus dem Bedürfnis erklären, sie verzweifelt zu ignorieren.

Diese fast durchgängige Zensur bedeutet jedoch keine reale Abwesenheit. In seinem Buch *Elemente der Völkerpsychologie* (1913) erinnert Wilhelm Wundt daran, daß bei vielen primitiven Völkern die unmittelbare Reaktion in der Flucht besteht, wenn ein

Stammesmitglied stirbt.[96] Da der zivilisierte Mensch körperlich fluchtunfähig ist, flieht er geistig, aber wie der Primitive nimmt er das ganze Trauma der anteilnehmenden Erfahrung mit. Die Statistik erhellt, wie schrecklich dieses Trauma ist: der Überlebende läuft im ersten Jahr nach dem Tod des Ehepartners oder Gefährten ein sechs- bis zehnfach höheres Todesrisiko als seine Altersgenossen.[97] Aber nach den Großmeistern der Psychologie und Psychiatrie tötet ihn natürlich nicht die Verzweiflung des menschlichen Affen, bedrängt von der Angst vor dem Sterben und der Qual, ohne den geliebten Gefährten oder die geliebte Gefährtin weiterzuleben; ihnen zufolge ist es nicht die unendliche Wiederholung des existentiellen Schocks in seiner menschlichsten Form, der Anteilnahme, sondern die Aggressivität oder die verdrängten Schuldgefühle, die er nicht mehr gegen den Toten richten kann. Angesichts dieser Diagnosen und den entsprechenden »therapeutischen« Vorschlägen bleibt die alte Ermahnung gültiger denn je: *Medice, cura te ipsum!*

7 Todesbewußtsein, Sexualtabu, Analität

Im Kapitel *Die religiöse Abwehr* haben wir bereits gesehen, daß die sexualfeindliche Moral, die sich historisch zuerst mit den dogmatisch-heilsgeschichtlichen Religionen durchsetzte und dann von den modernen totalitären Systemen übernommen wurde, eine doppelte Funktion besaß: einmal sollte sie den Gehorsam der Massen ihren Herrn gegenüber, zum anderen Aggressivität gegen die inneren und äußeren Feinde gewährleisten. Was noch wesentlicher ist, die sexualfeindliche Moral zählt zu den wichtigsten Selbstbestrafungs- und Versöhnungsmechanismen, mit denen die Menschheit seit Urzeiten den Tod zu bannen suchte. Im heilsgeschichtlichen Mythos erscheint der Verzicht auf das irdische Glück der Sexualität als das größte und daher auch notwendigste, gewichtigste Opfer zur Sicherung des jenseitigen Glücks. Nicht ohne Grund war in vielen Religionen das Keuschheitsgelübde für Priester, Mönche und Nonnen entscheidende Voraussetzung, um sich zur Schar der Auserwählten zählen zu dürfen (»Selig die Jungfrauen, denn ihrer ist das Himmelreich«, heißt es im *Lukasevangelium*) und um Titel zu führen, die ganz unmittelbar auf das jenseitige Liebesglück anspielen (»Braut Christi«, »Bräutigam der Kirche« usw.). Dem *Matthäusevangelium* zufolge hatte Christus gesagt: »Das Wort faßt nicht jedermann, sondern denen es gegeben ist. Denn es sind etliche verschnitten, die sind aus dem Mutterleibe also geboren; und sind etliche verschnitten, die von Menschen verschnitten sind, und sind etliche verschnitten, die sich selbst verschnitten haben um des Himmelreichs willen. Wer es fassen kann, der fasse es!«[1]

Auf der Grundlage dieser und sinnverwandter Verse, die das sexuelle Verlangen tadeln (»Wenn dein rechtes Auge sündigt, reiß es aus und wirf es fort von dir!«), gebot z. B. eine christliche Sekte den Neophyten die rituelle Selbstkastration und kastrierte diejenigen, die unglücklicherweise in ihre Hände fielen, sogar zwangsweise. Das Konzil von Nizäa hatte alle Mühe, die Verbreitung dieser buchstabengetreuen Auslegung der Texte einzudämmen. Übrigens war auch das vom katholischen Klerus übernommene Priestergewand in den antiken Religionen ein Symbol der rituellen Selbstkastration; die Priester der Astarte haben es unmittelbar nach ihrer Entmannung angelegt.

Auch die anthropologische Forschung kann mit vielen Beispielen belegen, daß das Sexualtabu vor allem die Todesangst verbannen soll. In dem afrikanischen Stamm der Tonga etwa müssen sich die Eltern jeder sexuellen Handlung enthalten, bis das Kind auf allen Vieren kriechen kann: andernfalls müsse es sterben, und die bösen Mächte könnten den Stamm mit einer Dürrekatastrophe bestrafen.[2] Bei anderen Völkerschaften kommt diese Funktion der Keuschheit noch sichtbarer zum Ausdruck. Liegt ein Stammesmitglied im Sterben, wird jeder Sexualakt verboten. Gewöhnlich bleibt dieses Verbot auch nach dem Tode zum Zweck der Reinigung und Buße noch eine Zeitlang in Kraft. Seine Verletzung würde großes Unglück über die Verantwortlichen und die ganze Gemeinschaft bringen.[3] Darüber hinaus wird in den Mythen vieler primitiver Völker ganz wie im biblischen Mythos der Ursprung des Todes ausdrücklich mit dem Beginn sexueller Beziehungen in Verbindung gebracht. Als Beispiel seien hier die kosmogonischen Mythen der nordamerikanischen Tahltan-Indianer sowie der Tenetchara- und Urubustämme des Amazonasbeckens genannt.[4]

In diesen Mythen und im biblischen Paradiesmythos läßt sich vielleicht auch der Zusammenhang zwischen der Angst vor dem Orgasmus und der Todesangst aufzeigen, auf den wir bereits hingewiesen haben. Wilhelm Reich hat – wie schon der junge Freud – die Beobachtung gemacht, daß zwischen den neurotischen Ängsten seiner Patienten und den Störungen ihres Sexuallebens häufig eine Beziehung besteht. Aus diesem Sachverhalt zog er den Schluß, daß jene Störungen die wirkliche Ursache der neurotischen Ängste waren und daher die Angst vor der Lust und insbesondere vor dem Orgasmus, die in jedem Individuum durch die repressive Erziehung eingepflanzt wurde, jeder anderen Form von Angst zugrundeliegt. Nach Reich liegt hierin auch der Schlüssel zum Verständnis der Todesangst und der von vielen Neurotikern beklagten Schlaflosigkeit: in Wirklichkeit handle es sich nur um verschiedene Tarnungen einer verdrängten Angst, sich der als schuldhaft empfundenen Lust und dem Orgasmus hinzugeben. Wie jedoch schon wiederholt festgestellt, haben Reich und Freud jeder auf seine Weise ihre eigene Todesangst radikal verdrängt –

während doch gerade mit Hilfe des Begriffs der Todesangst verstehbar wird, was kein kulturbezogener Ansatz erklären kann: wie sich nämlich innerhalb der vorkulturellen – und daher noch nicht repressiven – Gesellschaft Todesangst und Angst vor dem Orgasmus entwickeln konnten, die dann zu einem festen Bestandteil der repressiven Gesellschaft geworden sind. Den religiösen Hintergrund des Sexualtabus haben wir bereits untersucht. Was nun die spezifische Angst vor dem Orgasmus betrifft, die nach Reichs Hypothese dem Tabu möglicherweise zugrundeliegt, so läßt sich ihr Zusammenhang mit der Todesangst meiner Meinung nach unschwer erkennen. Denn der vorübergehende Verlust des Selbstbewußtseins und der geistigen Selbstkontrolle, wie er für den Orgasmus charakteristisch ist, kann als Risiko des Todes, der Vernichtung erlebt werden – und dies umso stärker bei einem Individuum, das keine wirksamen Schutzmechanismen besitzt. Bei dem vom existentiellen Schock getroffenen Urmenschen war das sicher der Fall, wie es auch auf den heutigen Neurotiker zutrifft, der so häufig vom Tod besessen ist. An Belegen für diese Hypothese besteht kein Mangel. Die Angst vor dem Verlust des Bewußtseins im Orgasmus typisch ist, blockiert häufig nicht nur die Orgasmusfunktion selbst, sondern auch den Schlaf. Nach dem Bericht vieler Schlafloser ist es nämlich vor allem die Angst vor dem Sterben, die sie im Moment des Einschlafens, des Eintauchens ins Unterbewußte wachhält. Die Tatsache, daß der Orgasmus in der französischen Sprache *la petite mort*, »kleiner Tod«, genannt wird, ist ein weiterer Hinweis; das Englische spricht vom »süßen Tod«, *sweet death*. Schließlich haben auch viele Religionen im Orgasmus eine Gefahr für die Gesundheit gesehen. Im Tantrismus und Taoismus etwa gilt der *coitus riservatus* als sicheres Rezept für ein langes Leben, sogar für die Unsterblichkeit.

Von diesen Ergebnissen her überrascht es uns nicht, daß die modernen faschistischen und kommunistischen Heilsysteme regelmäßig die sexualfeindliche Moral übernommen haben, trotz aller Gegensätze untereinander und zu den traditionellen kirchlichen Institutionen. Gewiß hatte diese Verpflanzung der Sexualfeindlichkeit vom religiösen in den politischen Bereich auch eine fanatisierende und disziplinierende Funktion. Nicht zufällig haben sich in den kommunistischen Regimen die puritanischen Tendenzen gerade in den Perioden des größten heilsgeschichtlichen Fanatismus verstärkt: in der UdSSR in der stalinistischen Ära und in der Volksrepublik China unter Mao.

Die unmittelbare Körpernähe von Anus und Sexualorgan ist zweifellos ein zentraler Faktor für unsere repressive Einstellung zur Sexualität, da beide auch psychisch miteinander in Verbindung gebracht werden.[5] Aufgrund dieser assoziierten Gleichsetzung von Sexualität und Ausscheidung überträgt der Erwachsene die Gefühle von Ekel und Abscheu, welche die Exkremente in ihm hervorrufen, auch auf die Sexualität.

Meiner Meinung nach kann die Gleichsetzung von Sexualität und Ausscheidung in hohem Maße dazu beitragen, die besondere Widerstandskraft des Sexualtabus zu erklären. Dies gilt nicht nur für seine unmittelbaren Auswirkungen auf das persönliche Sexualverhalten; sie könnte auch der Grund sein für den spezifischen Bedeutungsgehalt dieses Tabus im Vergleich zu vielen anderen traditionellen Tabus: nämlich Scham und Ekel, insgesamt mit der Bedeutung von Geringschätzung. Im Vergleich dazu rufen etwa Gesten der Wut und Gewalttätigkeit, die in psychischer Hinsicht auch als Verletzung überlieferter Tabus aggressiver Instinkte eingestuft werden, ganz andere Gefühle hervor: bei den Zuschauern Furcht, Schrecken und Panik, bei den Handelnden nicht selten ein Gefühl heroischer Größe.[6] Verletzungen des Sexualtabus hingegen rufen bei den Umstehenden Verachtung und Abscheu hervor und bei den ›Sündern‹ ein Gefühl von Scham. Dieser besondere emotionale Gehalt des Sexualtabus machte seine Zerstörung extrem schwierig und unangenehm. Denn mit Gefühlen wie Ehre, Stolz und Heroismus, der emotionalen Grundlage einer jeden ethischen Revolution, können Scham, Ekel und Abscheu unmöglich vereinbart werden.[7]

Von daher hat sich auch die Frage ergeben, ob die sado-masochistische Besessenheit der Romantik nicht vielleicht eine Folge der Sackgasse ist, in die jeder Versuch einer Idealisierung der Sexualität und damit der Überwindung des Sexualtabus geraten muß, weil eine so enge Verbindung von Sexualität und Analität besteht.[8] Gesichert scheint mir, daß die assoziierte Gleichsetzung von Sexualität und Analfunktion wichtige Ansatzpunkte für eine kulturgeschichtliche Interpretation enthält, die eine Aufarbeitung verdienten. In *Das Unbehagen an der Kultur* (1930) hat übrigens Freud selbst auf diese Problematik implizit hingewiesen:

»Am tiefsten aber reicht die Vermutung [...]. daß mit der Aufrichtung des Menschen und der Entwertung des Geruchssinnes die gesamte Sexualität, nicht nur die Analerotik, Opfer der organischen Verdrängung zu werden drohte [...]. An der Tatsache des *Inter urinas et faeces nascimur* [wir werden zwischen Urin und Faeces geboren] nehmen alle Neurotiker und viele außer ihnen Anstoß. [...] So ergäbe sich als tiefste Wurzel der mit der Kultur fortschreitenden Sexualverdrängung die organische Abwehr der mit dem aufrechten Gang gewonnenen neuen Lebensform gegen die frühere animalische Existenz.«[9]

Jenseits aller wissenschaftlichen Theoriebildung gibt es in der Volksweisheit wie in der gehobenen Literatur viele Hinweise auf den Widerstand, den die Analität einer Idealisierung und selbst der glücklichen Erfahrung der Sexualität entgegensetzt. Von den Epigrammen Martials zu den Balladen Villons, von den *Ragionamenti* eines Piero Aretino zu den »Pornogedichten« von Baffo und Verlaine ist er ein fester Bestandteil der komischen oder burlesken Darstellung der Sexualität in der abendländischen Kultur – als ob es durch eine Verbindung der Sexualität mit der Ausscheidung gleichsam möglich wäre, die Sexualität auf einen unschuldigen Spaß zu reduzieren und das Sexualtabu aus dem Sattel zu heben. Nach dem Motto: »Wohlan, wir machen es nur zum Spaß!« drücken die Autoren gewissermaßen die Bitte aus, der Hof möge gegenüber ihren Unflätigkeiten »Milde walten« lassen.

Von Emile de Goncourt stammt das Wort: »In den Falten der sexuellen Schleimhäute verbirgt sich das Unendliche.« Und in der Tat liegt in der sexuellen Erfahrung ein Potential von Glück, Rausch und Extase, das auf die menschliche Psyche eine große Faszination, eine mächtige Verlockung ausübt. Aber ein sexualfeindliches System wie die Religion, in dem der Verzicht auf das irdische Liebesglück die Hoffnungsgarantie für Glück und Unsterblichkeit im Jenseits darstellt, muß der Sexualität jede Möglichkeit von Erhabenheit verweigern. Es muß sie sogar auf etwas Ekelhaftes reduzieren – und dazu kann die Analität verhelfen.

Bekanntlich hat der Humor auch häufig die Funktion, beklemmenden Gefühlen den Weg zu bahnen, die anders nicht ausgedrückt werden könnten. Bei einigen europäischen Autoren jedoch brechen diese tieferliegenden, analfixierten Gefühle offen hervor

So kommt in einem Vers von William B. Yeats ein tiefes Unbehagen zum Ausdruck:

>>Aber die Liebe hat gebaut ihr Haus
Tür an Tür wo wir scheiden aus.<<[10]

Bei Jonathan Swift nimmt dieses Unbehagen schon Formen einer Besessenheit an, die ihm jedes Liebesverhältnis vergiftete. Swifts Tagebuch ist überfrachtet mit Reflexionen und Phantasien zum Thema Analität. In diesem Zusammenhang hat ein scheinbar ironisches, in Wirklichkeit aber verzweifeltes Distichon geradezu Berühmtheit erlangt, in dem Cassius – hinter dem das Selbstportrait des Autors durchschimmert – erklärt, welcher Gedanke ihm seine Leidenschaft für die geliebte Celia vergiftet:

>>Und fragt mich nicht, was mein Gehirn zerreißt:
Celia, oh meine Celia scheißt!<<[11]

Und in dem Gedicht *The Ladys Dressing Room* stellt der Held sich eine Frage, die gar nicht so rhetorisch ist:

>>Sollt' auf das Liebesglück verzichten denn die Königin,
Nur weil sie sich erhebt vom stinkenden Toilettenring?<<[12]

Wohl zu Recht haben John M. Murry und Aldous Huxley in dieser Analfixiertheit Swifts etwas Krankhaftes gesehen, das sich offenbar in seiner Kindheit festsetzte und mit der Frauenfeindschaft des erwachsenen Swift zusammenhängt, die er nicht zuletzt nach aufsehenerregenden Mißerfolgen bei den Frauen, die er liebte, entwickelte.[13]

Dies verweist jedoch auf ein echtes, weitverbreitetes Problem: die Gegenwart des Analen stört das erotische Verlangen. Was aber verursacht diese Störung tatsächlich? In der oben zitierten Stelle verweist Freud lediglich auf eine Unverträglichkeit von ästhetischem Empfinden, das sich so häufig mit dem sexuellen Verlangen verbindet, und der Wahrnehmung der Analität. Aber auch hier bleibt die Frage offen, woher diese Unverträglichkeit stammt. Denn alles in allem scheint es in der Tierwelt, die doch mit ihrem Brunftverhalten, mit Lockrufen und werbenden Tänzen zutiefst >>ästhetische<< und >>poetische<< Äußerungsformen aufweist, keine Störungen durch die Analität zu geben. Vielleicht hat der englische Dichter Samuel T. Coleridge den Kern des Problems getroffen, wenn er an die selbstverständliche Identität von Körper und Geist bei Kindern erinnert, die sich allerdings in der Pubertät zu spalten beginne. Danach würde der Körper zunächst als gleich-

184

gültig empfunden; dann bedürfe es eines brillanten Geistes, um ihn nicht schlechter als gleichgültig zu verstehen, zuletzt aber nehme der Körper fast den Charakter von Exkrementen an.[14]

In dieser Passage tritt die psychische Assoziation zwischen exkrementhafter Körperlichkeit und Tod in aller Deutlichkeit zutage. Der Abscheu vor den exkrementartigen Konnotationen des Körpers war übrigens schon von den Kirchenvätern explizit formuliert worden, und zwar als Aufforderung zu jener asketischen Enthaltsamkeit, die in christlicher Sicht zur Unsterblichkeit verhilft. So meinte etwa der heilige Bernhard, wenn man mit wachem Geist bedenke, was aus dem Munde käme, den Nasenlöchern und allen anderen Öffnungen des menschlichen Körpers, werde einem klar, daß man noch nie einen so abstoßenden Jauchepfuhl gesehen habe. Der Mensch sei nichts anderes als ein Misthaufen und Nahrung für die Würmer.[15]

Und den heiligen Odo von Cluny bedrängte ebenfalls die furchterregende Frage. Wenn wir uns allein schon weigerten, Kot oder Phlegmone [Zellgewebsentzündung] auch nur mit der Fingerspitze zu berühren, wie könnten wir danach verlangen, eine Frau zu küssen, einen Haufen Kot?[16]

Es ist möglich, daß diesem typisch menschlichen Konflikt zwischen Sexualität und Analität ein verdrängtes Todesbewußtsein zugrundeliegt. Die Analzone mit dem Kot und den Verdauungsprozessen, die sie beherbergt, ruft möglicherweise gerade deshalb besondere Abscheureaktionen beim Menschen hervor, weil sie einen ständigen Hinweis auf die körperlichen Verfallsprozesse, ein ständiges *memento mori*, darstellt; ganz abgesehen davon, daß sie der menschlichen Omnipotenz- und Unsterblichkeitsillusionen ständig spottet. Vielleicht liegt diesen Vorstellungen aber doch ein objektiver Vorgang zugrunde. Dem berühmten russischen Biologen Ilja Meschnikow zufolge, der die Phänomene des Alterns mit großer Genauigkeit wissenschaftlich untersuchte, sollen Verfall und Tod des menschlichen Organismus vor allem eine Folge von Selbstvergiftung sein, die von den ständigen Fermentations- und Verdauungsprozessen im Endbereich der Eingeweide herrührt.[17] So hängt möglicherweise auch die Abscheu des Kindes vor den Exkrementen, die sich im Alter zwischen drei und fünf Jahren entwickelt, entgegen Freuds Hypothese weniger mit der Entwicklung der kindlichen Sexualität als mit den ersten kindlichen Todesängsten zusammen, die gerade in diesen Jahren auftauchen.

Mit dieser Perspektive entschlüsselt sich auch die merkwürdige Symbiose zwischen der Analität und dem Teuflischen, wie sie zumindest in der christlichen Welt geschaffen worden ist. Der Höhepunkt der schwarzen Hexenmessen bezog sich in verschiedenen Ritualen auf das Anale. Die Zelebranten mußten eine Teufelsmaske küssen, die über das Gesäß des Hexenpriesters gezogen war, oder umgekehrt hat dieser ihr Gesäß mit Kot und Verwesungspartikeln bestrichen. In den Schriften Luthers, Melanchthons und anderer Vertreter der Reformation tritt diese Verbindung von Teufel und Analität sehr klar zu Tage. So beschreibt Luther den Dämon als »schwarz und schmutzig und außerdem stinkend«.[18] Und Melanchthon beschreibt den Ausgang einer der vielen »dramatischen« Begegnungen Luthers mit dem Teufel: Voll Verdruß über Luthers Worte sei der Teufel wütend abgezogen; er habe vor sich hingebrummt und einen gewaltigen Furz gelassen, der noch einige Tage lang das Zimmer mit Gestank erfüllte.[19] Hierbei handelt es sich nicht um gelegentliche Berichte – die Erscheinungen des Teufels stehen in einem geradezu systematischen Zusammenhang mit dem Analen. So wehrt sich Luther selbst mit der gleichen Art von »Munition« gegen die Angriffe des Teufels: als es ihm – so ein Bericht – einmal nicht gelang, den Teufel mit theologischen Argumenten in die Flucht zu schlagen, griff er auf den Furz als »absoluter Waffe« zurück.[20] Wie Luther den Teufel Mores lehrte, ist vielleicht noch bezeichnender: »Verschwinde«, soll er ihm zugerufen haben, »andernfalls stecke ich dich dahin, wo du hingehörst: in meinen Arsch!«[21] Die Analität war somit für Luther wie für viele andere religiöse Eiferer ein peinliches Zeugnis der inneren körperlichen und moralischen Verderbtheit des Menschen, der zutiefst verachtenswerten Natur des Körpers und seiner Gefühle.

Am Ende dieses Kapitels möchte ich noch auf einige andere tragikomische Widersprüche der menschlichen Befindlichkeit hinweisen, die mir im Begriff der Zusammengehörigkeit von Sexualität und Analität gut zum Ausdruck zu kommen scheinen.

Übereinstimmend weisen die Religionen und fast alle Künste wie auch die Erfahrung der meisten Menschen darauf hin, daß das

sexuelle Verlangen und die Wollust vielleicht unser wirksamstes
Bollwerk gegen den Tod darstellen; selbst ein Bibelvers verkündet: »Die Liebe ist so stark wie der Tod.« Nun gut – direkt neben
die Liebesorgane hat die Natur die Organe der Ausscheidung pla-
ziert, die uns ganz unmißverständlich an den Verfall, an die Sterblichkeit des Körpers erinnern. Müßte man also in Übereinstimmung mit der traditionellen Moral zu dem Ergebnis kommen, daß
die herkömmliche Abwertung der Sexualität unvermeidbar sei?
Gilt das für alle Individuen und Kulturen, die bewußt ihre ethischen, ästhetischen und kreativen Werte bejahen? Sigmund Freud
war im Laufe seines Lebens immer stärker davon überzeugt.
Schon in seinem Aufsatz *Die moderne Neurose* aus dem Jahre 1907
stellte er die Frage, ob nicht die kulturelle Repression den Menschen derart fest im Griff habe, daß sie ihn ganz neurotisch und
damit unfähig mache, »auf dem geflügelten Pferd der Sublimation
zu reiten.« Und später entwarf Freud die Theorie einer immer
größeren, unvermeidbaren Konflikthaftigkeit zwischen den Bedürfnissen der Kultur und den sexuellen Bedürfnissen des Menschen, welche die ganze Kultur in eine apokalyptische Katastrophe hineintreiben könnte. Wie wir sahen, kommen auch Rank und
Becker zu ähnlichen Ergebnissen. Ihrer Auffassung zufolge kann
die Liebe keine wirkliche Lösung der existentiellen Krise des Menschen darstellen, da die Sexualität unlösbar mit dem Körper und
seinem Tode verbunden und daher nicht in der Lage sei, das dem
Menschen wesentliche Bedürfnis nach dem Absoluten und nach
Unsterblichkeit zu befriedigen. Aber mir scheinen dies Thesen,
die allzu offensichtlich den Stempel bestimmter kultureller Gege-
benheiten tragen. Bei Freud war es sein viktorianischer Hintergrund, der ihn für die Vereinbarkeit von Poetischem und Obszö-
nem im sexuellen Erlebnis blind machte; bei Rank und Becker
verstellte das verzweifelte Bedürfnis nach überlieferten Wahrheiten die Einsicht, daß die Krise der moralischen und religiösen
Auffassungen, denen sie die Werte der Liebe und Leidenschaft
opfern wollten, nicht rückgängig zu machen ist. Außer D. H.
Lawrence und wenigen anderen »Eingeweihten« ist es nur Wilhelm Reich gelungen, das unermeßliche Potential an persönlichem Glück und gesellschaftlicher Harmonie zu erfassen, das in
der Sexualität liegt – auch wenn Reich z. B. nicht sehen konnte
und wollte, wie stark dieses Glück der Bedrohung durch die exi-

stentiellen – und nicht nur gesellschaftlichen – Widersprüche der menschlichen Existenz ausgesetzt ist.

Ich selbst sehe heute in der sexuellen Befreiung nicht mehr das Allheilmittel gegen Konflikthaftigkeit und menschliches Leid. In der Liebe, in der Ekstase leidenschaftlichen Verlangens liegt aber für mich weiterhin nicht nur die intensivste Erfahrung des Lebens, sondern auch das stärkste Gegenmittel gegen das Gift der existentiellen Angst. Denn wie Reich gezeigt hat, steht die sexuelle Lust auf der psycho-physiologischen Ebene ihrer Natur nach konträr zur Angst; gleichzeitig stellt sie sich einem Individuum, das um den eigenen Tod und den Verfall der überlieferten religiösen Trostmythen weiß, als bewegendster Ausdruck der existentiellen Solidarität zweier Menschen dar. Darin scheint mir der Sinn der etruskischen Sarkophage zu bestehen, auf denen Mann und Frau ausgestreckt nebeneinander liegen und zusammen auf das Leben anstoßen. In diesem Sinne läßt auch D. H. Lawrence (der übrigens die Etrusker sehr geliebt hat) durch den Mund einer literarischen Figur zu seiner Frau sagen, daß es ihm egal sei, wenn die Kommunisten die eine Hälfte der Erde hochgehen ließen und die Kapitalisten die andere. Es genüge ihm, wenn ein Maulwurfsloch übrigbliebe, in dem sie beide sich vergraben und vereinigen könnten.[22] Vielleicht kann der Mensch im Sexualakt gleichsam wieder in die Unsterblichkeit der Protozoen, der Urtierchen eintauchen. Unter Berufung auf eine Studie von A. Weismann aus dem Jahre 1884 weist Freud selbst auf diesen Sachverhalt hin: »Die Keimzellen aber sind *potentia* unsterblich, insofern sie imstande sind, unter gewissen günstigen Bedingungen sich zu einem neuen Individuum zu entwickeln, oder anders ausgedrückt, sich mit einem neuen Soma zu umgeben.«[23] In diesem Zusammenhang sei hier noch an die ergreifende Deutung des Orgasmus erinnert, die der italienische Psychiater Ignazio Majore gegeben hat. Nach dieser Deutung schleudert der vom Tod verfolgte Organismus im Orgasmus fortpflanzungsfähige Zellen weit aus sich heraus, und zwar in einer Art verzweifeltem Versuch, sie vor seinem unaufhaltsamen Verfallsprozeß zu bewahren, indem er sie mit anderen fortpflanzungsfähigen Zellen eines anderen Körpers vereinigt, der einem ähnlichen Todesschicksal ausgesetzt ist.[24] So erscheint der Orgasmus von zwei Menschen, die sich lieben, als Triumph des Lebens über den Tod.

8   Todesangst und künstlerische Avantgarden

Alles ist auf dem Weg zur
Katastrophe.
Umberto Boccioni

Schon immer war der Tod in der Kunst als Bedrohung gegenwärtig. Und dies nicht nur, weil sich die religiöse Kunst von der ägyptischen und etruskischen Kultur bis hin zur christlichen sehr oft um das Thema des Todes gedreht hat, sondern auch, weil das Kunstwerk selbst häufig als Bemühen des Künstlers erscheint, noch nach seinem Tode weiterzuleben. Otto Rank hat sogar – möglicherweise mit vorschneller Sicherheit – die Behauptung aufgestellt, daß der »Drang nach Unsterblichkeit« der wichtigste kreative Antrieb des Künstlers sei.[1]

In diesem Sinne scheint es eine Gemeinsamkeit zwischen den Schöpfungen der Kultur und der biologischen Zeugung zu geben: Ein Organismus produziert; er stößt etwas aus sich heraus – eben seine Schöpfung –, das dazu bestimmt ist, ihn zu überleben. Im folgenden werden wir jedoch die Untersuchung aus Raumgründen auf zwei entscheidende Wendepunkte der abendländischen Kultur beschränken: den Umbruch, den die humanistische Renaissance darstellt, und den unserer Zeit, wie er mit den künstlerischen Avantgarden dieses Jahrhunderts einsetzte.

Für die erste Epoche ist noch immer die Darstellung gültig, die Huizinga in seinem bereits erwähnten klassischen Werk *Herbst des Mittelalters* gegeben hat. »Wohl hatte der Glaube auch früher den beständigen Gedanken an den Tod mit Ernst eingeschärft; doch die frommen Traktate des früheren Mittelalters erreichten nur jene, die ohnehin schon von der Welt geschieden waren. Erst seitdem mit dem Aufkommen der Bettelorden die Volkspredigt sich entwickelt hatte, schwoll die Ermahnung zu einem drohenden Chor an, der mit der Heftigkeit einer Fuge die Welt durchschallte.«[2] In der Kunst fand die allgemeine Todesangst in zwei Themen ihren Ausdruck, die in der Malerei, der Plastik und in der Literatur immer stärker in den Vordergrund treten: in dem unauf-

189

haltsamen, grausigen Verfall körperlicher Schönheit und im Totentanz. Letzterer wird als schauerlicher Reigen von Kadavern
und Skeletten dargestellt, der sich durch die Jahrhunderte zieht
und Glanz, Hoffnung, der alles mit sich reißt. Von François Villons Balladen über den Verfall der weiblichen Schönheit (*La Bal-
lade des dames du temps jadis* oder *Regrets de la Belle Heaulmière*)
bis zu den Bildern von Hieronymus Bosch, die grauenvolle Ver-
höhnungen des menschlichen Körpers und seiner Hinfälligkeit zeigen, gibt es im 13., 14. und 15. Jahrhundert eine Flut von schauer-
lichen Darstellungen des Todes und der jenseitigen Verdammnis.[3]
Man denke beispielsweise nur an die Fresken der *Drei Lebenden
und der Drei Toten* auf dem Friedhof von Pisa und in der heiligen
Grotte von Subiaco (14. Jahrhundert); oder an die *Triumphe des
Todes* im Nationalmuseum von Palermo und in der Capella Benti-
voglio in Bologna (15. Jahrhundert) sowie an die unzähligen Gemälde des Genres *Der Tod und die Schöne* (Baldung Grien, Urs
Graf, Albrecht Dürer etc.) aus dem 16. Jahrhundert. Wie wir zeigten, liegen die Ursachen für die Zunahme dieser universellen
Angst vermutlich in der Eskalation der Rituale, der Bußhandlungen, der Meß- und Sühneopfer und frommen Gaben – in der Eskalation des Preises also, den die Kirche nach und nach forderte,
damit der Gläubige – ohne je wirkliche Gewißheit zu erlangen –
Rettung vor der ewigen Verdammnis erhoffen könne, die mit immer grausameren Bildern beschrieben wurde. Vielleicht war diese
Eskalation unvermeidlich. Die rituellen Zwangshandlungen, die
die menschliche Psyche entwickelt, um sich gegen Angst und
Schuldgefühle zu wehren, werden nämlich ihrer eigenen Natur
nach allein in den individuellen Neurosen zu tendenziell immer
größeren Tyrannen; in den Kollektivneurosen kommt dann noch
so etwas wie religiöse Konkurrenz unter den Gläubigen hinzu. Im
Kapitel *Die philosophische Abwehr* hat sich bereits gezeigt, daß
die westliche Kultur auf diese Situation mit einer teilweisen Preisgabe des rein aufs Jenseits gerichteten religiösen Weltverständ-
nisses sowie mit der Wiederentdeckung der Schönheit und der
Freuden des irdischen Lebens reagierte. Die große kulturelle Bewegung des Humanismus und der Renaissance gründet nicht
zuletzt in dieser Revolte des menschlichen Lebenswillens gegen
die immer unerträglicher werdende Angst, welche die religiöse
Abwehr der existentiellen Angst paradoxerweise erzeugte. In

diesem Prozeß der Auflehnung gegen das kirchliche Denk- und Gewissensmonopol gelang es dem Menschen der Renaissance jedoch, die religiöse Abwehr gewissermaßen weiter zu bewahren. Bisweilen geschah das – wie bei Galilei – in Form einer Koexistenz von Madonnenkult und empirisch-astronomischer Forschung bzw., in größerem Maßstab, in der Tradition von Averroes als Nebeneinander einer »doppelten Wahrheit«, der des Glaubens und der Wahrheit der Wissenschaft. In anderen Fällen haben sich, wie etwa bei Giordano Bruno, Gottesliebe und Liebe zur Natur, göttliche und natürliche Vorsehung schließlich in einem pantheistischen Glauben vereint. Bei Descartes stellt sich das wiederum anders dar: Die wissenschaftlichen Entdeckungen dienen hier dem Beweis, daß der Geist nicht auf die Materie zurückführbar sei und daß zwischen beiden ein prinzipieller Gegensatz bestehe.

Aber die Krise, die mit der Aufklärung begann und sich dann mit dem wissenschaftlich-philosophischen Denken der Gegenwart verschärfte, kann mit Kompromissen und »doppelten Wahrheiten« nicht gelöst werden, selbst wenn einige es noch immer versuchen. Sie untergrub nämlich die Wurzeln des überlieferten Denkens selbst und konfrontierte den Menschen wieder mit der existentiellen Angst, die er Jahrtausende hindurch mit Mythen und religiösen Riten gebannt hatte. Der wohlfeile Optimismus des Positivismus war ebensowenig imstande, eine Alternative zu den alten Gewißheiten zu bieten. Künstler und Denker wie Nietzsche, Wedekind, Strindberg und Novalis – den Heine einmal einen »Angstschrei in zwanzig Bänden« genannt hat – mußten darauf notgedrungen mit Sarkasmus und schärfster Zurückweisung reagieren.

Die künstlerischen Avantgarden des zwanzigsten Jahrhunderts entstammen diesem kulturellen Boden: Expressionismus wie Kubismus, Futurismus und Konstruktivismus, Dadaismus, abstrakte Kunst, Surrealismus und selbst Schönbergs revolutionäre Zwölftonmusik. Ihren Biographen gegenüber haben die Vertreter dieser Richtungen häufig ihre Verbindung zu den revolutionären Bewegungen der Rechten oder Linken betont. Uns interessiert vor allem der Nachweis, daß diese ihre Verbindung mit politischen Revolutionen in Wirklichkeit eine ideologische Brüderschaft war,

die in einer gemeinsamen Abkunft, in einer gemeinsamen psychischen Vaterschaft gründet: eben der verstärkten existentiellen Todesangst, die eng mit dem Zusammenbruch der religiösen Abwehr
verknüpft ist.

Bei vielen Künstlern hatte die restaurative Gegenbewegung
nach den Revolutionen von 1848 die Hoffnung auf ein revolutionäres Tausendjähriges Reich nicht zerstört, sondern sie mit einer
noch heftigeren, rachsüchtig-destruktiven Wut aufgeladen: Es
gebe – so Rimbaud in den Jahren nach dem Zusammenbruch der
Pariser Commune – notwendige Zerstörungen.[4] Dieser verzweifelte Protest gegen eine Gesellschaft, welche die Schuld trägt, sich
der revolutionären Wiedergeburt zu widersetzen, entlädt sich bei
van Gogh in aller Schärfe; so gesehen kann man ihn als Vorläufer
des Expressionismus einstufen. Doch mit dem Vordringen der
konservativen Gegenbewegung kommt auch unversehens wieder
eine existentielle Angst auf, die immer deutlicher sichtbar wird.
Das ist bezeichnend, weil sich hier erneut zeigt, wie stark der revolutionäre Mythos als moderner Abkömmling des religiösen an der
Abwehr von existentieller Angst beteiligt ist.

Bei James Ensor, einem anderen Vater des Expressionismus, hat
dieser Prozeß in den verschiedenen Phasen seines Werkes sichtbare
Gestalt angenommen. Zunächst malte Ensor zehn Jahre lang die
klassischen Sujets der revolutionären, sozialistischen Kunst: Fi-
scher, Wäscherinnen, Bergarbeiter aus der Gegend von Ostende.
Um 1890 herum geht er jedoch zu einer Form von Anarchismus und
individuellem Nihilismus über, hinter der man mühelos eine alles
überflutende existentielle Angst erkennen kann. Seine Bilder
werden zu grotesken Phantasiegemälden voller Skelette und To-
tenköpfe, zu makabren Karnevalszenen mit tanzenden und töten-
den Masken. Ein neuer Totentanz also, der wiederkehrt, um den
leeren Schauplatz in Besitz zu nehmen, den der Zusammenbruch
des revolutionären Traumes hinterlassen hatte. Bei Ensor kann
die Angst auch über sich selbst lachen, als Groteske. Bei Edvard
Munch hingegen beherrscht sie unwidersprochen die Leinwand.
Mit dem Bild *Nacht* (1890) beginnt eine Folge von Gemälden, die
Angst und Schrecken verbreiten; Angst vor dem Tod, den er
durch Krankheit und Agonie seiner Angehörigen aus nächster
Nähe kannte, aber auch das Grauen vor der Natur. Dieses
Grauen ist oft das Kind jener Angst und drückt sich vollendet aus

im vielleicht berühmtesten seiner Bilder, dem *Schrei* (1893): »Ich höre den Schrei der Natur«, wird der Künstler jenes verzweifelte Werk kommentieren.

Sicher gab es das Lebensgefühl von Munch und Ensor nicht nur vereinzelt oder auf die Malerei beschränkt. Wir finden es auch bei vielen anderen Dichtern und Schriftstellern dieser Zeit. Viel stärker als in den nekrophilen Orgien der Dekadenz, die meist darauf abzielten, den Bürger zu erschrecken – *épater le bourgeois* –, bricht die existentielle Angst bei Autoren wie Émile Verhaeren durch, etwa in seinem Gedicht *Die Geißel*:

> »Und der Tod setzt sich zum Trinken, die Füße nahe am
>   Feuer...
> Ohne sich zu erheben
> ließ er Gott seiner Wege gehen...
> Dann wanderte er lange umher
> Im Lande der Armen...
> Und die Menge folgte, wer weiß wohin
> Dem großen, schönen, trunkenen Skelett
> Das über ihr Erschrecken lachte
> Und ohne alle Furcht und Grauen sah,
> Wie in der Öffnung seines Kleides sich
> Ein weißes Knäul von Würmern wandt,
> Die ihm das Herz aussaugten.«[5]

Auch die afrikanische Kunst, die zu Beginn des Jahrhunderts »entdeckt« wurde, schien den Expressionisten mit ihren finsteren, unheimlichen Masken von durchlebter Todesangst und einem tiefen Grauen vor der Natur zu zeugen.[6] Die prägnantesten Formulierungen der »Poetik« des Expressionismus findet sich in einem Aufsatz von Herman Bahr aus dem Jahre 1916: »Niemals war eine Zeit von solchem Entsetzen geschüttelt, von solchem Todesgrauen. (...) der Mensch schreit nach seiner Seele, die ganze Zeit wird ein einziger Notschrei: Auch die Kunst schreit mit, in die tiefe Finsternis hinein, sie schreit um Hilfe, sie schreit nach dem Geist: das ist der Expressionismus.«[7]

In Frankreich sind einige Expressionisten wie Vlamink dem Weg Ensors vom revolutionären Sozialismus zum Nihilismus gefolgt. Andere wie z. B. Rouault haben mit der existentiellen Angst begonnen, um schließlich bei einer Bekehrung zum christlichen Mystizismus zu landen. Nicht von ungefähr hieß der Freund und

Meister Rouaults Léon Bloy. Dieser vom Laster à la Barbey d'Au-
revilly oder à la Mauriac faszinierte Katholik sprach über die
menschliche Existenz als grausigen Übergang vom Uterus zum
Grab, den man sich gewöhnt habe, Leben zu nennen. Dieses Leben sei voll Elend, Trauer, Lügen, Enttäuschungen, Leid und Verwesung.[8] In Deutschland, wo er vor allem blühte, verstärkte der
Expressionismus seinen beängstigenden Charakter in besonderem
Maße. Emil Nolde, einer seiner Gründerväter, malte seine Land-
schaften mit farbigen Flecken, wenn er, wie er sagte, »den Angstschrei und den Schmerz der Tiere« verdichtet zum Ausdruck bringen wollte. Mit dem Ausbruch einer schweren Krankheit geht er
später zu Bildern mit religiöser Thematik über. Die Entwicklung
einer anderen Malergruppe im Umkreis des *Blauen Reiters* tendiert ebenfalls zum Mystischen. Bei Franz Marc und Wassily Kandinsky jedoch wird Noldes Schrecken vor der »Stiefmutter Natur«
in eine entschiedene ästhetische Absage an die Natur transfor-
miert, die den Weg zur abstrakten Kunst bahnt. So meinte Marc,
daß sich ihm Bäume, Blumen, Erde, gar alles in immer häßliche-
ren Zügen gezeigt habe. So widerlich, bis er sich der Häßlichkeit
der Natur und ihrer korrupten Hinfälligkeit schließlich voll bewußt geworden sei.[9] Aussagen wie diese erhellen deutlich, daß der
bewußt gewordene Weltschmerz die Grundlage der abstrakten
Kunst und ihrer Flucht in die Reinheit und Heiterkeit der abstrakten Form darstellt. Sehr aufschlußreich ist in diesem Zusammenhang auch eine Passage von Kandinskij, dem Begründer der abstrakten Kunst: Nach einer langen Zeit des Materialismus gerade
erst erwacht, trage die Seele Keime der Verzweiflung, die aus dem
Mangel an Glauben, aus dem Mangel an Sinn und Zweck rührten.
Der Alptraum der materiellen Konzeptionen, die aus dem Leben
des Universums ein langweiliges Spiel ohne Ziel machten, sei noch
nicht vorüber. Auf ihrem Weg zum Erwachen spüre die Seele den
Nachhall jenes Alptraums noch stark.[10]

Aus einem Urteil von Paul Klee über Alfred Kubin ergeben sich
auch Aufschlüsse über wesentliche Antriebe für sein eigenes
Werk. Klee behauptete, daß Kubin diese Welt floh, weil sie ihm
physisch unerträglich wurde. Doch auf halbem Wege habe er halt-
gemacht. Er habe Sehnsucht nach dem Kristall gespürt, aber es sei
ihm nicht gelungen, sich aus dem schleimigen Sumpf der realen
Welt zu befreien.[11] Auch Mondrians abstrakte Kunst, die mit ihrer

kühlen Wissenschaftlichkeit von der offen religiösen eines Kandinsky scheinbar abweicht, verweist auf eine heilsgeschichtliche Matrix. Sie prophezeit nämlich, daß der Mensch in der Stadt der Zukunft – gebaut nach neoplastischen Entwürfen, wie sie Mondrian selbst sich erträumt – »in jenem Eden glücklich sein wird, das er selber erschaffen hat«.

Mit dem traumatischen Ausgang des Ersten Weltkriegs und der schweren Wirtschaftskrise, die der militärischen Niederlage folgte, beginnen viele deutsche Künstler erneut, von der Revolution zu träumen und entwickeln eine große destruktive Wut gegen die alte Welt der Bürger, Militärs und Politiker. Auf die existentielle Angst folgt also eine neue Welle des Hasses und des gesellschaftlichen Engagements. Es ist dies, nebenbei bemerkt, ein pendelartiger Prozeß, der sich in der Geschichte ständig wiederholt und sich vielleicht auch heute wieder abspielt. Somit ergibt sich der Eindruck, daß der Mensch bisher auf die existentielle Angst stets und immer nur mit zwei Verarbeitungsformen reagierte. Die eine ist depressiv; sie beschuldigt und bestraft ihn selbst und sieht im sündigen Menschen die Wurzel allen Übels, von Leid und Tod. Die andere ist paranoid, missionarisch und aggressiv; sie projiziert das Böse nach außen und entwickelt den Traum vom religiösen oder politischen Tausendjährigen Reich. Während daher im Bereich der Literatur Künstler wie Bertolt Brecht und Ernst Toller – Tollers Drama *Der Massenmensch* ist »dem Proletariat« gewidmet – oder aber Alfred Döblin und andere Vertreter der Sozialreportage die neue, »engagierte« Richtung des Expressionismus repräsentieren, beginnt im Bereich der Malerei Barlach erneut, die Ausgebeuteten und Unterdrückten zu malen. Käte Kollwitz porträtiert Arbeiter vor dem entstellten Leichnam Karl Liebknechts, und voller Haß malen Otto Dix und George Grosz die Exponenten des »Systems«. Heute, im Rückblick, zeigt sich bei vielen dieser Künstler ein niederschmetternder Opportunismus. So erscheint z. B. der »unbeugsame« Antimilitarismus eines Brecht gelinde gesagt grotesk, verglichen mit seiner servilen und gut bezahlten Fügsamkeit gegenüber dem militaristischen, freiheitsberaubenden Regime des kommunistischen Deutschland. Das Gebrüll von Grosz gegen die Sozialdemokraten erscheint nachträglich als das eines Zirkuslöwen, wenn man das ruhige, wohlhabende Leben des Künstlers in der Hochburg des Yankeekapitalismus betrachtet.

Aber es geht hier um ein ganz anderes Problem: Im Expressionismus können wir – wie übrigens bei vielen anderen Avantgarden unseres Jahrhunderts – im wesentlichen die Auswirkungen der heutigen, tiefen existentiellen Verzweiflung in ihrer doppelten Verarbeitungsweise erkennen: der individualistisch-mystisch-religiösen und der politisch-revolutionären.

Trotz seiner häufig nur exzentrisch-provokativen Äußerungen ist auch der Dadaismus aus einem bilderstürmerischen Impuls entstanden. In den Erinnerungen seines Begründers Tristan Tzara wird gesagt, daß Dada aus einem moralischen Bedürfnis, aus dem unversöhnlichen Willen, ein Absolutes zu erlangen, aus dem Gefühl, daß der Mensch seinen Vorrang vor der toten Dingwelt behaupten muß, entstanden ist. Und zwar ohne Rücksicht auf Geschichte, Logik, allgemeine Moral, Religion, Vaterland und Familie.[12]

Das *Dadaistische Manifest* von 1918 sieht auf der einen Seite eine taumelnde Welt, die entflieht, auf der anderen die neuen Menschen, rauh, die aufs Roß der Seufzer springen. Es gibt keinen Anfang und kein Zittern, keine Sentimentalität. Wie der rasende Wind will man die weißen Unterhosen der Wolken und Gebete zerreißen und das große Schauspiel der Zerstörung vorbereiten: Feuersbrunst und Verwesung. Den Schmerz will man unterdrücken, die Tränen ersetzen mit den von Kontinent zu Kontinent gespannten Sirenen. Jeder Mensch muß schreien. Ein großes, zerstörerisches, negatives Werk ist zu vollbringen. Abscheu, Negation der Familie, all das ist Dada. Der geballte Protest des ganzen Wesens, bereit zur destruktiven Aktion, ist Dada, wie auch die Abschaffung jeder Hierarchie und jeder sozialen Ungleichheit Dada ist.[13]

Es ist offensichtlich, daß wir hier eine Absage an alle alten Werte vor uns haben, eine Absage, die ein Tausendjähriges Reich neuer Werte eröffnen soll, die übrigens nebelhaft und unbestimmt sind, wie es in revolutionären, künstlerischen wie politischen Programmen häufiger der Fall ist.

Im Surrealismus, der in seiner »Kapriziosität« allem Engagement scheinbar so fernsteht, äußert sich der Chiliasmus von Anfang an in geradezu unkritischen politisch-ideologischen Formen. Bereits im Jahre 1925, ein Jahr nach der Veröffentlichung des ersten *Manifest des Surrealismus* von Breton, wird aber die Anpassung an den Sowjetkommunismus total. 1926 treten verschiedene Wortführer der Bewegung der kommunistischen Partei bei (Aragon, Breton, Eluard, Peret); im Jahre 1930 ändert *Révolution Surréaliste*, die Zeitschrift der Surrealisten, ihr Impressum in *Au service de la Révolution* und würdigt auf der ersten Seite die von Stalin kontrollierte Dritte Internationale.

Die Entwicklung hin zum Kubismus scheint sowohl die geballte Destruktivität des »engagierten« Expressionismus als auch die intellektuell-rekonstruktive Anstrengung der abstrakten Kunst in sich zu vereinen. Aber vielleicht muß auch hier die psychische Matrix dieser Stilrichtung in einem Bedürfnis nach Reinheit, Klarheit und formaler Glätte gesucht werden; also in einem Streben nach einer klar geordneten, heilen Welt, die gegen die chaotische wirkliche Welt gestellt wird. Gleichviel ob dieser Wirklichkeit gegenüber der zerstörerische Impuls vorherrschte oder aber das Bedürfnis nach einer neuen formalen Ordnung – stets befand man sich vor einem existentiellen Problem und einer Intention zum Utopischen hin. Selbstverständlich waren sich normalerweise weder Künstler noch Kritiker darüber im klaren, und zwar nicht zuletzt deshalb, weil sich diese Intention häufig in eine politische Programmatik umsetzte, die von ihnen selbst als nicht- oder nachgerade antireligiös verstanden wurde.

Im Futurismus ist der heilsgeschichtliche Impetus buchstäblich mit Händen zu greifen, da die von ihm ausgehende aggressive, rhetorische Leidenschaft auf jeder Seite und in jeder öffentlichen Veranstaltung der Futuristen präsent war. Abgesehen von gewissen dümmlichen Spektakeln, liegt die wahre Bedeutung dieser Bewegung je nachdem in einer linksradikalen oder individuell-faschistischen Richtung ihres heilsgeschichtlichen Impulses. Dieser selbst blieb grundsätzlich unverändert. Das politische Programm der Futuristen aus dem Jahre 1913 scheint gleichermaßen auf maximalistischen wie bolschewistischen Programmen zu fußen, da es Enteignung aller unbebauten oder schlecht bewirtschafteten Landgüter, gesetzlichen Achtstundentag, gleichen Lohn für Männer und Frauen, erleichtertes Scheidungsrecht, Abschaffung der Ehe als Beginn einer Ära der freien Liebe und der staatlichen Kindererziehung etc. fordert. Ihr Antiklerikalismus wollte außerdem Italien von den Kirchen, Priestern, Ordensbrüdern, Nonnen, Madonnen, von Kerzen und Kirchtürmen befreien.[14]

Zum Extremismus marxistischer Provenienz hat sich bezeichnenderweise der nationalistische Fanatismus in Erwartung einer Kriegsapokalypse gesellt (»Wir wollen den Krieg rühmen, die einzige Hygiene der Welt, den Militarismus, den Patriotismus«).[15] All das wurde empört als blinder Opportunismus aufgefaßt, und in gewissem Sinne traf das auch zu. Aber die innere Dynamik dieser Entwicklung war wiederum durch ein heilsgeschichtliches Bedürfnis bestimmt. Im Futurismus wird, wie in kaum einer anderen kulturellen Bewegung, der gemeinsame psychische Nenner des rechten und linken Fanatismus sichtbar. Und in Umberto Boccioni, dem großen Künstler und genialen Wortführer des Futurismus und anderer Avantgarden, findet die existentielle Wurzel jenes gemeinsamen Nenners gleichsam ihren sinnbildlichen Ausdruck. Als am Vorabend des Ersten Weltkrieges seine sozialistischen Ideale in eine Krise gerieten, brach bei Boccioni die existentielle Angst aus. Er verarbeitete sie jedoch in einer Art stoischer Schicksalsergebenheit: »Geboren werden, wachsen und sterben – diese Schicksalhaftigkeit bestimmt unseren Weg. Dem Letzthinnigen ausweichen bedeutet, sich der Entwicklung, dem Tod widersetzen. Alles ist auf dem Weg zur Katastrophe.«[16] Und wer die wunderbaren Gemälde Boccionis betrachtet, in denen sich die ganze Wirklichkeit in einem bedrohlichen Strudel verschlingt, kann ihren tiefen Gehalt vielleicht mit Hilfe folgender Worte des Malers besser erfassen:

»Die Malerei der Gemütszustände verlangt, daß die Konfiguration der Farben und Formen sich im Künstler in ihrer spezifischen dramatischen Schicksalhaftigkeit entwickelt [...] In der Bewegung der Materie sind Elemente einer Leidenschaftlichkeit, welche die Konturen eines plastischen Dramas zu seiner Katastrophe bringt.«[17]

Der Künstler muß, kurz gesagt, die angstvolle Erwartung der Apokalypse mit einem Akt des Willens herausfordern; mit einem optimistischen Glauben, der gegen alle Logik gesetzt wird; mit einem *credo quia absurdum*, bei dem sogar Gott fehlt. In einer Formulierung von Palazzeschi: »Man soll nicht im Dunkel des Leids stehenbleiben, sondern das Leid mit Elan durchqueren, um in das Licht des Gelächters einzutreten.«[18]

Zum Schluß sollen mit Raggieismus, Suprematismus und Konstruktivismus einige Richtungen der Avantgarde erwähnt werden, die zumindest anfänglich die Oktoberrevolution und die leninistische Diktatur unterstützten. Innerhalb weniger Jahre ist auch zwischen diesen Gruppen eine heftige Polemik ausgebrochen. Denn während die Konstruktivisten und der *LEF* (eine Gruppierung, der Kubisten, Futuristen und Regisseure wie Eisenstein und Meijerhold angehörten) ihren revolutionären Eifer verdoppelten, haben andere wie die Raggieisten und Suprematisten rechtzeitig die dogmatische Erstarrung des Sowjetsystems gespürt. Aber auch hier soll nur am Zeugnis ihres Begründers auf die existentielle Grundlage des Suprematismus verwiesen werden. Malewitsch schreibt, daß er sich, sobald er das Reich des Willens und der künstlerischen Darstellung verlassen mußte, in dem er gelebt und an dessen Wirklichkeit er geglaubt habe, von einem Ekel erfaßt sah, der das Ausmaß panischer Angst annahm.[19] Bezeichnend ist auch seine Berufung auf Arthur Schopenhauer, den Stammvater des existentiellen Pessimismus, wie überhaupt die Beschreibung der suprematistischen Kunst als einer Bejahung der reinen, schöpferischen Sensibilität, die endlich vom Vulgären, Chaotischen und Tragischen der Wirklichkeit befreit sei.

An dieser Stelle scheint es angebracht, mit einer Passage aus der ausgezeichneten Darstellung der künstlerischen Avantgarden von Mario de Micheli das Kapitel zu beschließen:

»Wenn es wahr ist, daß die moderne Kunst mit dem Impressionismus entsteht [...], so ist es auch wahr, daß die modernen Bewegungen am Anfang dieses Jahrhunderts – trotz Übernahme der wertvollen Bestandteile des Impressionismus in bezug auf die Befreiung der Farben – auf seine momenthafte, nur oberflächliche Wahrheit reagierten. Und sie reagierten aus dem Bedürfnis heraus, eine Wahrheit zu finden, die sie, ganz gleich wie, vom Schutt all jener Ideale befreien sollte, die sich als zerbrechlich und falsch erwiesen hatten. Die vom Expressionismus ausgehenden Bewegungen versuchen diese tiefere Wahrheit durch die Entfesselung des Gefühls zu erreichen – die vom Kubismus ausgehenden mittels einer intellektuellen Durchdringung. Auch wenn dabei sowohl Suchrichtung wie Ergebnisse verschieden sind, so gibt es doch ein gemeinsames Grundbedürfnis.«[20]

Worte höchster Autorität. Es ist bedauerlich, daß de Micheli, wie Legionen anderer Kritiker vor und nach ihm, in jenem »Zusammenbruch aller Ideale« zu Beginn dieses Jahrhunderts nur ein politisches Problem, nicht aber ein existentielles sehen wollte. Aber das war auch kaum anders möglich, weil de Micheli seinerseits in der marxistischen Optik befangen war. Er brauchte sie, um *seine* existentielle Angst zu beschwichtigen, indem er die »zerbrochenen Ideale« der Tradition und Religion mit dem neuen Millennium der kommunistischen Revolution ersetzte.

9 Die Verbannung des Todes aus dem Alltag

> Man weint nur privat, so wie
> man sich nur privat auszieht
> oder ausruht, als handle es sich
> um Masturbation.
> *Geoffrey Gorer*

Die Tatsache, daß der Tod nicht nur als Problem, sondern auch als »Faktum« immer stärker aus dem Leben der fortgeschrittenen Gesellschaften verdrängt wird, zeigt den Ernst der gegenwärtigen Krise. Das vielsagende Schweigen der Soziologie über die heutigen Begräbnissitten und insbesondere die völlige Verdrängung des Sterbenden aus der Gesellschaft ist von dem englischen Soziologen Geoffrey Gorer gebrochen worden, der in einer Studie mit dem Titel *The Pornography of Death* (*Die Pornographie des Todes*)[1] (1955) dieses unmenschliche Verhalten gegenüber dem Sterbenden und den Hinterbliebenen in unserer »fortgeschrittenen« Gesellschaft kritisch untersucht. Während in den traditionsgebundenen Gesellschaften Trauer und Tod durch die Begräbnisrituale in einen gesellschaftlichen Kontext eingebunden waren, der den Sterbenden wie seine Angehörigen die Solidarität der Gruppe spüren ließ, hat die moderne Gesellschaft »den Menschen seines Todes« und die Angehörigen ihres Schmerzes beraubt. Sie hat den Tod in den keimfreien, unpersönlichen Bereich des Krankenhauses verbannt und reagiert auf die Verzweiflung der Angehörigen mit einem Klima der schweigenden Mißbilligung. Die Mauer des Schweigens und der Lüge, die früher auf die Sexualität beschränkt war, droht nach Gorer inzwischen den Tod zu umgeben; daher auch der Titel *Die Pornographie des Todes*. Der französische Sozialhistoriker Philippe Ariès hat Gorers Thesen in einer Arbeit aus dem Jahre 1978 aufgegriffen und bekräftigt:

> »Heute werden die Kinder im zartesten Alter in die Physiologie der Liebe und der Geburt eingeweiht; wenn sie jedoch ihren Großvater nicht mehr sehen und fragen warum, (...) gibt man ihnen die Antwort, daß er (...) sich in einem schönen Garten ausruht, wo

das Geißblatt wächst. Die Kinder werden nicht mehr in einem Kohlkopf geboren, aber die Toten verschwinden jetzt unter Blumen.«[2]

Und an anderer Stelle sagt er:

»Die Angehörigen der Toten sind mithin gezwungen, Gleichgültigkeit vorzutäuschen. (...) Früher (wären sie dafür) ausgeschlossen worden (...). Wer sich (heute) diese Erfahrung ersparen will, muß folglich in der Öffentlichkeit eine Maske tragen, die er nur in der sichersten Intimität lüften darf.«[3]

Ariès zitiert anschließend die schneidenden Worte Gorers: »Man weint nur privat, so wie man sich nur privat auszieht oder ausruht, als handle es sich um Masturbation.« Gorer und Ariès brandmarken vor allem das Verhalten gegenüber dem Sterbenden als besonders grausam. Der Sterbende, der inzwischen fast immer ins Krankenhaus verbannt ist, wird dort so lange wie möglich über seinen Zustand im dunkeln gelassen, da man befürchtet, daß er nicht fähig sei, sich taktvoll und stoisch zu verhalten, einen »acceptable style of dying« zu zeigen. Dieser Begriff erscheint bei Glaser und Strauss, die eine ausgezeichnete Untersuchung über das Verhalten von Ärzten und Helfern gegenüber den Sterbenden und ihren Angehörigen in sechs amerikanischen Krankenhäusern durchgeführt haben (und die wohl für jedes moderne Krankenhaus gültig ist). Dieser Stil soll vor allem »allzu heftige und laute Verzweiflungsausbrüche vermeiden, welche die Ruhe des Krankenhauses stören könnten«; seitens des Kranken verlangt er aber auch »Einsicht« und unbeschränkte »Mitarbeit« bei den häufig qualvoll-endlosen Ritualen einer Therapie, »von denen jeder weiß, daß sie nutzlos sind«.[4]

All das ist zweifellos ebenso schrecklich wie wahr. Das moralisierende Verdammungsurteil jedoch, mit dem Gorer, Ariès und andere dieses Verhalten brandmarken, kann nicht akzeptiert werden. Sie scheinen nicht zu sehen, daß die *laudatio temporis acti*, die Verherrlichung der Vergangenheit, keine Lösung des Problems darstellt. Wenn Ariès z. B. den Nostalgien von Gorer beipflichtet und schreibt, daß »für Jahrtausende [...] der Mensch souveräner Herr seines Todes und der Umstände seines Todes gewesen« sei, begibt er sich ins Reich der Träume.[5] In Wirklichkeit mußten die Menschen nach einem präzisen, von der kirchlichen Autorität diktierten Ablauf sterben, damit die religiöse Abwehr gegen die Todesangst wirksam sein konnte. Vor allem durften sie erst sterben, nachdem sie gebeichtet und die Sakramente empfangen hatten, denn andernfalls erwartete sie die ewige Verdammnis. Von daher die Furcht vor einem plötzlichen Tode, der keine Zeit mehr zur Erfüllung dieser unverzichtbaren Rituale läßt; von daher auch die wachsende Angst vor der Verdammnis und die Vervielfältigung der Versöhnungsrituale zur Sicherung einer zumindest größeren Wahrscheinlichkeit des ewigen Heils. Diese Angst nahm zu, als mit der Predigt der Bettelorden in der katholischen Welt und mit der protestantischen Gnadentheorie die Ungewißheit über das eigene Schicksal immer größer wurde. Der Mensch war folglich alles andere als »souveräner Herr seines Todes«! Über lange Zeiträume hinweg konnte er seine Todesangst nur beschwichtigen, indem er sich in jedem Moment seines Lebens und insbesondere im Augenblick des Todes den immer tyrannischer werdenden Vorschriften der religiösen Autoritäten uneingeschränkt unterwarf. Und selbst dieser »gelenkte« Tod wurde immer qualvoller, weil die Angst vor der Verdammnis wie auch die Strenge der Vorschriften immer größer wurden.

Die Einstellung des Soziologen Jean-Didier Urbain ist noch absurder. In einem neueren Artikel kritisiert auch er sehr beeindrukkend die heutige Lage des Sterbenden:

»Der Sterbende unterliegt im Krankenhaus einer dreifachen Isolierung: *räumlich* (beiseite geschoben oder hinter einem Wandschirm), *zeitlich* (man läßt sich mehr Zeit, bis man seinen Wünschen nachkommt) und *beziehungsmäßig* (die Person, die ihn betreut, steht in der Krankenhaushierarchie immer tiefer). [...] Wichtig ist lediglich nach wie vor, daß das Sterben verheimlicht wird.«[6]

Aber für Urbain, der auch aus dem Hühnerhof der marxistischen Soziologen stammt, ist diese Anklage nur ein Vorwand für seine musterhafte antikapitalistische Schmährede: »Was ist nur in der westlichen Welt geschehen, daß das Sterben zu einem derart schrecklichen Ereignis wurde?« Die Antwort, geformt in den bewährten marxistischen Gießereien, liegt somit auf der Hand: »Der neue Mensch, wie er aus der Merkantil- und Industriegesellschaft hervorgegangen ist, ist eine Hülle ohne Kern [...]. Am Anfang dieser Veränderung steht der Individuationsprozeß [...], seinerseits ein Ergebnis der werdenden frühbürgerlichen Klasse.«[7] Und nach der zu erwartenden Philippika gegen die Macht kommt er zu folgendem Ende: »Wenn heute im Westen der Leichnam, der Sterbende und der alte Mensch zum Abfall gehören [...], so deshalb, weil sie nur als Maschinen außer Dienst betrachtet werden.«[8]

Es wäre ein leichtes, doch schlicht langweilig, Urbain und seine marxistischen Kollegen daran zu erinnern, daß – von den einbalsamierten Pharaonen-Häuptern einmal abgesehen – in den Ländern des sogenannten Realen Sozialismus Sterbenden und Leichnamen niemals eine besonders große Aufmerksamkeit geschenkt wurde, obwohl hier doch Merkantilismus und Kapitalismus seit geraumer Zeit ausgerottet sind. Das ist aber nicht der Mühe wert. Im Verlauf der Untersuchung ist deutlich geworden, daß diese rituellen Schmähungen der Marxisten nichts anderes sind als ihr politischer Exorzismus des Todes. Sieht man also in den gegenwärtigen Formen des Sterbens nur ein Produkt »unserer grausamen Zeit« oder der »kapitalistischen Entfremdung«, so bleibt man an der Oberfläche und ist außerdem ungerecht, denn man zeigt damit ein völliges Unverständnis gegenüber dem inneren Drama des heutigen Menschen. Die Todes- und Trauerrituale der Vergangenheit hatten einen festumrissenen Sinn und eine ganz bestimmte Aufgabe. Sie sollten dem Sterbenden ein glückliches Weiterleben im Jenseits sichern und die Überlebenden von Schuldgefühlen, die der Tod hervorruft, und von der Sorge um das jenseitige Schicksal des verstorbenen Angehörigen befreien. All dies war aber nur im Rahmen festverwurzelter Glaubenswahrheiten möglich. Mit dem Zusammenbruch dieser Wahrheiten haben auch die überlieferten Rituale um Tod und Trauer jede Funktion verloren. Aus diesem Grunde, nicht wegen des bösen Willens einzelner, sind sie außer Gebrauch geraten. Sicher ist die Einsamkeit des Sterbenden und der Überlebenden eine schreckliche, schmerzhafte Realität. Sie muß kritisiert werden, um endlich jene aktive Solidarität gegenüber dem Sterbenden zu entwickeln, wie sie Elisabeth Kübler-Ross[9] und wenige andere pionierhaft zu leisten versuchten. Aber es ist völlig sinnlos, eine moralisierende Haltung einzunehmen bzw. das unmögliche Zurück zur Vergangenheit vorzuschlagen. Der moderne Mensch hat auf praktischer Ebene letztlich nur das nachvollzogen, was seine Intellektuellen auf der kulturellen vorgemacht haben: er hat den Tod aus seinem Leben verdrängt, ihn in fremde Orte und Hände verbannt und versucht, sowenig wie mög-

lich daran zu denken. Wird man sich jedoch tatsächlich der jahrtausendealten Krise bewußt, in der sich die Menschheit befindet,
so läßt man gegenüber dieser ihrer letzten Flucht nicht nur automatisch jede Entrüstung fallen, sondern entwickelt eher ein gewisses Mitleid, wie man es auch gegenüber ihren anderen geschichtlichen Fluchtversuchen empfindet. Denn insgesamt kann man
doch wohl sagen, daß die heutige Verdrängung des Todes an den
keimfreien, unmenschlichen Ort des Krankenhauses, so schrecklich sie auch ist, weniger Leiden in die Welt setzt als die Todesab-
wehr des alten Fanatismus.

Die Ursprünge dieser Flucht vor dem Tode gehen in Europa auf
das Ende des 18. Jahrhunderts zurück und hängen außer mit der
Verschärfung der religiösen Krise auch mit einem scheinbar peripheren Phänomen zusammen: dem explosionsartigen Bevölke-
rungswachstum, das in dieser Zeit einsetzte. Diese Zunahme
machte die Beerdigung der Toten in den Stadtzentren hinfort zum
Problem. Die Chroniken dieser Zeit sind voll von schrecklichen
Berichten über Pest- und Seuchenausbrüche in den Städten wegen
mit Infektions- und Verwesungsbestandteilen überfüllten Friedhöfen. Sicher handelt es sich dabei auch um Übertreibungen – übrigens enthüllen sie eine weitverbreitete Angst –, möglicherweise
waren aber die beklagten Erscheinungen doch auch eine Folge der
Tatsache, daß die Zahl der auf diesen Friedhöfen Beerdigten einfach zu groß war. So lösten die zunehmenden Verwesungen in
Massengräbern eine Panik unter der städtischen Bevölkerung aus.
Angesichts der Häufung makabrer Fälle – Totengräber, die wegen
Fäulnisgasen aus Gräbern sterben; Ohnmachtsanfälle unter Grab-
besuchern; Epidemien durch Infektionen an Leichen usw. – for-
mierte sich gegen Ende des 18. Jahrhunderts eine breite Bewegung
öffentlichen Protests, die zu einer Verlegung der Friedhöfe in die
Außenbezirke der Ortschaften führte. Natürlich war im Mittelalter der Kontakt mit den Gräbern nicht weniger direkt, als die Toten noch in den Kirchen bzw. in ihrer unmittelbaren Nähe beerdigt
wurden. Aber dieser Kontakt war nur sporadisch und war vor allem in feste Glaubensüberzeugungen eingebettet. Und wie wir sahen, haben diese Überzeugungen manchen primitiven Völkern sogar erlaubt, monatelang mit den verwesenden Leichnamen zusam-
menzuleben. Mit Beginn des letzten Jahrhunderts führten jedoch

Bevölkerungsexplosion und schnelle Verstädterung zu einer Häufung von Tod, Begräbnis und den entsprechenden Ansteckungsgefahren – ein Vorgang, der explizit in die Zeit der religiösen Krise fällt. Die Todesangst wird so durch die Angst vor Infektionen verstärkt, und hier liegt meiner Meinung nach der geschichtliche Ursprung jener Entwicklung hin zur physischen Ausgrenzung von Tod und Toten in die Krankenhäuser, die immer zahlreicheren Krematorien und in immer entfernter liegende, menschenleere Friedhöfe.

Aber die wohlfeilen moralisierenden Urteile, die von Vertretern religiöser Überlieferung, des Rationalismus oder der »Revolution« gefällt werden, müssen doch befremden. So kann z. B. Herman Feifels Beschreibung, wie der unmittelbar bevorstehende Tod häufig die tiefsten Gefühle des Sterbenden und seiner Angehörigen vergiftet, Mitgefühl wecken: »Oft habe ich bei dem Sterbenden ein vages Bewußtsein seines Neides auf die ihn Überlebenden angetroffen und bei seinen Pflegern den mehr oder weniger bewußten Wunsch, daß er sich doch mit dem Sterben beeilen solle.«[10] Während sich Rituale und Ratschläge zur Beschwörung des Todes bis zur unerbittlichen Grausamkeit steigern – »Durch die Palpation des Busens kann jede Frau rechtzeitig ihren Tumor entdekken«, so vor kurzem der Titel einer bekannten Zeitschrift für Frauen; »Kalkuliert euer Infarktrisiko«, empfahl eine römische Zeitung mit großer Auflage[11] –, wird mittlerweile, sind die unheilbare Krankheit oder der Tod einmal da, Schweigen und Flucht zur ungeschriebenen Norm. Aber wie so viele andere Fluchtreaktionen des erschrockenen menschlichen Affen, sollte auch dieser Reaktion mit Nachsehen und ohne moralische Verurteilung begegnet werden.

Gibt es einen Sieg über den Tod? oder: Der unbezähmbare Optimismus der Zelle

> Ich sehe die gesamte
> Menschheit in Raum und
> Zeit ... zum ungeheuren,
> neben jedem von uns
> galoppierenden Heere
> (werden); vor uns und hinter
> uns im hinreißenden Vorstoß,
> fähig, alle Hindernisse zu
> überreiten und die größten
> Widerstände zu überwinden –
> vielleicht selbst den Tod.
>
> *Henri Bergson*

Nachdem wir unsere Hypothese im Laufe der Untersuchung in verschiedenen Teilbereichen überprüft haben, wagen wir abschließend einige allgemeine Schlußfolgerungen.

1. Die plötzlich einsetzende und dann immer wieder auftauchende, verdrängte Ahnung des Todesschicksals, das ihn und alle, die ihm nahestehen, erwartet, hat im Urmenschen eine Panikreaktion ausgelöst, die hier als existentieller Schock bezeichnet wurde. Dieser Schock liegt sowohl der Entstehung wie vielen weiteren Entwicklungen der Kultur zugrunde.

2. Dieses existentielle Urtrauma hat zur völligen Verdrängung und zur unmittelbaren Negation des Todes geführt, und zwar in Form von Phantasien über ein Weiterleben nach dem Tode, die dann zu Überzeugungen geronnen sind. Die Zeugnisse dieser ältesten Phantasietätigkeit im Interesse eines Weiterlebens reichen in die mittlere Altsteinzeit zurück und gehören zu einer menschlichen Rasse – den Neandertalern –, die vor dem *homo sapiens sapiens* existierte und in bestimmter Hinsicht noch affenartig ist. Ihre Relikte stellen die erste Form menschlicher Kultur dar und gehen den nachfolgenden ältesten uns bekannten Bildzeugnissen um mehrere zehntausend Jahre voraus.

3. Aus der uranfänglichen Todesleugnung leitet sich eine Vielzahl immer komplexer werdender Mythen und Riten ab, die aber alle der Abwehr des Menschen gegen den existentiellen Schock und der damit verbundenen Todesangst dienen. Diese Mythen stellen den Kern, den allgemeinen Nenner aller Religionen dar; man kann daher sagen, daß Magie und Religion in der ganzen Welt entstanden sind und überliefert wurden, um die Todesangst abzuwehren und eine Art Milderung für sie zu schaffen.

4. Schon in ältester Zeit ist der Tod als Bestrafung des Menschen für eine Beleidigung der Gottheit gedeutet worden. Im biblischen Paradiesmythos wird diese Ursünde bezeichnenderweise als sexuelles Begehren und Wunsch nach Wissen dargestellt: von daher die grenzenlose Unterdrückung der Frau, der Sexualität und des unabhängigen Denkens über alle Zeiten hinweg. Die angenommene Urschuld wurde in Begriffen von Sühne wie in paranoider Form verarbeitet. Im Sühnebegriff liegt die Wurzel für die tragische Bereitschaft der Massen zu Masochismus, Konformismus und Herdenverhalten; der paranoiden Form entspricht die Projektion der Schuld bzw. des Bösen auf den Ungläubigen, mit ihrer unendlichen Kette von Blut und Haß. Beide Formen sind nur zwei Seiten derselben Medaille: des blinden Dranges, durch *Versöhnung* das Verzeihen oder – wie man bezeichnenderweise auch in bezug auf die zum Tode Verurteilten sagt – die »Gnade« der Gottheit zu erlangen und mit der Gnade die Unsterblichkeit.

5. So ist die Todesangst zu einem ebenso mächtigen wie leidbringenden Faktor der Moral geworden, und seitdem wird das menschliche Verhalten stärker von Angst vor Bestrafung als von Mitgefühl und Solidarität bestimmt. Immerhin wird dieser Befund durch die Tatsache gemildert, daß die moralischen Gebote vieler Religionen Solidarität und Nächstenliebe zumindest für die Angehörigen desselben Glaubens vorschreiben.

6. Aus der Reaktion auf die Todesangst leiten sich zahllose andere Einstellungen und Verhaltensweisen von Abwehr ab, und zwar auf den verschiedensten Gebieten: sexuelle Gewohnheiten und Bevölkerungsentwicklung, ökonomische und politische Prozesse, künstlerische und kulturelle Bewegungen. Be-

zeichnenderweise war die Negation bzw. Verdrängung der Todesangst eines der Hauptanliegen der modernen Psychologie und Psychiatrie.

7. Wir dürfen annehmen, daß seit der Heilslehre Zarathustras, im 6. Jahrhundert v. Chr., den Auserwählten des wahren Glaubens außer der Unsterblichkeit auch die Seligkeit in einem Paradies der Wonnen versprochen (und ausschließlich vorbehalten) wurde. Sämtliche Anhänger anderer Religionen wurden mithin zu Feinden, die als Agenten böser Mächte bekämpft und vernichtet werden mußten. Den Teilnehmern an diesen heiligen Kriegen wurde das Paradies zugesichert, den Feinden die Hölle. Wie aus Punkt 4 hervorgeht, hat sich daher eine paranoide Verarbeitungsweise der religiösen Abwehr entwikkelt; in Kulturen, die von fanatischen, heilsgeschichtlichen Religionen dominiert wurden, war sie Ursache zahlloser, nach innen wie nach außen gerichteter Greueltaten.

8. Seit dem Ausgang des Mittelalters gerät die religiöse Abwehr in Europa jedoch in eine Krise. Zunächst wegen der immer stärker ausufernden Angst vor der Verdammnis, welche die kirchlichen Lehren selbst entfesselt hatten; später durch die Unterhöhlung der religiösen Überzeugungen im Zuge der Entwicklung des wissenschaftlich-philosophischen Denkens. Seit dem Ende des 18. Jahrhunderts nimmt diese Krise katastrophale Ausmaße an. Vorläufer gab es bereits in verschiedenen anderen Kulturen, etwa im Griechenland des 5. und 4. Jahrhunderts vor Christus und im römischen Kaiserreich der ersten beiden nachchristlichen Jahrhunderte. Im christlichen Europa war die religiöse Abwehr während des Hochmittelalters im wesentlichen stabil und erhielt durch innere Spannungen zwischen dem 13. und 15. Jahrhundert ihren ersten Riß. Vom 16. bis zu den Anfängen des 18. Jahrhunderts wurden kleinere Krisen immer durch Koexistenzformen, »doppelte Wahrheit« und durch Kompromisse zwischen religiöser Orthodoxie und humanistisch-wissenschaftlichem Denken gemeistert.

9. Die Krise, die im 18. Jahrhundert begann und im 19. und 20. Jahrhundert zum Ausbruch kam, unterscheidet sich von allen früheren, da sie viel radikaler und nicht mehr umkehrbar ist. Es handelt sich hier um keinen Konflikt zwischen kulturellen Eliten, sondern um die allgemeine, insgeheime Zersetzung

der religiösen Überzeugungen in der Psyche der Völker – ein Prozeß von Laisierung, Verweltlichung, der alle Bereiche der Gesellschaft, ihres Wissens- und Informationsbestandes und des allgemeinen kulturellen Klimas durchdringt. Von Europa ausgehend, hat sich diese Krise über die ganze industrialisierte Welt verbreitet und erobert gegenwärtig auch die Dritte Welt.

10. Von diesem Erdrutsch der Glaubenswahrheiten bedroht, hat die abendländische Psyche und Kultur die religiösen Millennarismen durch zwei verweltlichte Formen zu ersetzen versucht: den naturalistischen und den historistischen Millennarismus. Damit ist der Versuch gemeint, die göttliche Vorsehung durch eine geschichtliche bzw. natürliche Vorsehung abzulösen. Das menschliche Heil wurde nicht länger als Rückkehr und Unterwerfung unter göttliche Gesetze aufgefaßt, sondern unter die Gesetze der Geschichte bzw. der Natur. Wie früher bei den göttlichen Geboten, war auch ihre »richtige« Auslegung Sache der neuen Propheten, die sich als religiös ungebundene Laien, als Materialisten, Rationalisten oder Atheisten verstanden und auch davon überzeugt waren. Von den beiden Millennarismen war der historistische der entschieden gefährlichere, da er zu den faschistischen und kommunistischen Totalitarismen sowie den totalitären Regimen der Dritten Welt führte.

11. Die philosophische Abwehr, die bei religiösen Krisen jahrhundertelang eine Kompensationsfunktion ausgeübt hat, ist in dieser letzten Phase bezeichnenderweise selbst in eine Krise geraten: Wie die *Encyclopaedia Britannica* feststellt, »hat es nach 1925 sehr wenige philosophische Auseinandersetzungen zum Thema des Todes gegeben«.[1] Selbst die bewußtesten Philosophen, die Existentialisten, konzentrieren sich vor allem auf die Angst vor dem »In-der-Welt-Sein«, statt auf die Angst vor dem »Nicht-mehr-Sein«. Obwohl ein hellsichtiger Autor wie Jacques Choron dieses Phänomen einem »Prozeß der Spezialisierung der Philosophie als autonomer Disziplin« zuschreibt,[2] so erscheint dieses plötzliche Schweigen der Philosophie über den Tod in Wirklichkeit eher als Zeugnis für den Ernst der Lage: Das menschliche Denken ist in eine Sackgasse geraten, und die gleichzeitige Explosion totalitärer Mythen von rechts und links stellt einen äußerst plumpen Versuch dar, aus dieser Sackgasse herauszukommen.

12. Die Tatsache, daß sich der totalitäre Millennarismus in Windeseile von Europa auf die anderen Kontinente ausdehnte – d. h. von den industriell fortgeschrittenen Ländern auf ökonomisch unterentwickelte, mit völlig verschiedenen geschichtlichen Traditionen –, scheint die vorrangige Bedeutung der psychischen Dynamik gegenüber allen anderen Formen von sozialer, ökonomischer, ideologischer oder institutioneller Dynamik zu beweisen. Sie belegt ferner auch die wachsende Ausbreitung der religiösen Krise.

13. Die Intellektuellen reagierten sehr intensiv auf die neuen Mythen; möglicherweise unvermeidlich, da diese Gruppe vom Zusammenbruch der religiösen Gewißheiten besonders schmerzlich getroffen wurde. Die auf ethischer und intellektueller Ebene unbegreifliche Kapitulation so vieler Intellektueller vor der monströsen Grausamkeit und Dummheit der zeitgenössischen Totalitarismen kann nur aus einer psychoexistentiellen Perspektive verstanden werden. In dieser Perspektive löst sich auch schnell das »dunkle Rätsel«, warum linksradikale bzw. reformistische Intellektuelle so massenhaft zu neuen Herren übergelaufen sind: auch wenn man es in einer neueren Umfrage von Le Monde offensichtlich nicht bemerken will, liegt die wichtigste Ursache dieser Fahnenflucht in der Tatsache, daß der heilsgeschichtliche Nimbus für die regierende wie die reformistische Linke nach und nach verschwunden ist.[3]

14. Da der Tod für Jugendliche weniger Bedeutung hat, sind sie in der Vergangenheit den totalitären Mythen besonders schnell verfallen bzw. ergeben sie sich heute der Droge. Mit anderen Worten: Wenn ihre politischen Paradiese zusammenbrechen, flüchten sich viele Jugendliche in chemische Paradiese, um sich dem Druck der beängstigenden Wirklichkeit zu entziehen.

15. Der politische Millennarismus kann sich jedoch auf Dauer nicht halten, da sein Trostpotential entschieden geringer, die Möglichkeit seiner Widerlegung zudem größer ist als beim religiösen Millennarismus, den er ersetzen wollte.

16. Viele enttäuschte revolutionäre Veteranen sind dabei, zu den religiösen Mythen zurückzukehren (hier liegt einer der wichtigsten Gründe für den enormen Erfolg der orientalischen Sekten und Gurus in den letzten Jahren), während andere ehema-

lige Ultras den ökologischen Radikalismus entdecken, wie das bei vielen deutschen, holländischen und italienischen Grünen der Fall ist. Diese Erscheinungen bestätigen zwar unsere These von der Austauschbarkeit der religiösen, politischen und naturalistischen Heilslehren, haben aber insgesamt wenig Aussicht auf Erfolg, da sich der Millennarismus selbst in einer globalen Krise befindet und all seine Verheißungen immer unglaubwürdiger werden.

17. Schließlich wurde mit dem Terrorismus eine Wiederbelebung des revolutionären Mythos versucht, und zwar um so gewaltsamer, je stärker die Angst vor einem allgemeinen Zusammenbruch der ideologischen Sicherheiten war. Aber auch diese Scheinlösung ist schon bankrott.

18. Besonders paradox – und bezeichnend – war die Verdrängung der Todesangst in Psychologie und Psychiatrie, ist doch die Erforschung von Angst und Verdrängung seit nunmehr einem Jahrhundert das erklärte Ziel dieser Wissenschaften. Diese Verdrängung führte häufig zu einer künstlichen Überbetonung der Bedeutung von Sexualität als Ursache für die Entstehung von Angst und Neurosen.

Alles in allem sind wir also eine Spezies, die mit alten Abwehrmechanismen auf die neuen Gefahren eines psychischen Zusammenbruches reagiert, die doch ihr eigener geistiger Entwicklungsprozeß hervorgebracht hat. Der Mensch verhält sich wie ein Maulwurf, der sich immer tiefer eingräbt, um sich zu retten, auch wenn ein Bagger – in unserem Falle die Kraft der ethisch-kognitiven Evolution – die Erdscholle hochhebt und umkippt, in der er sich einbuddelt. Offensichtlich sind wir uns noch immer nicht darüber im klaren, daß wir uns heute in der größten Krise befinden, seit es den Menschen als bewußtes Tier gibt – und zwar nicht nur aus den normalerweise genannten militärischen, ökonomischen, demographischen und ökologischen Gründen, sondern aus existentiellen, die an die Wurzel der menschlichen Psyche selbst gehen. Diese Krise bezeichnet die Agonie der menschlichen Kultur, wie sie sich seit ihren Ursprüngen in der Steinzeit herausgebildet hat: als ein Muster von zwanghaften, depressiven oder paranoiden Abwehrformen gegen die Todesangst. Diese Schutzmechanismen stehen jetzt vor ihrem Zusammenbruch. Es bleibt abzuwarten, ob der

Mensch auch ohne sie überleben kann – ob er zur Regression auf Bewußtseinsstufen gezwungen ist, in denen sie wie auch immer fortdauern, oder ob es ihm endlich gelingt, eine neue Kultur zu erarbeiten, die jenseits der alten Delirien endlich für eine authentische zwischenmenschliche Liebe, für die solidarische Verbundenheit der Menschen gegen ihr gemeinsames Schicksal offen ist.

Dieser Interpretationsansatz fasziniert mich, so schmerzvoll es auch war, ihn zu erarbeiten und zu akzeptieren. Denn er bietet die Möglichkeit, den ganzen Prozeß der menschlichen Evolution von den Ursprüngen in der Steinzeit bis zu den heutigen apokalyptischen Szenarien in einer in sich schlüssigen psychologisch-existentiellen Konzeption zu ordnen. Gleichzeitig erlaubt er, die psycho-existentiellen Motivationen zu begreifen, die in den verschiedenen religiösen, demographischen, politischen und philosophischen Ausformungen dieser Evolution wirksam sind. Zu dieser schwierigen und schmerzlichen Bewußtwerdung haben einige Denker des 19. und 20. Jahrhunderts gewichtige Beiträge geleistet, wie Schopenhauer, Leopardi und manche Existentialisten sowie einige wenige Psychologen, übrigens sicher nicht die berühmtesten. Meines Wissens ist diese Studie der erste Versuch, die gesamte Kulturgeschichte der menschlichen Gattung in psychologisch-existentiellen Begriffen darzustellen. Und es war für mich eine äußerst verblüffende Entdeckung, wie viele Rätsel des Menschen, wie viele scheinbare Widersprüche seiner Kultur und seiner Geschichte sich auflösen, wendet man dieses psycho-existentielle Untersuchungskriterium erst einmal an. Daß es zu diesem Interpretationsansatz mit so großer Verspätung kam, war sicher kein Zufall: die geringe Zahl der Wissenschaftler und Philosophen, die es wagten, das Problem des Menschen in seinem Verhältnis zum Tode zu erforschen, sowie nicht selten ihre Isolation von der herrschenden Kultur ihrer Zeit verweisen allein schon auf die außerordentlichen Widerstände, welche die Todesangst – insgeheim – diesem Wagnis, der Erforschung der ältesten Verdrängung der menschlichen Psyche und ihrer kulturellen Auswirkungen, entgegensetzt. Im Verlauf der Untersuchung habe ich zwar versucht, nicht nur die großen Intuitionen, sondern auch das Zögern bzw. die Abwege und das völlige Verdrängen des Todesproblems bei manchen Denkern offenzulegen. Andererseits wäre es allzu bequem gewesen, in den reduktionistischen Fehler von Freud zu verfallen. Wie uns sein

Freund und Biograph Hans Sachs mitteilte, hat Freud einmal angesichts des vielbändigen Werks eines berühmten Philosophen ausgerufen: »Der arme Kerl! Wieviel Mühe hat er darauf verwendet, seine sexuellen Probleme zu verbergen!« So werden wir gegenüber dem Werk von Freud, Reich, Marx oder Hegel gewiß nicht sagen: »Die armen Kerle! Wieviel Mühe haben sie darauf verwendet, um ihre Todesangst zu verbergen!« Im Gegenteil, ich empfinde eine tiefe Bewunderung, wieviel die großen Genies, selbst die größten *refoulés*, die hartnäckigsten Verdränger, *trotz* ihrer verdrängten Todesangst geschaffen haben.

Im folgenden sollen zunächst verschiedene formale und inhaltliche Aspekte unseres Interpretationsansatzes selbst erörtert werden. Der hier entwickelte Ansatz läßt sich gut mit den drei grundsätzlichen Analysemodellen vermitteln, die gegenwärtig zur Beschreibung von Kulturen angewendet werden: Modellen der Wahrnehmung, der Wertung und des Verhaltens.[4] Die Wahrnehmungsmodelle beziehen sich auf die Organisierung der Erfahrung. In diesem Kontext ist es offensichtlich, daß die Wahrnehmung des Todes, die ja schon auf der vorbewußt-animalischen Ebene stark von Angst besetzt ist, beim Menschen mit seinen spezifischen Fähigkeiten der Erinnerung, Voraussicht und affektiven Anteilnahme eine unendlich größere Bedeutung einnehmen muß. Ferner ist die Drohung des bevorstehenden Todes erschreckend und quälend. In den Wertungsmodellen verbinden sich daher mit der unvermeidbar negativen Wertung des katastrophalen Ereignisses logischerweise eine Reihe von Abwehrreaktionen, welche die Angst vor dem Ereignis verzögern sollen. Die Verhaltensmodelle realisieren in jeder Gesellschaft die Zielsetzungen, die sich aus den Mustern der Wahrnehmung und Wertung ergeben. Hier zeigt nun die ganze Menschheitsgeschichte, wie wichtig die jeweiligen Abwehrmechanismen für die Dynamik innerhalb einer Gesellschaft und zwischen verschiedenen Gesellschaften sind, auch wenn dieses unübersehbare Zeugnis von den Historikern bisher weitgehend vernachlässigt worden ist.

Für die noch offene Debatte, was nun das wesentliche organisierende Zentrum einer jeden Kultur sei, scheint unser Ansatz ebenfalls bedeutsam. In der Anthropologie stehen sich bekanntlich drei grundlegende Ansätze gegenüber. Dem ersten zufolge ist die Kultur im wesentlichen Ausdruck von ökonomischen bzw. umweltbedingten Entwicklungsgesetzen. Der zweite Ansatz versteht unter »Kultur« vor allem ein organisch gegliedertes Sozialsystem mit der Aufgabe, das Weiterleben des Ganzen und seiner Teile zu sichern. Es handelt sich hierbei um den funktionalistischen Ansatz von Durkheim, Malinowski und Radcliffe Brown, um nur die wichtigsten Namen zu nennen. Dem strukturalistischen Ansatz zufolge ist schließlich die Kultur Ausdruck geistiger Bedeutungen. Eine Definition von Lévi-Strauss bringt das knapp zum Ausdruck: »Die Kultur ist die Manifestation der abstrakten Ideen des Geistes [...], ein Ausdruck geistiger Systeme.«[5] Unser Ansatz hat viele Gemeinsamkeiten mit dem strukturalistischen, ist allerdings stärker mit der Realität der psychischen Dynamiken verbunden. Die »geistigen Systeme« und »abstrakten Ideen«, welche der Strukturalismus jeder Kultur zugrunde legt, sind in Wirklichkeit bereits Ergebnisse der psychischen Verarbeitung tiefliegender emotionaler Bedürfnisse in mythisch-religiösen oder anderen symbolischen Formen. Diese Bedürfnisse sind die Triebkräfte der kulturellen Ausdrucksformen; nur durch ihre sorgfältige Beachtung läßt sich die scheinbar chaotische Vielfalt der verschiedenen Kulturen auf eine Einheit zurückführen bzw. läßt sie als kulturell verschiedene Reaktionsweisen auf den existentiellen Schock und die entsprechende Urangst verstehen. Nach unserer Hypothese bleibt die Verbannung der Todesangst bei den Urmenschen wie in der Gegenwart das wichtigste dieser Bedürfnisse; es bildet sich parallel zur Entstehung der bewußtseinsmäßigen und affektiv-teilnehmenden Dimension in der Psyche des menschlichen Affen. In diesem Buch haben wir einige ihrer grundlegenden Funktionsweisen untersucht.

Von seinen formalen Aspekten her fügt sich unser Ansatz also gut in die gegenwärtige Diskussion über die Analyse- und Interpretationsmethoden kultureller Prozesse ein. Darüber hinaus bietet er auch eine Erweiterung des kritischen Horizonts, indem er den Blick für das Ausmaß der Verwüstung schärft, welche die jeweilige kulturelle Verarbeitung der Todesangst angerichtet hat. Außer der paranoiden Gewalttätigkeit und dem korellierenden masochistischen Selbstbestrafungsmechanismus sei hier nur auf die Negation der Sexualität sowie die Unterdrückung des freien Denkens hingewiesen, die bis in die Verzerrungen der psychologischen Theoriebildung hineinreicht. Gleichzeitig wird der Zugang zum Verständnis der überaus starken, emotionalen Triebfedern eröffnet, die den genannten Aspekten zugrunde liegen. Damit vermeiden wir den Fehler vieler »revolutionärer« Kritiker, in all den historischen Wertsystemen nur die ideologische Rechtfertigung konkreter Herrschaftsinteressen zu sehen.

Schließlich werden von diesem Zugang her auch viele Unstimmigkeiten der herkömmlichen Interpretationsansätze verstehbar. So bekräftigt z. B. Edmund Leach in einem neueren Artikel zum Verhältnis Mensch–Natur mit olympischer Sicherheit ein Axiom der progressistischen Weltanschauung:

»Akzeptiert man die These einer objektiven und bewußtseinsunabhängigen Welt, kann man zugeben, daß der Mensch ein Tier ist wie alle anderen auch. Die politische Logik dieser Position ist ausgesprochen konservativ: die soziale wie die natürliche Welt sind gleichermaßen gewachsen und sind daher so, wie sie sind [...]. Wer hingegen Natur und Kultur als Kategorien betrachtet, die scharf auseinandergehalten werden müssen, tendiert politisch zur Linken.«[6]

In Wirklichkeit könnte man genausogut das Gegenteil behaupten. In der ganzen konservativen Szene wird die Auffassung vertreten, daß die kulturelle Entwicklung des Menschen nur im tiefsten Gegensatz zu seiner Tierhaftigkeit statthaben kann. Und umgekehrt haben die meisten Theoretiker der Linken die traditionelle Gesellschaftsordnung samt ihren moralischen Normen als »unnatürlich« kritisiert und haben ihre Utopien als Rückkehr zu natürlicheren Lebensformen ausgegeben. Leach scheint wie so viele andere nicht zu sehen, daß nicht die naturalistische bzw. antinaturalistische Ideologie den Faktor darstellt, welcher die politische Wahl bestimmt, sondern einzig und allein der darunterliegende psychische Mechanismus. Und dieser ist bei Konservativen und Revolutionären im wesentlichen gleich. Beide müssen letztlich ihr Bedürfnis nach paradiesischen Gewißheiten befriedigen. So werden die Konservativen auf wissenschaftlicher Ebene gelegentlich biologistisch argumentieren, um die herrschende Ordnung mit ihren religiösen und moralischen Werten zu verteidigen und um eine scharfe Trennungslinie zwischen Körperlichkeit und Spiritualität zu ziehen, mit der sie das wissenschaftliche Denken aus dem Umkreis ihrer religiösen Heilslehren fernhalten. Aber aus denselben Gründen können sie auch als Verfechter des reinsten Gegensatzes zwischen Natur und Kultur auftreten. Und auf ähnliche Weise können die »Revolutionäre« soziologistisch argumentieren, weil sich ein von seiner Umwelt völlig determinierter Mensch ausgezeichnet dazu eignet, um die Hölle der »bösen« alten Gesellschaft zu entlarven und die Realisierbarkeit des versprochenen irdischen Paradieses zu bekräftigen. Aber selbst auf psychologischem Felde können sie Biologisten sein. Die Kommunisten etwa wollten psychodynamischen Analysen, die ihr eigenes Persönlichkeitsbild in Frage stellten, jede Wissenschaftlichkeit absprechen; die Nationalsozialisten verwendeten eine biologistische Untermauerung für ihre rassistische Heilslehre. Wie die Psychopolitik lehrt, sind auch auf diesem Gebiet die Masken austauschbar.

Viele ideologische und gesellschaftliche Gegensätze unserer Zeit erweisen sich aus unserem Blickwinkel als Schimären, viele Urteile als voreilig. So wird etwa mit der marxistischen Formel: »Die Religion ist das Opium des Volkes« sehr prägnant die herrschaftsstabilisierende Funktion zusammengefaßt, welche die Religion in der Geschichte ausübt. Aber der Marxismus hat geflissentlich übersehen, daß die Religion diese Rolle jahrtausendelang nur deshalb spielen konnte, weil sie für die Menschen die sicherste Abwehr gegen die Todesangst darstellt. Und unter dem Druck *seiner* verdrängten Todesphopie hatte Marx selbst den Tod völlig aus seinem kritischen Bewußtsein verbannt; außer einer flüchtigen, hegelianisierenden Anspielung in den *Ökonomisch-philosophischen Manuskripten* wird das Problem in seinem Werk völlig ignoriert. So erarbeitete er einen neuen heilsgeschichtlichen Mythos, der die verführerischste säkulare Version der alten religiösen Heilslehren werden sollte. Im Einklang mit der neuen positivistischen Wissenschaftsreligion wurde er »Wissenschaftlicher Sozialismus« getauft. Und entsprechend scheint die ganze Richtung des postfreudianischen bzw. freudo-marxistischen Denkens von Horkheimer zu Guattari und Deleuze keinerlei Bewußtsein von dieser wesentlichen Abwehrfunktion zu haben; mit den Begriffen von »Herrschaft« und »Ausbeutung« beschränken sie daher die Kritik auf sekundäre Funktionsformen der überlieferten Dogmen und Werte. Aber auch bei diesen Denkern liegt die Ursache für ihre Unfähigkeit, die wesentliche Abwehrfunktion der traditionellen

Kultur zu erkennen, in der Tatsache, daß sie selbst sich im Umkreis neuer heilsgeschichtlicher Abwehrstrategien bewegt haben.

Die tiefe Verbindung von Todesangst und Konservativismus sticht zunächst weniger ins Auge, da der Konservativismus in der Regel nicht die selbstentlarvenden, fanatischen Verhaltensweisen seiner Gegenspieler aufweist. Aber auch die »politische Weisheit« und der »ausgewogene Realismus« so vieler Konservativer hat ein psychologisches Motiv: Mit seiner Verteidigung der traditionellen Religion und Moral greift der Konservative die klassische Bastion gegen die Todesangst nicht an; er ist somit der Notwendigkeit enthoben, neue paranoide Abwehrformen auf dem Feld der Politik zu entwickeln.

Unser Ansatz bietet also einen Einblick in die Grenzen und substantiellen Gemeinsamkeiten der traditionalistischen wie revolutionären Bewegungen unserer Zeit. In der Tat wollen diese Bewegungen weiterhin an den alten Mustern festhalten, die Todesangst zu verdrängen: die traditionalistischen Bewegungen durch eine Restauration von religiösen Wahrheiten, die mit dem Stand des ethisch-kognitiven Bewußtseins unvereinbar sind (man denke an das Wiederaufleben des Moralismus und des Glaubens an den Schöpfergott im Amerika Reagans oder an die Wiedereinführung des katholischen Integralismus in Italien durch *Comunione e Liberazione* und ähnliche Gruppen); die revolutionären Bewegungen von rechts und links, indem sie vergänglichen, politischen Versionen der alten religiösen Mythen anhängen, die von der täglichen Erfahrung systematisch dementiert werden.

In kulturphilosophischer Hinsicht erhellt unsere Analyse auch die Schranken von Autoren wie Erich Voegelin[7], Mircea Eliade[8], Otto Rank[9] und Ernest Becker[10]. Obwohl in ihren Arbeiten einige Zusammenhänge zwischen religiösem und politischem Millennarismus erarbeitet werden, wird letzterer nur als Irrweg vom »weisen und ehrwürdigen« religiösen Millennarismus gesehen, den sie mehr oder weniger offen wieder propagieren. In unserer Untersuchung hingegen werden die beiden Fanatismen nicht in einer moralistisch wertenden Weise miteinander verglichen, um die Vorzüge des einen gegenüber dem anderen herauszustreichen. Sie werden einfach als – historisch vielleicht unvermeidbare – *Varianten* ein und derselben paranoiden Verarbeitung der Todesangst betrachtet.

Entsprechend vermeidet der psycho-existentielle Ansatz auch den tadelnden Moralismus eines Gorer[11], Ariès[12] oder Urbain[13] und eröffnet einen Zugang zum Verständnis der tieferliegenden Motive für die Ausgrenzung des Todes, der Trauer und der Begräbnisrituale in der heutigen Gesellschaft. Nach dem Verlust der herkömmlichen Schutzmechanismen ist es in der Tat kein Wunder, daß der menschliche Affe die Sterbenden und den Tod so weit wie möglich in die Krankenhäuser abschiebt und die Äußerungen von Trauer und Verzweiflung auf ein Minimum reduziert (außer bei vergötterten Persönlichkeiten von Öffentlichkeit und Politik, den neuen »Pharaonen«, die symbolisch vor dem Todesschicksal der großen Masse bewahrt bleiben). Sicher kann man die Wirksamkeit dieser Fluchtreaktion bezweifeln und ihren Preis für Sterbende und Hinterbliebene kritisieren, aber man muß auch die Ursachen sehen und sich vor allem vor der nostalgischen Verklärung der Vergangenheit hüten. Läßt man die moralisierende Einstellung fallen, so zeigt sich eine Verbindungslinie zwischen den verschiedenartigsten menschlichen Haltungen zum Tode. Die Witwe von den Gilbert-Inseln, die Monate bei dem verwesenden Leichnam des Gatten verbringt und sich täglich mit Verwesungssäften der Leiche bestreicht, bis diese zum Skelett geworden ist, liefert sich dieser psycho-physischen Qual aus denselben Gründen aus wie der mittelalterliche Gläubige die qualvoll langen Bußübungen auf sich nimmt, welche die Kirche auferlegt: Es ist der Preis für die eigene Errettung vor göttlicher Verdammung und für die Sicherung des glücklichen Lebens in einem Jenseits für die Verwandten, an dem dank der religiösen Überzeugung niemand zweifelt. Durch den Schwund dieser Überzeugungen ist heute der Kontakt mit dem Tode für viele nicht mehr handhabbar geworden; daher seine Reduktion auf ein Minimum. So kann nur eine Rückkehr zum Tode in einer Haltung von Liebe und zwischenmenschlicher Solidarität, wie sie Elisabeth Kübler-Ross und amerikanische Wissenschaftler demonstriert haben, eine Alternative zur heutigen »Flucht« vor den Toten und den Überlebenden darstellen. Reduktion auf ein Minimum oder stoische Haltung: Nicht ohne Grund ist die Zahl der »heiteren« Selbstmorde unter Intellektuellen und den seltenen Paaren, die in wirklich tiefer Liebe verbunden sind, im Steigen begriffen.

Ein anderes beunruhigendes Problem unserer Zeit ist die Zunahme der Neurosen im Gefolge einer sexuellen Befreiung, die sich von den Thesen Freuds und Reichs her doch psycho-sozial positiv hätte auswirken müssen. Diese Befreiung ist parallel zum Zusammenbruch der religiösen Abwehr gegen die Todesangst erfolgt und wurde von laizistisch-materialistischen Kräften getragen, welche auch nicht die geringste Sensibilität für die Schutzfunktion von Religion und Sexualtabu besaßen. Die Zunahme der Neurosen war daher unvermeidlich. Nur gewisse tantrische Sekten wie die Bewegung von Bhagwan Shree Rajneesh scheinen eine psychologisch kohärente Befreiung verfolgt zu haben, die im Einklang mit der religiösen Abwehr steht und mit dem *coitus riservatus* die Todesangst ausgrenzt, die bei vielen Menschen mit dem Orgasmus verbunden ist.

Vor allem auf dem Gebiet der Psychologie scheinen sich von unserem Ansatz her neue Perspektiven zu eröffnen. Von Freuds Frage »Warum Krieg« – weiterverfolgt von Reich, Fromm, Lorenz u. a. – bis zum Rätsel des Masochismus und des Schuldkomplexes in jeder menschlichen Kultur finden sich hier neue Gesichtspunkte für eine Klärung, da eine bisher weitgehend vernachlässigte Hauptursache der menschlichen Angst sowie ihre zentralen Verarbeitungsmechanismen analysiert werden. Wir wollen sie hier noch einmal kurz zusammenfassen.

Schon in der Tierwelt kann man die Tendenz beobachten, daß Angst in Flucht oder Aggressivität umgewandelt wird. Daher ist es nicht weiter verwunderlich, daß der Mensch als Träger einer permanenten inneren Angstquelle noch stärker zu aggressivem Verhalten neigt – die Flucht hat im vorliegenden Fall wenig Sinn, da die Angstquelle nicht von außen kommt, sondern endogen ist. Zu diesem primären Aggressionsmechanismus kommt ein noch gravierenderer, spezifisch menschlicher. In seinem existentiellen Schock erfährt der menschliche Affe den Tod als Bestrafung für eine mehr oder weniger dunkle Tat, im allgemeinen für Ungehorsam, wie ihn die längere Abhängigkeit des Kindes von den Eltern mit sich bringt. Dies wird übrigens von H. Feifel indirekt auch für unsere Zeit bestätigt, wenn er sagt, daß es beeindruckend sei, wie häufig die Sterbenden sich schuldig fühlten und den Verdacht äußerten, daß ihre Krankheit sie infolge irgendeiner Schuld getroffen habe.[14] Hier liegt meiner Meinung nach die Wurzel jenes Gefühls von Urschuld, das in den verschiedensten Kulturen verbreitet ist und das Freud mit seiner bizarren Theorie eines uranfänglichen Vatermordes erklären wollte.

Gegen dieses Schuldgefühl hat sich der menschliche Affe mit zwei grundlegenden Mechanismen gewehrt. Der erste ist masochistisch-versöhnender Art und hat dem Menschen unzählige Opfer abgefordert, die ihn alle bewußt oder unbewußt von seiner Urschuld »reinwaschen« sollten; der andere ist paranoid-destruktiv und führt zur Projektion der Urschuld und der damit verbundenen Todesdrohung auf die anderen. So konnte sich ein Verfolgungswahn entwickeln, der jedem religiösen und politischen Fanatismus zugrunde liegt. Beide Mechanismen haben ein identisches Ziel, das auf eine gemeinsame Wurzel verweist: durch ein Gnadenband mit der jeweils verehrten übermenschlichen Macht wollen sie ewige Seligkeit erlangen, sei diese Macht nun der wahre Gott, die wahre Revolution, die natürliche Vorsehung oder das Gesetz der Geschichte.

Unser Ansatz erlaubt also eine Erklärung der Ursprünge und perversen Entwicklungsformen der menschlichen Kultur, welche die Widersprüche der freudschen und postfreudianischen Thesen, der Vererbungs- wie der umweltbezogenen Lehren überwindet. Von hier erhellt sich der Grund für die Unfähigkeit der Theorien von der angeborenen Aggression, die immer vorhandenen masochistischen Tendenzen zu erklären; es erhellt ebenso, warum es den Kulturtheorien niemals gelungen ist, überzeugende Beweise für eine friedliche Urgesellschaft herbeizuschaffen. *Es ergibt sich so das Bild einer menschlichen Kultur, die schon immer voller zerstörerischer und selbstzerstörerischer Gifte war.* Und dies nicht, weil sie nur durch eine neurotisierende Unterdrückung der Sexualität existieren konnte bzw. weil der Mensch biologisch selbstzerstörerisch ist, wie Freud meinte, und auch nicht – wie die Schule von Lorenz vertritt –, weil unsere Gattung die Hemmungsmechanismen für die innerspezifische Aggressivität verloren hat. Selbst die Deutung von Reich, Fromm und in gewissem Sinne auch von Marx, nach der eine ursprünglich heile, dann krank gewordene Gesellschaft die Menschen verdirbt, bietet keine ausreichende Erklärung. Die biologischen Mechanismen, die sich nach Meinung des Soziobiologen Edmund Wilson hinter der Maske der gesellschaftlichen Konventionen durchsetzen, sind ebenfalls nicht dafür verantwortlich zu machen. Die menschliche Kultur ist von ihren Anfängen her aus der Todesangst, aus ihren versöhnenden wie paranoiden Verarbeitungsformen geboren und ist bis heute darin verstrickt.

Nach diesen Überlegungen zur Erweiterung des kritischen Horizonts durch den psychopolitischen Ansatz möchte ich im folgenden seine theoretischen und praktischen Implikationen zumindest andeuten. Da er vorwiegend mit einer psycho-soziologischen Betrachtungsweise arbeitet, soll jedoch vorher seine Position auf gesellschaftlichem wie psychologischem Gebiet präzisiert werden.

Unser Ansatz steht im Umfeld der humanistischen Psychologie, jedoch mit einigen deutlichen Vorbehalten. Sie sind nicht schwer zu erraten: Im Einklang mit dem Großteil der heutigen Psychologie krankt auch die humanistische weitgehend an einer energischen Verdrängung der Todesangst. Weder die Gestalttherapie von Fritz Pearls, Eric Bernes Transaktionsanalyse, die »personenzentrierte« Psychologie von Carl Rogers noch die anderen Schulen der humanistischen Psychologie berücksichtigen die immense Bedeutung der Todesangst für die individuellen und gesellschaftlichen Leiden, die sie heilen wollen. Im wesentlichen bleiben sie in einer rein kulturbezogenen Konzeption verankert und gelangen regelmäßig zu optimistischen Verflachungen à la Rousseau. Rollo May, einer der »Gründerväter« der humanistischen Psychologie, wies in einer freundschaftlichen Polemik mit Carl Rogers, einem anderen Patriarchen der Bewegung, selbst auf die Schranken dieser optimistischen Vereinfachungen hin. Anläßlich einer Neuformulierung des umweltbezogenen Ansatzes bei Rogers – »Meine Erfahrung bringt mich zu der Überzeugung, daß die kulturellen Einflüsse die Hauptursache für ein auf das Böse ausgerichtetes Verhalten darstellen« – hat Rollo May mit seiner Rückfrage an Rogers leichtes Spiel:

»Somit wird also die Kultur zum Feind [...]. Aber wer schafft die Kultur, wenn nicht Menschen wie du und ich? [...] Sicher müssen wir zugeben, daß die Kultur mächtige negative Auswirkungen auf uns hat: aber könnte sie derartige Einflüsse haben, wenn die negativen Triebkräfte nicht negative Tendenzen fänden, die schon in uns vorhanden sind?«[15]

Als Antwort auf diese Fragen fällt Rollo May nichts Besseres ein, als die Notwendigkeit zu verkünden, diese negativen, »dämonischen« Triebe im Menschen zu akzeptieren. Seine Lösungen erinnern an den »Willen zur Macht« bei Nietzsche und Adler: »Das Dämonische ist ein in jedem Menschen vorhandener Trieb, sich selbst zu behaupten, zu verewigen und seine Macht zu vermehren [...]. Es ist die Kehrseite des Wunsches nach Selbstbehauptung, der unsere Kultur antreibt.«[16] Wie man sieht, scheint auch bei Rollo May jedes Bewußtsein der psychischen Basis zu fehlen, welche der Destruktivität der menschlichen Kultur zugrunde liegt. Andere Richtungen der humanistischen Psychologie sind zu sehr in verschiedene Formen von spiritualistischem Perfektionismus, idealistischem Voluntarismus und naturalistischem Vorsehungsglauben verstrickt, um sich einer authentischen existentialistischen Dimension zu öffnen. Trotz aller Mängel im einzelnen basieren die verschiedenen Zweige der humanistischen Psychologie jedoch auf einer gemeinsamen Grundüberzeugung, mit der unser Ansatz übereinstimmt: einem tiefen Glauben an das Potential des Menschen, sich in Richtung seiner Autonomie zu entwickeln. Dieser Überzeugung entspricht die Ablehnung eines jeden Determinismus, wie wir ihn bei Freud, in den verhaltenstheoretischen und im allgemeinen in allen umweltbezogenen Ansätzen finden.

Auf gesellschaftlichem Gebiet sieht der psycho-existentielle Ansatz die religiösen und politischen Millennarismen als älteste Ursache der innerspezifischen Konflikthaftigkeit der Menschengattung. Religionen mit geringerer heilsgeschichtlicher Ausrichtung wie der Buddhismus und der ursprüngliche Taoismus stellen sich entsprechend als weniger gefährlich dar, während auf politischem Gebiet die pluralistischen, liberal-demokratischen Systeme als weniger gefährlich erscheinen. Wohlverstanden handelt es sich um geringere Übel und sicher nicht um bestmögliche Lösungen. Den nicht-dogmatischen Religionen wie den liberal-demokratischen Systemen fehlen jene humanistische Orientierung, jener humanistische Elan, dessen es bedarf, um – nach dem Schwund des Glaubens – dem Einbruch eines erneuten existentiellen Schocks zu begegnen und die eigenen Energien auf einen solidarischen Kampf gegen den Tod zu konzentrieren, und zwar auf den verschiedensten Gebieten wie der Biologie, Soziologie, Psychologie und auch der Parapsychologie. (Übrigens scheint sich das Fehlen einer existentiellen Sinnhaftigkeit im gesellschaftlichen Leben der westlichen Demokratien immer deutlicher bemerkbar zu machen.) Leider wurde das menschliche Forschungs- und Interventionspotential bisher fast überhaupt nicht für den Kampf gegen Tod und Todesangst ausgeschöpft. Der größte Teil der menschlichen Energien wird nach wie vor auf die Konflikthaftigkeit vergeudet, welche die paranoiden Abwehrmechanismen gegen die Todesangst erzeugten. So wurde allzuwenig für eine Umorientierung der Energien getan.

Immerhin gibt es Ansätze, und nicht ohne interessante Ergebnisse. Hier seien nur die ersten Verjüngungsversuche von Brown-Sequard, Steinach und Woronow durch die Einimpfung von Sexualhormonen bzw. Verpflanzung von Sexualdrüsen erwähnt; ferner die Untersuchungen von Meschnikow und Bogomoletz über Impfstoffe, die das Leben der Zellen verlängern, sowie die Experimente von Carrel und Lindsbergh zur Verlängerung des Lebens von Organen mit Hilfe von Perfusionskulturen. Die größte Hoffnung scheint sich jedoch mit der Genmanipulation zu verbinden. Einigen Genforschern zufolge ist Langlebigkeit »eine genetisch vorprogrammierte Variable wie Körpergröße und Augenfarbe«, so daß man den Tod eines jeden Individuums als ein ins DNS eingegebenes genetisches Programm verstehen kann, das durch entsprechende Eingriffe auch modifizierbar ist.[17] Jedenfalls wird nur eine Reihe radikaler Eingriffe in die Biologie die existentiellen Zwänge des Menschen lockern können. Außer der ersehnten Kontrolle über die biologischen Determinanten des eigenen Körpers böten sie dem Menschen vielleicht nicht zuletzt die Möglichkeit, seine Struktur so zu modifizieren, daß er auch auf anderen Planeten leben könnte. Es gibt überhaupt keinen Grund, uns von vornherein einer solchen utopischen Perspektive zu verschließen.

Betrachtet man die Menschheit als Ganzes, so ergibt sich jedoch der Eindruck, daß der Mensch immer nur seine alten Abwehrstrategien erneuert, statt sich des unendlichen Veränderungspotentials bewußt zu werden, das die Entwicklung seines eigenen Geistes im Prozeß der biologischen Evolution erzeugt hat. Vielleicht werden wir aber gezwungen, diese alte, sterile Abwehrreaktion fallenzulassen. Die Evolution des menschlichen Denkens macht eine Rückkehr zu den heilsgeschichtlichen Mythen immer schwieriger;

vor allem ist dieser Rückkehr durch die innere Krise des Millennarismus selbst der Weg verstellt. Es mag sein, daß sich in unserer
Zeit etwas Ähnliches abspielt wie zu den Anfängen von Humanismus und Renaissance. Auch damals konnte eine von der paranoiden Abwehr erzeugte Angst, die Angst vor der Verdammnis, der
Todesangst in gewissem Sinne die Waage halten und hat somit vielen Menschen dieser Zeit erlaubt, den Tod mit geringerem Schrekken entgegenzusehen. Die Angst vor einem atomaren Holocaust –
letztes Nebenprodukt des politischen Millennarismus – könnte
heute eine ähnliche Wirkung haben. Und zwar nicht allein deshalb, weil er eine noch unmittelbarere Todesgefahr darstellt als der
natürliche Tod und eine größere, apokalyptische Angst erweckt,
sondern weil es sich heute um eine endzeitliche Perspektive ohne
Neues Reich handelt: Der Holocaust schließt in der Tat erstmals in
der Geschichte jede Möglichkeit aus, auf den Ruinen des Reichs
des Bösen, auf den Knochen der Ungläubigen ein neues Eden zu
errichten. Ein neuer heiliger Krieg als Flucht vor der Todesangst
würde heute erstmals den Selbstmord bedeuten, ohne Hoffnung
auf den Sieg der wahren Sache, zumindest in konkret-politischen
Begriffen. Und da die atomaren Millennarismen politisch und ma-
terialistisch sind, ist diese Schranke sehr wichtig – allerdings nicht
absolut, da die paranoide Optik wahnhafte Verzerrungen mit sich
bringt, die den Bezug zur Wirklichkeit schwächen. Jedenfalls kann
man sagen, daß infolge der wachsenden Verweltlichung des Millenniums und der universellen Bedrohung durch den Holocaust die
paranoide Verarbeitung der Angst immer stärker blockiert wird.

Die Folgen einer solchen Blockierung *ohne* die Möglichkeit
einer bewußten Überwindung der Urverdrängung selbst und der
entsprechenden Schuldgefühle werden am Beispiel des psychischen Zusammenbruchs der Kanaken deutlich, als ihre rituellen
Stammeskriege von den weißen Kolonialherren unterbunden wurden (vgl. S. 145). Sollten sich unsere Überlegungen als richtig erweisen, so befindet sich die Menschheit zwischen zwei Extremen:
der atomaren Sackgasse, welche die zyklischen Explosionen der
paranoiden Kriegslüsternheit blockiert hat, und der »Mahnung
der Kanaken«, welche die tödlichen Folgen einer Blockierung
zeigt, bei der die dahinterstehenden paranoiden Verzerrungen der
Urangst nicht zu Bewußtsein gebracht worden sind. So wird der
Mensch, wie im Herbst des Mittelalters, die Vorzüge einer huma-

nistischen, nicht mehr heilsgeschichtlichen Konzeption seiner Lage vielleicht in einem neuen Licht betrachten, und neben den schmerzlichen wird er vielleicht auch ihre faszinierenden Aspekte sehen.

Die Bewußtwerdung des eigenen, unentrinnbaren Todesschicksals beinhaltet den Verzicht auf die jahrtausendealten Abwehrreaktionen und wird vor allem den Haß und die Intoleranz verringern, die seit jeher die Gewalttätigkeit des menschlichen Affen gegen seinesgleichen nährten. Die Menschen werden aufhören können, sich als Paladine des wahren Glaubens im Kampf gegen die Mächte des Bösen zu sehen (sei es gegen die »jüdische Plutokratie«, die »Reaktion im Hinterhalt« oder die »kommunistische Weltverschwörung«) und beginnen, sich alle als Opfer des gleichen, gnadenlosen Todesgesetzes zu sehen. Die Menschheit könnte endlich aufhören, die eigenen Energien in grausamen Bruderkriegen zu verschwenden, und anfangen, diese in den Kampf gegen den gemeinsamen Feind, das »Gesetz der Natur«, zu investieren. So würde sich im wesentlichen die Hoffnung Leopardis verwirklichen:

>»Verbrüdert denkt er alle sich, entzündet [...]
in jeglicher Gefahr, in jeder Drangsal des
allgemeinen Kriegs.«[18]

Die Menschheit könnte endlich die tödlichen psychosozialen Mechanismen aus der Zeit der Neandertaler überwinden, in die sie noch heute verstrickt ist, und in das Zeitalter des Aquarius eintreten, von dem die Astrologen phantasieren. Wenn sie sich nicht mehr gegenseitig die Schuld am eigenen Unglück aufladen und vielleicht sogar Abstand davon nähmen, den eigenen Allmachts- und Unsterblichkeitsillusionen in der Anhäufung von Reichtum und Macht nachzulaufen, würden die Menschen fühlen, daß eine neue Verbundenheit unter ihnen wachsen kann. Dem Wissen um die gemeinsame kosmische Einsamkeit würde endlich eine echte Liebe entspringen: nicht mehr die der Auserwählten gegen andere Auserwählte und auch nicht mehr die Liebe von Auserwählten, die für die Ruchlosen die Gnade eines übermenschlich-unmenschlichen Richters erflehen (»Herr, vergib ihnen, denn sie wissen nicht, was sie tun!«). Es würde endlich die Liebe oder zumindest die Solidarität aller für alle entstehen, weil jeder im anderen nicht mehr einen Feind, sondern ein Opfer und vielleicht einen Rebellen wie sich selbst sähe. So würde sich auch eine andere große Vision Leopardis verwirklichen: »Nicht nur führt meine Philosophie nicht zur Misanthropie [...], sondern von ihrem Wesen her neigt sie dazu, jenen Haß [...] auszulöschen, den so überaus viele [...] gegen ihre Mitmenschen hegen [...].«[19]

Realisiert die neue Zeit nach Leopardis Vision eine tiefe Solidarität, so könnte sie in gewissem Maße auch Verzweiflung und Pessimismus überwinden. Diese neue Hoffnung gründet in der Tatsache, daß unser Ansatz ein weitaus größeres Verständnis der psychischen Dynamik eröffnet, als es Leopardi in seinen einsamen Reflexionen zu Anfang des 19. Jahrhunderts besitzen konnte. Heute wissen wir z. B., wie und warum die paranoide Destruktivität und der Masochismus der Massen mit der Verdrängung des Todes zusammenhängt; dieses neue Verständnis erlaubt es, Gefühle von Groll und Verachtung zu überwinden und die Größe dessen zu erfassen, was die Menschheit *trotz* jener erdrückenden psychischen Last verwirklichte. Einhundertfünfzig Jahre seit Leopardis Tod haben außerdem immer eindrucksvollere Beweise für die wunderbare Fähigkeit des menschlichen Affen geliefert, zu forschen und zu erfinden – Beweise seines unendlichen Potentials, Projekte zu entwerfen und zu realisieren. Im Lichte dieser in immer schnellerem Rhythmus voranschreitenden »Eroberungen« erweist sich die menschliche Fähigkeit, auf die natürlichen Gesetze, auch die biologischen, einzuwirken, nicht nur größer als damals, sondern virtuell geradezu unbeschränkt. Schließlich darf man nicht vergessen, daß Leopardi aufgrund seiner körperlichen Gebrechen und seiner Lebensumstände von der Liebe, der höchsten Freude der Existenz, ausgeschlossen blieb. Dies hat zu seinem Negativismus beigetragen, wenn er auch niemals wie Buddha oder Schopenhauer Keuschheit propagierte. Wer jedoch die Liebe in ihren magischen Augenblicken erlebte, weiß wohl – mit Verlaub von Otto Rank und Ernest Becker – um ihre Fähigkeit, uns vor der existentiellen Angst zu schützen.

Das Leben kann also weniger unglücklich sein, als es den großen existentiellen Denkern von Buddha bis Schopenhauer und Leopardi erschien. Es kann auch weniger sinnlos sein, wenn wir die Hoffnung hegen, daß das Abenteuer des Menschen einen Sinn hat, der unsere heutige tragische Lage transzendiert. Nur eine Hoffnung, nicht weniger und nicht mehr: Es gibt keine Gewißheiten. Viele Anzeichen sind sogar alles andere als ermutigend. Denn obwohl der Mensch sich in der größten Krise seiner Geschichte befindet, bemerkt er dies in der Regel gar nicht oder versucht – abgesehen von wenigen Ausnahmefällen –, neue, trügerische Schutzmauern zu errichten bzw. die alten auszubessern. So kann dieses Verhalten entweder zur »Wiederentdeckung« der politischen Heilsbotschaft führen, wie es 1968 und 1977 im marxistischen Millennium geschah, oder zu einer Wiederentdeckung abgenutzter religiöser Heilsgewißheit (in Form integralistischer Bewegungen wie der *Comunione e Liberazione* oder anderer christlicher Sekten, wie den Zeugen Jehovas) oder schließlich zu dem kurzlebigen Erfolg neuer religiöser oder politischer Sekten, wie der eines Sannyasin Rajneesh, extremistischer Ökologisten und politischer Terroristen. Die allzu kurze Lebensdauer dieser Bewegungen erlaubt jedoch die Annahme, daß die existentielle Angst diese sich wiederholenden, fragwürdigen Schutzmauern tendenziell mit sich wegreißt und daß sich die epochale Krise der Menschheit nunmehr ihrer entscheidenden Phase nähert.

An diesem Punkt zeigt sich, daß es bei dem Kampf zwischen Totalitarismus und Demokratie um mehr geht als um ausschließlich politische Probleme. Es ist ein Kampf mit geschichtlich-evolutionären Dimensionen, der darüber entscheidet, ob der Mensch, nachdem er im Zeichen eines intellektuellen und ethischen Reifeprozesses den Schutzpanzer seines Fanatismus abgelegt hat, in dieser Form weiterleben, sich weiterentwickeln kann oder ob er unter dem Druck seiner existentiellen Angst wieder in das Gehäuse einer neuen Bastion zurückkehrt, die erneut auf Feindprojektionen nach außen beruht. (Ein Zeugnis dafür ist absurderweise auch die Feindseligkeit, die der liberal-demokratische Westen in heilsgeschichtlich orientierten Persönlichkeiten hervorruft. Der französische Intellektuelle Roger Garaudy ist ein typisches Beispiel dafür: nachdem er jahrzehntelang ein »eiserner Stalinist« war, hat er sich jetzt zum islamischen Fundamentalismus à la Ghaddafi bekehrt und wiederholt bei jeder Gelegenheit, daß der Westen »der größte Verbrecher der Geschichte« sei.) Es ist möglich, daß der Mensch sich angesichts dieser epochalen Krise noch einmal einen paranoiden, heilsgeschichtlichen Ausweg sucht. Gleichviel, ob politisch oder religiös, diese Alternative müßte jedoch entschieden massivere Formen psychischer oder physischer Gewalt annehmen als in der Vergangenheit, denn der neue Millennarismus wäre gezwungen, den ganzen Entwicklungsprozeß des weltlichen Denkens der letzten Jahrhunderte zurückzuschrauben und die gesamte Gesellschaft totalitär zu kontrollieren.

Ein neuer heilsgeschichtlicher Wahn ist jedenfalls nicht von vornherein ausgeschlossen. Es kann sein, daß die Menschheit, von einigen »anomalen« Individuen abgesehen, den existentiellen Schock nicht produktiv verarbeiten kann und versucht, die alten Schutzwälle auf Kosten einer weiteren Evolution wieder aufzubauen. In der Biologie gibt es Beispiele dafür: Im Vergleich zu den Affen, die das Lebensrisiko in der Steppe und den damit verbundenen aufrechten Gang gewagt haben, sind die Baumaffen stehengeblieben bzw. auf niedrigere Stufen der Gehirnentwicklung regrediert. Es wäre durchaus möglich, daß der Mensch eine Anomalie, ein »Scherz der Natur« ist, ein Tier, das im Laufe seiner Entwicklung die Lebensbedingungen jedes anderen Organismus überschritt, indem er in einen tödlichen Konflikt mit den Naturgesetzen geriet und nun auf dem Weg zu seiner Auslöschung ist. Außerdem wäre es naiv, wollte man die enormen Kräfte unterschätzen, die sich einem »qualitativen Sprung« des menschlichen Bewußtseins widersetzen: Außer an den Fanatismus wäre hier vor allem an die Tatsache zu erinnern, daß die heutige Wissenschaft im Voluntarismus ihres Fortschritts tendenziell dazu neigt, die existentiellen Probleme des Menschen zu verdrängen; ferner auch an die wachsende Komplexität des individuellen Reifungsprozesses, welche häufig erst in hohem Alter ein wirkliches Bewußtsein von der menschlichen Lage erlaubt: »Hier liegt die wahre Tragödie«, schreibt André Malraux: »Es braucht sechzig Jahre an unendlichen Mühen und Leiden, um eine derartige Person zu schaffen, die aber dann nur noch zum Sterben gut ist.«[20]

Die negative Möglichkeit könnte Wirklichkeit werden, wenn unsere Destruktivität wirklich nur das Produkt einer direkten Umwandlung existentieller Angst ist, die sich in nichts von dem Prozeß unterscheidet, mit dem Laborit die in Schock versetzten Mäuse aggressiv gemacht hat. Es kann sein, daß der Mensch eben wegen der für ihn charakteristischen vorwegnehmenden Todesfurcht unvermeidbar das aggressivste Tier von allen ist. Aber das ist unwahrscheinlich – gerade dieses Übermaß an Masochismus und innerspezifischer Aggressivität, das der Mensch im Verlauf seiner Geschichte hervorbrachte, legt die Vermutung nahe, daß das charakteristische, tödliche *Plus* an Aggressivität vor allem aus den Schuld- und Projektionsmechanismen herrührt, mit denen bisher die Todesangst verarbeitet wurde.

Die Alternative, daß die Menschheit auf primitive Bewußtseinsstrukturen zurückfällt, weil sie die Konsequenzen ihrer intellektuellen und ethischen Entwicklung in der Neuzeit nicht ertragen konnte, muß somit immer vor Augen bleiben. Möglich, sogar eher wahrscheinlich, scheint es aber, daß die menschliche Geschichte sich in eine radikal neue Richtung zu bewegen beginnt. Bereits mit der Geburt des philosophisch-wissenschaftlichen Denkens im Griechenland der Antike scheint ein unaufhaltsamer Forschungsprozeß in Gang gesetzt worden zu sein, der auch vor den herbsten Entdeckungen nicht haltmacht. Vielleicht stehen wir am Beginn einer geschichtlichen Wende: dem Übergang von der trügerischen Phase der heilsgeschichtlichen Mythologien zu der Phase des konkreten Entwurfs einer Auseinandersetzung mit der nüchternen Wirklichkeit der physikalischen und biologischen Welt. Mit Freuds Terminologie gesprochen, beginnt für den Menschen vielleicht der Übergang vom Lustprinzip mit seinen Allmachtsphantasien, die das kindliche Seelenleben bestimmen, zum Realitätsprinzip: der Fähigkeit, auf die – eingebildete – unmittelbare, totale Befriedigung der eigenen Bedürfnisse und Wünsche zu verzichten und gleichzeitig ihre schrittweise und verzögerte, aber wirkliche Befriedigung zu verfolgen, in konkreter Auseinandersetzung mit der Realität.

Schließlich könnte das dramatische »Ereignis Mensch« auch eine präzise Absicht, eine entscheidende Wende im Evolutionsprozeß des Lebens sein. Die Annahme, daß das Auftauchen des menschlichen Bewußtseins selbst ein integraler Bestandteil der Evolution des Lebens, sein höchster Punkt sogar sei, ist nicht völlig absurd. In diesem Fall würde der Konflikt zwischen Natur und Kultur einen Dualismus zwischen Leben und Tod ausdrücken, welcher der Natur selbst innewohnt, wobei die Geburt und Entwicklung des menschlichen Bewußtseins den Beginn einer neuen Phase dieses Konflikts darstellt. Mit diesen Überlegungen befinden wir uns keineswegs im Bereich der Science-fiction. Schon zu Anfang des Jahrhunderts hat sich der bekannte Biologe Ilja Meschnikow dazu folgendermaßen geäußert:

»Wir sind es gewohnt, den Tod als eine jedem Organismus inne-wohnende Eigenschaft zu betrachten. Als aber die Biologen dieses Problem genauer untersuchten, haben sie keinen Beweis für eine derartige Ansicht gefunden, die doch von allen wie ein Dogma akzeptiert worden war.«[21]

Die späteren Untersuchungen von Woodruff, Carrell und Metalnikow scheinen diese These zu bekräftigen. Der amerikanische Biologe Woodruff, den Freud in *Jenseits des Lustprinzips* zitiert, hat sich sieben Jahre lang mit Kulturen von Infusorien (Aufguß-tierchen) beschäftigt und insgesamt 4473 Vermehrungen beobachtet, ohne daß sich die geringste Beeinträchtigung ihrer Vitalität gezeigt hätte, solange sie unter günstigen Umweltbedingungen lebten. In einem Unterabschnitt zum Artikel »Tod« mit der Überschrift »Der natürliche Tod, eine biologische Neuheit« wird in der *Encyclopaedia Britannica* auf diese und vergleichbare Untersuchungen rekurriert und u. a. ausgeführt:

»Weder das Altern noch der natürliche Tod sind eine notwendige Eigenschaft des Lebens. Vom biologischen Standpunkt aus ist der natürliche Tod ein relativ spätes Ereignis, das erst auftauchte, nachdem die lebenden Organismen einen langen Evolutionsweg durchlaufen hatten. Diese Hypothese stützt sich auf viele verschiedenartige Beweise.«[22]

Erst mit der Entstehung von komplexeren, mehrzelligen Organismen hat sich der Tod fest im Lebensprozeß eingenistet. Nach der Meinung einiger Biologen ist dafür die immer größere Anfälligkeit für Degeneration und Störungen im Gleichgewicht verantwortlich, welche die zunehmend komplexe Interdependenz zwischen den Organen und Geweben im höher entwickelten Organismus erzeugt. Andere Forscher vertreten hingegen die Auffassung, daß sich der Tod schon in den »statistisch und quantitativ unvermeidbaren« Irrtümern der Zellfunktion eingenistet habe, die von DNS-RNA gesteuert wird. Das hat einen sonst so mutigen Autor wie Edgar Morin dazu gebracht, jede menschliche Hoffnung, den Tod zu besiegen, für endgültig gescheitert anzusehen.[23] Aber muß die Hypothese wirklich ausgeschlossen werden, daß es in Zukunft möglich sein könnte, in die Zelle oder den Organismus auch Korrektivsysteme für Fehler einzubauen?

In unserem Zusammenhang soll jedoch einzig und allein die Konflikthaftigkeit betont werden, die das gleichzeitige Vorhan-

densein von Leben und Tod in den mehrzelligen Organismen aus-
zeichnet und die sich in aller Deutlichkeit aus dem verzweifelten
Kampf gegen die inneren und äußeren Todesfaktoren ergibt, den
jeder Organismus bis zum letzten Moment seiner Existenz führt.
Während seiner langen Entwicklungsphase vor dem Menschen
konnte das Leben nur vorübergehende Siege über den Tod erringen. Es hat jeden Organismus in einen tödlichen Krieg gegen die
anderen verstrickt (*mors tua vita mea*) und hat im Innern eines
jeden Organismus einen verzweifelten Kampf gegen den Tod geführt. Aus diesem Chaos des universellen biologischen Krieges
(*omnes contra omnes*) entsteht – soweit wir wissen – erstmals mit
dem menschlichen Denken eine Form des Lebens, die gegen das
gleichgültige Gesetz des Todes rebelliert und zum Entwurf einer
neuen Ordnung von Harmonie und Unsterblichkeit gelangt. Und
wenn diese Geburt für den Menschen auch ein Quell von unsagba-
rem Leid ist, da er noch dem Todesgesetz der höheren Organismen
unterworfen ist, so scheint sie in einer evolutionären Betrachtungsweise eine tiefe Zielgerichtetheit des Lebensprozesses anzu-
zeigen: die Verwirklichung einer neuen evolutionären Phase, welche die Unsterblichkeit der biologischen Ur-Einzeller wieder-
erlangt und mit den Werten von Liebe und Glück verbindet, wie
sie in seinem höheren evolutionären Stadium, dem menschlichen,
formuliert worden sind. Wenn wir also die Gesamtheit der Evolution des Lebens betrachten, muß uns die Tatsache betroffen machen, daß das Auftauchen des menschlichen Bewußtseins eine
wirkliche Revolution darstellt. Als letztes Ergebnis eines Prozesses, der mit dem ersten lebenden Organismus begann, scheint es
zunächst mit religiösen und politischen Träumen in mythischen,
dann aber in philosophisch-wissenschaftlichen Begriffen als realer
Trieb des Lebens die Ketten zu zerreißen, die es bisher gefangen-
hielten, um es vielleicht um ein unendliches schöpferisches Potential zu erweitern. Durch diese Perspektive dürfte sich auch ein of-
fensichtlicher Widerspruch unserer Untersuchung auflösen. In ihrem ersten Teil wird der Unsterblichkeitstraum des menschlichen
Affen als unheilvoller Wahn gesehen; am Schluß hingegen kommen wir zu der Hypothese, daß dieser Wahn selbst eine tiefe Tendenz der Evolution ausdrücken könnte. Und in der Tat scheint
dieser pathologisch-wahnhafte Aspekt kein *notwendiger* Bestandteil des Gesamttraumes zu sein. Er ergibt sich eher aus der para-

noiden Verarbeitungsform, mit der eine Hoffnung in persönliche, unmittelbare Verheißungen umgewandelt wurde, die man durch die blinde Unterwerfung unter »wahre Kirchen« und den Kampf gegen Andersdenkende verwirklichen zu müssen glaubte.

Auch wenn unsere Hypothese in manchem an die evolutionistische Konzeption Teilhard de Chardins erinnert, so unterscheidet sie sich von ihr grundsätzlich durch den Verzicht auf die Illusion einer Vorsehung, die bei Teilhard noch sehr stark vorhanden ist. Ebenso klar ist ihr Abstand zu allen Philosophien des heutigen *revival* der östlichen Religiosität, von Aurobindo zu Rajneesh, von Krishnamurti bis zu den Anhängern des Neovedanta. All diese Philosophien fußen auf dem alten religiösen Begriff des *Akzeptierens*, in seinen verschiedenen Spielarten von Unterwerfung, Selbstauslöschung, Verehrung und Ergebung – man denke nur an Rajneesh und sein »sich dem Ganzen ergeben«. Diese Form des Akzeptierens landet bei dem alten, tragischen Spiel des dankbaren Opfers und ist ein Echo der grausamen Huldigung der zum Tode verurteilten Gladiatoren: »Ave, Caesar! Die zum Sterben Verurteilten grüßen dich!« Aus unseren Überlegungen könnte allenfalls eine Art Antitheologie hervorgehen, in der die Evolution des Lebens als eine Emanzipation von der Grausamkeit des Naturgesetzes und der Mensch als die erste Bewußtwerdung dieser kosmischen Revolution verstanden wird. Eine vage Intuition dieser Möglichkeit scheint sich bei Henri Bergson zu finden. In der *Schöpferischen Entwicklung* schreibt Henri Bergson über seine Erwartung, daß der Tod schließlich dem unwiderstehlichen *élan vital* weichen wird: »(...) die gesamte Menschheit in Raum und Zeit wird zum ungeheueren, neben jedem von uns galoppierenden Heere; vor uns und hinter uns im hinreißenden Vorstoß, fähig, alle Hindernisse zu überreiten und die größten Widerstände zu überwinden – vielleicht selbst den Tod.«[24]

Diese Philosophie verkörpert sich gewiß nicht in Abraham, der aus Gehorsam gegen Gott bereit war, selbst seinen Sohn zu opfern, und sie verkörpert sich auch nicht in Hiob, der alles Leid, das ihm auferlegt ward, standhaft im Glauben erduldete. Ihr Leitbild ist der Titan Prometheus, der mit der Gabe des Feuers die menschliche Kultur begründete und dafür von Zeus grausam bestraft wurde, ohne sich jedoch der Anmaßung des Herrn des Olymps zu beugen. Im *Gefesselten Prometheus* von Aischylos, dem möglicherweise ältesten Theaterstück der Menschheit, wird nicht zufällig in der Figur des Prometheus die verzweifelte, aber ungezähmte Haltung des »Menschen in der Revolte« mit größter Würde gezeichnet – nicht so sehr gegen die Geschichte, wie bei Camus, als gegen seine existentielle Lage überhaupt.

Auf Geheiß des Zeus von Vulcanus an einen Felsen geschmiedet, erklärt Prometheus zunächst den Hauptgrund für seine martervolle Bestrafung:

> »Im Mark des Rohres glimmend holt' ich mir
> Des Feur's verstohlene
> Quellen, das ein Leben aller Kunst
> Erschien den Menschen, großer Helfer mannigfach;
> Für solch Versünd'gen büß
> Ich solche Strafe jetzt,
> In Ketten angeschmiedet hoch in freier Luft. (...)
> Weil den Menschen ich Heil brachte, (...)«[25]

Im Grunde handelt es sich um das Thema der *Genesis* und der Vertreibung aus dem Garten Eden: der menschliche Wissensdrang als Beleidigung der göttlichen Macht, die sich an ihrer Kreatur rächt, die sich gegen ihren Zustand von Unwissenheit und tierischer Trägheit auflehnt. Aber während der biblische Mythos diese Auflehnung für verabscheuungswürdig hält, wird der Held der Revolte, der Mensch, im Mythos von Prometheus außer für sein inneres Heldentum auch dafür gerühmt, daß er trotz des grausamen Preises an Leid, das ihm die beleidigte Macht auferlegt, jede Form von Widerruf zurückweist. Selbst Vulcanus, der von Zeus gezwungen ist, Prometheus zu bestrafen, empfindet Mitleid mit ihm. Es klingt bei den Nymphen des Chores nach, die sich fragen:

> »O wer der Götter hegte solch
> Verhärtet Herz, sich des zu erfreun!«[26]

Dies ist eine offene Anspielung auf Zeus und seinen kriecherischen Schergen Dominius, der den inzwischen angeketteten Helden höhnisch verspottet hatte:

> »Hier trotz' und frevle, hier entwende Göttern ihr
> Kleinod und bring es deinen Tagsgeschöpfen. Sprich,
> Wie können sie die Qual dir mildern, Sterbliche.«

Und drohend zu dem mitleidsvollen Vulcanus gewandt, fügt Dominius noch hinzu:

»Auf, auf! Was säumst du und bejammerst ihn umsonst?
Was hassest du nicht diesen gottverhaßten Gott? (...)
Gewiß; doch unfolgsam des Vaters Worten sein,
wie dünket das dich?
Scheust du es nicht?«[27]

Wenige Verse beschreiben hier bereits den tausendjährigen Gegensatz zwischen dem, der auf der Seite des heimgesuchten Menschen steht, und dem Gesetz der Macht. Dieser Gegensatz wird sich durch die Zeiten wiederholen, und immer aus denselben existentiellen Gründen. Prometheus, Symbol für ein schwieriges, seltenes Menschsein, gab nicht auf, da er von Liebe und Mitleid mit dem Menschen erfüllt war. Man lese die einfachen und feierlichen Verse, mit denen er seine, unsere Anstrengung beschreibt:

»Aber hört, welch Leiden einst
Die Menschen beugte, Träumer sonst und stumpfen Sinns,
Die geistesmächtig und bewußt ich werden ließ, (...)
Denn sonst mit offnen Augen sehend sah'n sie nicht,
Es hörte nichts ihr Hören; ähnlich eines Traums.
Gestalten mischten und verwirrten fort und fort,
Sie alle blindlings, wußten nichts vom Ziegelbau
Der Häuser, sonnwärts offen, nichts von Zimm'rers Kunst;
Erdeingegraben wohnten sie, den wimmelnden
Ameisen gleich, in Höhlenwinkeln sonnenlos. (...)
Die Zahl, des Geistes kühnsten Griff, fand ich für sie,
Dazu geschrieb'ner Zeichen Fügung, aller Ding'
Gedächtnis, mächtig Werkzeug jeder Musenkunst.
(...) Und auch das flutdurchschweifende, leingeflügelte
Fahrzeug des Meeres erfand kein andrer als ich.
Also den Menschen vieles Rats Erfinder, ich,
Jetzt elend selber, finde keinen Kunstgriff aus,
Zu lösen mich aus dieser Qual schmachvolles Los.«[28]

Die verzweifelte Ohnmacht des menschlichen Geistes, sein existentielles Drama mit derselben Gewandtheit anzugehen, mit der er so viele Rätsel der Natur gelöst hat, wird hier sehr wirkungsvoll ausgedrückt. Aber diese Verzweiflung führt nicht zur Kapitulation vor dem grausamen Gesetz, zur Preisgabe der eigenen Würde. Als ihn daher Hermes und ein Chorführer wegen seiner selbstmörderi-

schen Kühnheit verhöhnen, antwortet Prometheus dem Chorführer geißelnd:

> »Bet an in Demut, schmeichle stets
> den Herrschenden!«

Und zu Hermes:

> »Erhaben tönst du, stolzen Mutes strotzend lärmt,
> Dein Wort, wie freilich dir, dem Götterbuben ziemt!
> Neu herrschet ihr Neulinge, und gedenket schon
> Gramlos in goldener Burg zu schwelgen? (...)
> Den neuen Göttern zittert' ich und beugt ich mich?
> Dran fehlet viel und alles! (...)
> Mit deinem Frondienst möcht ich dies mein Jammerlos
> Vertauschen nimmer, hör es deutlich, nimmermehr!
> (...)
> Ja, schöner ist es, dá dem Fels fronhaft zu sein,
> Dem Vater Zeus zu dienen als ein Bote treu!«[29]

Schon im ersten Werk des Schöpfers des Theaters wird in aller
Klarheit das Endweder-Oder der menschlichen Lage umrissen –
im genauen Gegensatz zur Version von Sören Kierkegaard, 2500
Jahre später, dessen *Entweder-Oder* auf der Kapitulation des Menschen vor dem Absurden, in der Regression besteht. Die Annahme, daß der Mensch, dieser jämmerliche Floh-Astronom auf
einem Stückchen Materie im unendlichen All, Vorkämpfer jener
kosmischen Revolution sein könnte, ist gewiß kühn – jedoch entschieden weniger kühn als jene, die angesichts des ersten Einzel-
lers einen Organismus vorausgesagt hätte, der Radioteleskope
oder Raumschiffe bauen und sich kritisch gegen die Naturgesetze,
die ihn geschaffen haben, wenden könnte.

 Diese Hypothese läuft Gefahr, als neuer, kindischer Millennarismus aufgebaut zu werden, wird sie nicht explizit als Hypothese
vorgetragen, als einfache Hoffnung auf einen grundlegenden Einklang zwischen dem menschlichen Streben und einigen Kräften,
die – und sei es auch nur latent und kontrapunktiv – in der kosmischen Evolution vorhanden sind. Nicht hypothetisch hingegen ist
die Behauptung, daß der Charakter des menschlichen Organismus
im Vergleich zu den anderen Lebewesen revolutionär und sein
Entwicklungspotential unermeßlich ist. Mit unserem Streben
nach Überwindung von Tod, Leid und Gewalt sind wir vielleicht
Ausdruck einer kosmischen, evolutionären Tendenz. Aber selbst,

wenn es nicht so ist, können wir uns gleichwohl in einem autonomen Akt des Willens und der Liebe und mit Hilfe unseres kreativen Potentials der Verwirklichung dieser erhabenen Absicht widmen. Selbst wenn sich die tröstende Hoffnung, die Inkarnation eines wunderbaren, kosmischen Projekts zur Befreiung des Lebens zu sein, als unsere letzte Illusion erweisen sollte, so kann uns niemals der tätige Wille geraubt werden, der Macht des Todes die Stirn zu bieten und die des Lebens zu steigern: der Wille, die menschliche Existenz durch zunehmende Kontrolle der biologischen Gesetze und durch die Entwicklung unseres psychischen Potentials auf jedem Gebiet zu verändern. Natürlich kann diese Schlacht nicht kurzfristig geschlagen werden. Unser Schicksal ist gezeichnet – gewissermaßen sind wir die Kämpfer der Thermopylen, die zum Tode bestimmt sind, damit Griechenland lebe. Die Botschaft eines neueren Science-fiction-Films: »Wir sind nicht allein im Universum«,[30] war vielleicht nichts anderes als eine weitere zärtliche Lüge des menschlichen Affen, um »Mut zu fassen, indem man nachts pfeift«, wie Pascal einmal sagte. Aber selbst wenn wir wirklich allein wären, so wäre unser Zeugnis der Liebe und des Kampfes sogar noch bewegender.

Immerhin wird dieser Kampf auf eine Art geführt, die unserer eigenen Seinsweise entspricht und die man »den unbezähmbaren Optimismus der Zelle« nennen könnte. So mußte ich zu meiner größten Verwunderung feststellen, daß trotz all der schweren persönlichen Erfahrungen der letzten Jahre, trotz schonungsloser theoretischer Bewußtwerdung über die existentielle Lage des Menschen, unbesiegbare Lebenslust in mir erneut entstand. Eben überkam mich noch die Verzweiflung wegen des nicht wiedergutzumachenden Unglücks, nicht viel später überrasche ich mich selbst, wie ich halblaut vor mich hinsinge, eine Frau mit Verlangen betrachte, einem Kind zulächle. Vielleicht handelt es sich um dieselbe Erfahrung, die Nietzsche in einem Brief an Malvida Meysenburg sagen ließ: »Kein Schmerz hat vermocht [...], mich zu einem falschen Zeugnis über das Leben, wie ich es erkenne, zu verführen [...].«[31] So habe ich in mir und bei vielen anderen zwei gleichermaßen unundrückbare und offensichtlich widersprüchliche Tendenzen entdeckt: einerseits das unstillbare Verlangen nach Wissen, so bestürzend auch die Entdeckungen waren, die dieses Bedürfnis, diese höhere Bewußtseinsebene mit sich brachte (der Baum der Erkenntnis von Gut und Böse?); andererseits eine Lust und Freude am Leben, die auf unerklärbare Weise den dramatischen Ergebnissen meines Denkens widerspricht. Es scheint mir eine starke, begründete Hoffnung zu geben, daß diese beiden offenbar so widersprüchlichen Bestrebungen in ein und derselben evolutionären Tendenz des Lebens zur Übereinstimmung gelangen, mit Hilfe des unermeßlichen menschlichen Potentials, das Reich des Leidens und des Todes zu begrenzen. Aber jenseits aller Interpretationen sind der unbezähmbare Optimismus der Zelle und das ununterdrückbare menschliche Verlangen nach Wahrheit zwei nicht bezweifelbare Tatsachen, zwei Säulen, die das kosmische Abenteuer des menschlichen Affen tragen. Von dieser realistisch-humanistischen Position her werden auch die theoretischen Schranken der »spätreligiösen« Konzeption sichtbar, die von Ernest Becker, Otto Rank und anderen neuchristlichen Denkern vorgeschlagen werden. Nach Becker ist die Rückkehr zur religiösen »Lösung« des existentiellen Dramas unvermeidbar, weil kein Individuum den Schrecken einer Lage ertragen könne, in der es sich zur »Ursache seiner selbst« (*causa sui*) oder, was dasselbe ist, zum Gründer einer neuen Zeit mache. In diesem Zusammenhang ruft Becker die Ohnmachten Freuds und Nietzsches Wahnsinn in Erinnerung, die er beide der Last eines egozentrischen Projekts zur Neubegründung der menschlichen Kultur zuschreibt. All die Vertreter des religiösen Auswegs scheinen nicht in der Lage, sich ein erwachsenes menschliches Denken vorzustellen, das sich angesichts der epochalen Krise nicht mehr in den Begriffen eines neuen Messianismus artikuliert, das zu einer realistischen Anerkennung der tragischen Lage des Menschen gelangt und gerade deshalb zu wahrer zwischenmenschlicher Liebe, zu Mitleid und Anerkennung seines mühsamen Weges. Kurz gesagt erfassen weder Becker noch Rank die Möglichkeit eines menschlichen Heroismus, der nicht mehr sektiererisch ist, sondern solidarisch; der sich nicht mehr siegesgewiß gibt, aber wohl weiß, daß er vor veralteten Formen des Denkens niemals kapitulieren kann.

Wenn wir uns selbst psycho-existentiell begreifen, so spüren wir ein tiefes Gefühl von Verständnis, Mitleid und Liebe für den menschlichen Affen in uns aufsteigen; Leopardi nannte es »eine tiefe *pietas*«. Wir werden uns bewußt, daß dieser erbärmliche und wunderbare Affe, der als beliebige Variante aus Millionen von Pflanzen- und Tierarten einem Körnchen des galaktischen Staubes entsprossen ist, in seinen Anfängen zu einer bestürzenden Einsicht kam, die seine weitere Entwicklung über Jahrtausende hinweg unheilvoll bestimmte und gegen die er sich mit Phantasmen und paranoidem Wahn verzweifelt zu wehren suchte. Zweifellos ist dieser menschliche Affe verrückt geworden und hat mit allen Formen von Grausamkeit reagiert. Aber wie Pascal sagte: »Die Menschen sind so unvermeidbar Toren, daß kein Tor zu sein nur eine andere Form von Verrücktheit wäre.«

Es gibt in meinem Leben eine Erinnerung, die mir bewußt macht, wie lange und schmerzlich auch mein Weg war, um zu dieser solidarischen Vision, zu dieser Wiederversöhnung mit dem Menschen zu gelangen. Ich erinnere mich an ein Foto aus einer Wochenzeitschrift, das mir vor vielen Jahren beim Durchblättern unter die Augen kam. Es war das Foto von einem blutigen Sühneritual eines afrikanischen Stammes. Eine Gruppe von Männern tanzte wie besessen um ein großes Holzkreuz, an das ein Gorilla gefesselt war, der nach und nach mit Lanzenstößen getötet wurde. Als ich dieses Foto sah, schauderte mir; es schien mir Symbol und Bestätigung des naturalistischen Mythos, dem ich damals noch anhing: einerseits die grausame Fratze der menschlichen Schlächter, der »Mörderkultur«, andererseits der unschuldige und erschrockene Ausdruck des Gorillas, des Opfers, der Natur, die umgebracht wird. Aber aus einer umfassenderen psycho-existentiellen Perspektive heraus scheint mir dieses Zeugnis heute als Symbol des existentiellen Dramas und der Schlächter-Mensch seinerseits als Opfer seiner schrecklichen Lage, seines ohnmächtigen Bewußtseins. Mit diesem grausamen Ritual hat der »nackte Affe« – »nackt«, weil bewußt und schutzlos seiner Angst ausgeliefert – erneut versucht, den Großen Schrecken zu verbannen und, mit dem Tod des haarigen, unbewußten Affen, das Wohlwollen seines Schlächtergottes zu erlangen. Wie alle anderen Kreuzigungen und Selbstkreuzigungen wurde die Kreuzigung des Gorillas für mich zum Ausdruck ein und desselben »Bewußtseinsirrsinns« des Menschen, der heute in mir Mitleid erweckt und mich an Stelle wohlfeiler moralisierender Urteile zur Reflexion antreibt.

Wenn wir unseren Wahnsinn mit unserer Situation als »Häftlinge des Todes« vergleichen, können wir nur überrascht sein, wie wenig dieses unglückselige und heroische Versuchskaninchen des kosmischen Laboratoriums verrückt geworden ist. Dann entdecken wir plötzlich, daß mitten unter der Menge verrückter Affen im Versöhnungswahn auch einige bewundernswerte, heroische Exemplare gelebt haben – die Affen Aischylos, Buddha, Sappho und Hume, Leopardi und Nietzsche, um nur einige zu nennen –, die des blutigen Gemetzels gewahr wurden und den mannigfaltigen Versuchungen widerstanden, der so viele und selbst edle Affen zum Opfer fielen. Mit furchtlosem Blick konnten diese heroischen Affen dem Schrecken ins Auge sehen und ihn in Worte fassen. Sie konnten den Ring von tröstenden Illusionen, aber auch von Haß und Gewalt sprengen, der über Jahrtausende das menschliche Denken gefangengehalten hatte. Ihnen ist dieses Buch gewidmet, aber auch allen anderen Affen meinesgleichen: jenen, die in der Todeszelle Würde und Liebe bewahrten, wie auch denen, die sich durch das Opfer anderer retten zu können glaubten. Letztlich haben selbst diese Schlächter-Affen das, was sie taten, als Opfer des Schreckens getan, damit sie auf dem Dach des Gefängnisses ein neues Eden der Liebe und des Glücks erbauen könnten. Berichten nicht die alten Schriften, daß selbst Zarathustra, Urheber aller paranoiden Verarbeitungen des existentiellen Schocks, sich auf den Berg Abalan zurückzog, um eine Erklärung, um Abhilfe für das unendliche Leid seines Volkes zu suchen?

Schließlich ist dieses Buch Daniela gewidmet und allen anderen Frauen, die ich liebte und die mich liebten und die mir, dem verängstigten und furchtlosen Affen, mit all ihrer Liebe, Leidenschaft, Nähe und Hoffnung geholfen haben auf meinem Weg zu den Thermopylen.

Einführung in die existentielle
Psychopolitik

1 Der Ausdruck »Psychopolitik«
scheint sich jetzt zunehmend
durchzusetzen, wie es bereits mit
dem Begriff »Sexualphobie« *(ses-
suofobia)* geschehen ist, einem
anderen Neologismus, den ich mit
Sesso e civiltà in den 50er Jahren
geprägt habe und der dann in den
allgemeinen Sprachgebrauch eingegangen ist.
2 DE MARCHI, Luigi: *Wilhelm
Reich – Biografia di un'idea*. Milano 1970.
3 *ders*.: *Repressione sessuale e ep-
pressione sociale*. Milano 1964.
4 FREEMAN, Derek: *Margaret
Mead and Samoa. The Making
and Unmaking of a Anthropologi-
cal Myth*. Harvard 1983. [Dt. Titel: *Liebe ohne Aggression. Margaret Meads Legende von der
Friedfertigkeit der Naturvölker*.
München 1983.]
5 REICH, Wilhelm: *Cosmic Superimposition*. Rangeley (Maine)
1951.
6 *ebenda*.
7 *ebenda*.

1. Tod und Kultur: Der Urschock

1 BRAUDEL, Fernand: *Civilisa-
tion matérielle et capitalisme*. Paris 1967. [Dt. Titel: *Sozialge-
schichte des 15.–18. Jahrhunderts*. München 1986.] Vgl. auch
den Artikel »Cultura materiale«
von Richard BUCAILLE und
Jean Maria PESEZ in der *Enciclopedia Einaudi*, Turin 1980,
Bd. 4, S. 271 ff.
2 TYLOR, Edward B.: *Primitive
Culture*. London 1871.

3 DE MARINIS, Raffaele: »Pale-
on atropologia e Paleolitico«. In:
Enciclopedia Europea. Mailand
1983, Bd. 8, S. 498 ff.
4 Vgl. ebenda.
5 CHIARELLI, Bruno: *L'uomo
diventò cannibale nel tentativo di
superare la morte*. In: *Corriere
delle Scienze*, 12. April 1983,
S. 4.
6 MUMFORD, Lewis: *The City in
History*. 1961. [Dt. Titel: *Die
Stadt. Geschichte und Ausblick*.
Köln, Berlin 1963, S. 5.]

2. Die religiöse Abwehr:
Das ewige Leben

1 FRAZER, Sir James: *The Gol-
den Bough*. London 1890.
TYLOR, Edward B.: *Primitive
Culture*. London 1871.
2 GENNEP, A. van: *Les rites de
passage*. Paris 1909.
3 HERTZ, Robert: »Contribution
à une étude sur la représentation
collective de la mort«. In: *L'Année sociologique*, Bd. X, Paris
1907, S. 48–137.
4 BELMONT, Nicole: »Vita/Mor-
te«. In: *Enciclopedia Einaudi*,
Bd. 14, Turin 1980, S. 1216–1255.
5 A. a. O.
6 REICH, Wilhelm: *Der Einbruch
der Sexualmoral. Zur Geschichte
der sexuellen Ökonomie*. Kopen-
hagen 1932.
7 Vgl. auch *ders.*, *Massenpsychologie des Faschismus* (1933). Köln
1986.
8 MEAD, Margaret: *Sex and Temperament in Three Primitive Cul-
tures*. 1935. [Dt. Titel: *Geschlecht

und Temperament in primitiven Gesellschaften. Hamburg 1959.]

9 A. a. O.

10 Vgl. a. a. O., S. 1224.

11 MAUSS, Marcel und HUBERT, Henri: »Esquisse d'unde théorie générale de la magie«. In: *L'Année sociologique,* Bd. VII, Paris 1902, S. 1–146.

12 DE MARTINO, Ernesto: *Il mondo magico.* Turin 1948.

13 RÓHEIM, Géza: *Animism, Magic and the Divine King.* London 1930. Vgl. auch: VALABREGA, Jean-Paul: *Phantasme, mythe, corps et sense: une théorie psychoanalytique de la connaissance.* Paris 1980.

14 CHORON, Jacques: *Death and Western Thougt.* New York 1963. [Dt. Titel: *Der Tod im abendländischen Denken.* Stuttgart 1967.]

15 LÉVY-BRÜHL, Lucien: *La mentalité primitive.* 1921. [Dt. Titel: *Die geistige Welt der Primitiven.* München 1927.]

16 A. a. O., S. 21.

17 WILSON, A.: *The Culture of Ancient Egypt.* Chicago 1956, S. 7.

18 *ebenda,* S. 297f.

19 *ebenda,* S. 159.

20 Professor Oscar CAIROLI in einem Interview für die Zeitschrift *Gente,* 21. Oktober 1982, S. 46ff.

21 BELMONT, a. a. O., S. 1236.

22 Vgl. *ebenda,* S. 1240.

23 LE GOFF, Jacques: »Escatologia«. In: *Enciclopedia Einaudi,* a. a. O., Bd. 5, S. 719.

24 GAER, Joseph: *How the Great Religions Began.* New York 1929.

25 Vgl. *ebenda.* S. 142ff.

26 Vgl. *ebenda,* S. 125.

27 Vgl. *ebenda,* S. 134.

28 LABORIT, Henry: *L'inhibition de l'action – Biologie, physiologie, sociologie.* Paris 1979.

29 Vgl. dazu GAER, a. a. O., S. 75.

30 Vgl. *ebenda,* S. 24ff.

31 Vgl. *ebenda,* S. 40ff.

32 Vgl. *ebenda,* S. 95 u. 100.

33 *Die Bhagavadgîtâ.* Darmstadt 1978. I, 29, 32, 36, S. 81f.

34 *ebenda,* I, 2, S. 83.

35 *ebenda,* II, 31, 32, S. 87.

36 *ebenda,* IV, 8, 9, S. 99.

37 *ebenda,* VIII, 7, 16, S. 118 u. 119.

38 *ebenda,* IX, 30, S. 124.

39 *ebenda,* XI, 15, 23, 25, 29, S. 131–133.

40 *ebenda,* XI, 32, 33, S. 133f.

41 *ebenda,* XI, 45, 44, S. 136, 135.

42 Vgl. HERTZ, a. a. O.

43 Vgl. *ebenda,* S. 63.

44 Vgl. *ebenda,* S. 65.

45 Vgl. *ebenda,* S. 98.

46 GROTTANELLI, V. L.: *Principi di etnologia.* Rom 1961, S. 171.

47 URBAIN, Jean-Didier: »Morte«. In: *Enciclopedia Einaudi.* A. a. O., Bd. 9, S. 519.

48 *Encyclopaedia Britannica.* London 1960, Bd. VII, S. 107ff.

49 Vgl. den Artikel »Immortalità« der *Enciclopedia Europea,* a. a. O.

50 HUIZINGA, Johan: *Herbst des Mittelalters.* Stuttgart 1938, S. 193.

51 *ebenda,* S. 194.

52 REHM, Walter: *Der Todesgedanke in der Deutschen Dichtung vom Mittelalter bis zur Romantik.* Darmstadt 1967, S. 110.

53 BAINTON, Roland: »Martin Lutero«. In: *Enciclopedia Europea,* a. a. O., Bd. 7, S. 14ff.

54 POZZOLI, Claudio: *Martin Lutero.* Mailand 1983, S. 77.

55 Vgl. BAINTON, a. a. O., S. 15.

3. Die politische Abwehr:
Das Tausendjährige Reich

1 DESROCHE, Henri: »Dieux d'hommes«. In: *Dictionnaire des messianismes et millenarismes de l'ère chrétienne.* Paris 1969, S. 213.

2 MANNHEIM, Karl: *Ideologie und Utopie*. Bonn 1929.
3 Vgl. *ebenda*.
4 VOEGELIN, Eric: »Ersatzreligion«. In: *Wort und Wahrheit*. (1960).
PELLICANI, Luciano: *I rivoluzionari di professione*. Florenz 1965.
5 Vgl. MANNHEIM, a. a. O.
6 Vgl. LE GOFF, a. a. O., S. 734.
7 Vgl. DESROCHE, a. a. O., S. 260.
8 PHELAN, John Leddy: *The Millennial Kingdom of the Franciscans in the New World*. Berkeley & Los Angeles 1956.
9 ZENKOWSKY, Boris: »L'escatologie dans la pensée russe.« In: *La table ronde*. Paris 1952, Nr. 110, S. 112 ff.
10 BACZKO, Bronislaw: »Utopia«. In: *Enciclopedia Einaudi*. A. a. O., Bd. 15, S. 875–891.
11 MICKIEWICZ, Adam: *Livre de la nation polonaise*. (1832) Zit. in DESROCHE, a. a. O., S. 187 f.
12 MORUS, Thomas: *Libellus vere aureus nec minus salutaris quam festivus de optimo rei publicae statu, deque nova Insula Utopia*. Martens, Lovanio, 1516. [Dt. Titel: *Der utopische Staat*. Hrsg. von Klaus J. HEINISCH, Reinbek 1960.]
13 BACZKO, a. a. O., S. 879 f.
14 IOSCA, Giuseppe: »Quei bambini kamikaze di Khomeini«. In: *Corriere della Sera*, 25. Juni 1983.
15 STERNE, Joseph Peter: *Hitler: der Führer und das Volk*. München, Wien 1978.
16 Vgl. REICH, Wilhelm: *Massenpsychologie des Faschismus*. A. a. O.
ADORNO, Theodor W.: *Studien zum autoritären Charakter*. Frankfurt a. Main 1973.
17 BACZKO, a. a. O., S. 889 f.

18 MORGAN, Lewis H.: *The Ancient Society*. (1877). [Dt. Titel: Die Urgesellschaft. 3. Aufl., Stuttgart 1920.]
ENGELS, Friedrich: *Der Ursprung der Familie, des Privateigentums und des Staats*. (1884). In: Marx-Engels-Werke Bd. 21, Berlin (DDR) 1969, S. 25–173.
19 STALIN, Josef: *Ökonomische Probleme des Sozialismus in der UdSSR*. (Stuttgart 1952).
MAO TSE TUNG: *Worte des Vorsitzenden Mao Tse Tung*. Peking 1967.
20 BOCCA, Giorgio: *Mussolini socialfascista*. Mailand 1983.
21 Die nationalistische Agitation wurde in Europa im Fahrwasser von Stalins Werk *Die nationale Frage* (1952) geführt.
22 BOUTHOUL, Gaston: *L'infanticidio differito*. Mailand 1972.
23 FORNARI, Franco: *Psicanalisi della guerra*. Mailand 1966, S. 42.
24 BENDA, Julien: *La trahison des clercs*. Paris 1927.
25 ARON, Raymond: *L'opium des intellectuels*. 1955.
FEUER, Lewis: *Marx and the Intellectuals*. New York 1969.
SCHWARTZ, David C.: *Political Alienation and Political Behaviour*. Chicago 1973.
WESSON, Robert: *Why Marxism? The Continuing Success of a Failed Theory*. New York, 1976.
26 ELIADE, Mircea: *Aspects du Mythe*. Paris 1963. [Dt. Titel: *Mythen, Träume, Mysterien*. Salzburg o. J.]
MANNHEIM, a. a. O.; BACZKO, a. a. O.
27 LESSING, Gotthold Ephraim: *Nathan der Weise*. (1779).
28 HERDER, Johann Gottfried: *Auch eine Philosophie der Geschichte zur Bildung der Menschheit*. (1774)
29 HEGEL, Georg Wilhelm Fried-

rich: *Enzyklopädie der philosophischen Wissenschaften* (1817).

30 FICHTE, Johann Gottlieb: *Reden an die deutsche Nation.* (1808)

31 HEGEL, Georg Wilhelm Friedrich: *Grundlinien der Philosophie des Rechts.* (1821)
MARX, Karl/ENGELS, Friedrich: *Manifest der Kommunistischen Partei.* (1848)

32 KOLAKOWSKI, Leszek: *Leben trotz Geschichte.* München, Zürich 1977.

33 Vgl. HOLLANDER, Paul: *Political Pilgrims.* New York 1981.

34 Vgl. *ebenda.*

35 BACZKO, a.a.O., S. 902.

36 *ebenda*, S. 910.

37 *ebenda*, S. 912.

38 *Women's Liberation.* New York 1970, S. 47.

39 ALBERONI, Francesco: *»È finito il marxismo?«* In: *La Repubblica.* Rom, 1. März 1983, S. 6.

40 BOATO, Marco: *»Nasce anche da noi la questione verde.«* In: *La Repubblica.* Rom, 10. August 1983.

4. Die soziale Abwehr:
Kindersegen und Reichtum

1 DE MARCHI, Luigi: *Sesso e civiltà.* A. a. O., S. 91.

2 MAJORE, Ignazio: *Morte, vita e malattia.* Rom 1970.

3 FROMM, Erich: *Escape from Freedom.* 1941. [Dt. Titel: *Die Furcht vor der Freiheit.* Stuttgart 1983.]

4 ARIÈS, Philippe: *Storia della morte in Occidente.* Mailand 1968. [Dt. Titel: *Studien zur Geschichte des Todes im Abendland.* München, Wien 1976, S. 79.]

5 LAWRENCE, David Herbert: *Lady Chatterley.* Reinbek bei Hamburg 1960.

5. Die philosophische Abwehr:
Vom Sinn des Seins

1 ODYSSEE XI, 448–91.

2 Vgl. CHORON, Jacques: *Der Tod im abendländischen Denken*, Stuttgart 1967, S. 32.

3 *ebenda*, S. 32.

4 Vgl. die *Schlußfolgerungen* in diesem Buch.

5 BURNET, John: *Early Greek Philosophy.* New York 1930, S. 8.

6 Zit. nach HAMILTON, Edith: *The Greek Experience.* New York 1959, S. 49.

7 BURNET, a. a. O., S. XVI.

8 CHORON, Jacques, *Der Tod im abendländischen Denken*, a. a. O.

9 *ebenda*, S. 272f.

10 *ebenda*, S. 26f.

11 LUKREZ: *De rerum natura.* Buch III, 22–24 und 30–34.

12 EPIKUR: »Brief an Menoikeus«. In: Ders.: *Briefe · Sprüche · Werkfragmente.* Hrsg. von Hans-Wolfgang KRAUTZ, Stuttgart 1980, S. 49.

13 *ebenda*, S. 43ff.

14 CHORON, a. a. O., S. 272f.

15 Vgl. ABBAGNANO, Nicola: *Storia della filosofia.* Turin 1963, Bd. I, S. 41ff.

16 *ebenda*, S. 76ff.

17 MARC AUREL: *Meditationes.* IV, 41. [Dt. Titel: *Selbstbetrachtungen*, II, 17, Leipzig 1949, S. 18.]

18 TOYNBEE, Arnold: *A Historian's Approach to Religion.* Oxford 1956, S. 88.

19 KALLEN, Horace M.: *Art and Freedom.* New York 1942, Bd. I, S. 119f.

20 POMPONAZZI, Pietro: *De immortalitate animae.* Zit. in: *The Renaissance Philosophy of Man.* Chicago, S. 375.

21 MONTAIGNE, Michel de: *Gesammelte Schriften. Essays.* [1588], hrsg. v. O. Flake und W.

Weigand, München und Leipzig 1908–1911, Buch I, Kap. 19 (1908).

22 *ebenda*, Buch III, Kap. XII, (1911), S. 135 und Buch I, Kap. 19, S. 108.

23 Vgl. CHORON, a. a. O., S. 108.

24 BRUNO, Giordano: *De la causa, principo et uno.* [Dt. Titel: *Von der Ursache, dem Anfangsgrund und dem Einen. Gesammelte Werke.* Leipzig und Jena 1904–1909.]

25 Vgl. CHORON, a. a. O., S. 120.

26 ROTH, Leon: *Descartes' Discours on Method.* Oxford 1937, S. 7.

27 siehe DE SACY, Samuel: *Descartes par lui-même.* Paris 1956.

28 DESCARTES: *Über die Leidenschaften der Seele*, in: *René Descartes' philosophische Werke.* Leipzig 1891.

29 PASCAL, Blaise: *Über die Religion und über einige andere Gegenstände.* Heidelberg 1954, Nr. 194.

30 *ebenda*, Nr. 210.

31 *ebenda*, Nr. 233.

32 *ebenda*, Nr. 81.

33 Zit. nach CHORON, a. a. O., S. 127.

34 SPINOZA: *Abhandlung über die Berichtigung des Verstandes*, in: *Werke*, Stuttgart 1891, Bd. 1, S. 525.

35 SPINOZA: *Ethik*, Teil V, 39. Lehrsatz, Leipzig 1919 und ebenda 36. Lehrsatz.

36 Zit. bei CHORON, a. a. O., S. 139.

37 HUME, David: »Über die Unsterblichkeit der Seele«. In: *Dialoge über natürliche Religion*, ..., Leipzig 1917, S. 164.

38 *ders.*: *On My Life.* London 1826; vgl. auch Adam SMITH, zit. bei CHORON, a. a. O., S. 143.

39 KANT, Immanuel: *Kritik der reinen Vernunft.* [1781] Werkausga-
be, Hrsg. von Wilhelm Weischedel, Darmstadt 1968, Bd. IV, S. 684.

40 DE QUINCEY, Thomas: *Gli ultimi giorni di Immanuel Kant.* Mailand 1983.

41 Vgl. die Artikel »Natura« und »Naturalismus« in der *Enciclopedia Europea* (Garzanti), a. a. O., Bd. II, S. 992 f.

42 HEGEL, G. W. F.: *Vorlesungen über die Philosophie der Religion.* Bibl. Meiner, Bd. 63, Leipzig 1929, S. 166.

43 Vgl. dazu: NOVALIS: *Neue Fragmente.* [1798]

44 Vgl. dazu: HÖLDERLIN: *Hyperion* [1797]; *Der Tod des Empedokles.* [1800]

45 Vgl. dazu: FEUERBACH, Ludwig: *Das Wesen des Christentums.* [1841]

46 FEUERBACH, Ludwig: *Werke*, Leipzig 1846–66, *Todesgedanken.* Bd. III, S. 13.

47 *ders.*: *Werke*, Bd. III, a. a. O., S. 20 f.

48 *ebenda*, Bd. III, S. 19.

49 *ebenda*, S. 20 f.

50 *ders.*: *Todesgedanken*, a. a. O., Bd. III, S. 69.

51 SCHOPENHAUER, Arthur: *Die Welt als Wille und Vorstellung.* [1819] Köln o. J., S. 1038.

52 Vgl. CHORON, a. a. O., S. 180 und 181.

53 Zit. *ebenda*, S. 192.

54 NIETZSCHE, Friedrich: *Werke.* Schlechta-Ausgabe, München 1954–56, Bd. I, S. 113.

55 *ders.*: *Die fröhliche Wissenschaft. Werke* (Kröner), Bd. V, Stuttgart 1965.

56 *ebenda*, Aphorismus 125, S. 140 f.

57 Vgl. CHORON, a. a. O., S. 207 f.

58 NIETZSCHE, *Werke*, Bd. III, a. a. O., S. 1162.

59 ebenda, S. 512.

60 Vgl. CHORON, a. a. O., S. 209.

61 NIETZSCHE, *Werke*, Bd. III, a. a. O., S. 693.

62 *Also sprach Zarathustra. Werke*, a. a. O., Bd. II, S. 463.

63 Zit. bei Lou ANDREAS-SA-LOME: *Nietzsche in seinen Werken*. Wien 1894, S. 222.

64 CHORON, a. a. O., S. 212.

65 GIANNI, BALESTRIERI und PASQUALI: *Antologia della Letteratura Italiana*. Florenz 1962, Bd. III, S. 514.

66 LEOPARDI, Giacomo: *Zibaldone di pensieri*. Mailand 1937, S. 158 [Dt. Titel: *Canzonen*. Bremen 1963.]

67 ebenda, S. 269.

68 *Canzonen*, a. a. O., S. 124 und 126. Vgl. GIANNI, BALESTRIERI und PASQUALI, a. a. O., S. 642 ff.

69 Einleitung von Sergio SOLMI zum *Zibaldone*. A. a. O., S. XLVI.

70 *ebenda*, S. XXXVI.

71 *ebenda*, Bd. I, S. 252.

72 *ebenda*, Bd. I, S. 1095.

73 KIRKEGAARD, Sören: *Tagebuch des Jahres 1839*, übers. v. H. Gerdes, Düsseldorf 1962.

74 LOWRIE, Walter: *The Concept of Dead*. Princeton 1944, S. 139.

75 CHORON, a. a. O., S. 233.

76 GLOCKNER, Hermann, in der *Zeitschrift für Deutsche Kulturphilosophie*. Tübingen (1937), Bd. III, S. 1.

77 SCHILPP, Paul A. (Hrsg.): *The Philosophy of Karl Jaspers*. New York 1957, S. 9.

78 JASPERS, Karl: *Philosophie*. Bd. II, Berlin 1956, S. 224 f.

79 ders.: *Einführung in die Philosophie*. München 1953, S. 33.

80 HEIDEGGER, Martin: *Sein und Zeit*. Tübingen 1957.

81 *ebenda*, S. 56 f.

82 *ebenda*, S. 266.

83 JOLIVET, Regis: *Le problème de la mort chez M. Heidegger et J.-P. Sartre*. Paris 1950.

84 SARTRE, Jean-Paul: *Das Sein und das Nichts*. Hamburg 1962, S. 672.

85 ders.: *La Republique du Silence*. In: *Les Lettres françaises*, Paris, September 1944.

86 ders.: *Kritik der dialektischen Vernunft*, Reinbek bei Hamburg 1967.

87 VATTIMO, Gianni: »Martin Heidegger«. In: *Enciclopedia Europea*, a. a. O.

88 ALLPORT, Gordon W., u. a.: *Existential Psychology*. New York 1961.

89 Vgl. den Artikel »Death« in der *Encyclopaedia Britannica*, London, Bd. VII, S. 110 ff.

90 CHORON, a. a. O., S. 274.

6. Die psychologische Abwehr: Todestrieb und Repression

1 GORER, Geoffrey: »The Pornography of Death.« In: *Death, Grief and Mourning in Contemporary Britain*, New York 1963. [Dt. Titel: »Die Pornographie des Todes« in: *Der Monat*, Nr. 8 (1956).]

2 BECKER, Ernest: *The Denial of Death*. New York 1973, S. 102. [Dt. Titel: *Die Überwindung der Todesfurcht. Dynamik des Todes*, München 1985.]

3 *ebenda*.

4 JONES, Ernest: *Sigmund Freud – His Life and Work*. Bd. II, S. 194. [Dt. Titel: *Das Leben und Werk von Sigmund Freud*. Bd. II, *Jahre der Reife 1901–1919*, Bern und Stuttgart 1962.]

5 *ebenda*, S. 197.

6 URTUBEY, Luisa de: *Freud et le Diable*. paris 1983.

7 JONES, a. a. O., Bd. I, S. 317.

8 FREUD, Sigmund: *Jenseits des*

Lustprinzips. In: Studienausgabe Bd. III: *Psychologie des Unbewußten.* Frankfurt 1982, S. 213–272, hier S. 248.

9 *ebenda*, S. 248f.

10 FENICHEL, Otto: *Trattato di psicoanalisi delle nevrosi e psicosi.* Rom 1951. [Originaltitel: *The Psychoanalytic Theory of Neurosis*, London 1955.]

11 FORNARI, Franco in einem Interview im *Corriere della Sera* vom 24. Mai 1982.

12 RANK, Otto: *Will Therapy, Truth and Reality.* New York ²1945.

13 RÓHEIM, Géza: *The Gates of the Dream.* A. a. O., S. 181.

14 *ebenda*, S. 818.

15 FORNARI, Franco: *Psicoanalisi della situazione atomica.* Mailand 1965.
ders.: *Psicoanalisi della guerra.* Milano 1966.

16 Ders.: *Psicoanalisi della guerra.* a. a. O., S. 13f.

17 *ebenda*, S. 14.

18 *ebenda*, S. 15.

19 *ebenda*, S. 57.

20 *ebenda*, S. 58.

21 *ebenda*, S. 59.

22 *ebenda*, S. 60–64.

23 MONEY-KYRLE, R. E.: »The Development of War.« In: *British Journal of Medical Psychology*, 1937, S. 16.

24 METAIS, Eliane: »Le sorciers nous tuent.« In: *Cahiers Internationales de Sociologie*, Bd. XXXV, Paris 1936.

25 FORNARI, a. a. O., S. 65.

26 STRACHEY, Alix: *Unconscious Motives of War.* London 1957.

27 *ebenda*.

28 JUNG, Carl Gustav: *Psychogenese der Geisteskrankheiten.* Olten–Freiburg 1968.

29 ATWOOD, George E. und STOLOROW, Robert D.: »Componenti soggettive delle

teorie reichiane«. In: *Pulsazione.* Heft 5, Rom 1983, S. 7ff.

30 REICH, Wilhelm: *Massenpsychologie des Faschismus.* A. a. O. Vgl. auch *Die Sexualität im Kulturkampf.* A. a. O.

31 DE MARCHI, Luigi: *Sesso e civiltà.* Bari 1959. *Sociologia del sesso.* Bari 1963. *Repressione sessuale e oppressione sociale.* Mailand 1964. *Biografia di un'idea.* Mailand 1970. *Psicopolitica.* Mailand 1976.

32 REICH, Wilhelm: *Contact with Space.* New York 1957, S. 16.

33 FROMM, Erich: *Anatomie der menschlichen Destruktivität.* Stuttgart 1974, S. 203.

34 *ebenda*, S. 210.

35 *ebenda*, S. 395.

36 *ebenda*, S. 396.

37 LORENZ, Konrad: *Das sogenannte Böse. Zur Naturgeschichte der Aggression.* Wien 1964.
EIBL-EIBESFELD, *Liebe und Haß. Zur Naturgeschichte elementarer Verhaltensweisen.* München 1970.

38 EIBL-EIBESFELD, *Krieg und Frieden aus der Sicht der Verhaltensforschung.* München 1984.

39 FEIFEL, Herman: *The Meaning of Death.* New York 1959, Kapitel V.

40 GUATTARI, Felix, DELEUZE, Gilles: *Anti-Ödipus.* Frankfurt a. M. 1977.

41 BROWN, Norman: *Life against Death.* New York 1959, S. 100.

42 UNAMUNO, Miguel de: *Del Sentimiento tragico de la Vida.* 1913. Hier zit. nach der engl. Ausgabe: *The tragic sense of Life.* New York 1954, S. 20.

43 BROWN, a. a. O., Kap. XVI.

44 FEIFEL, Herman: »Death – A Relevant Variable in Psychology«. In: *Existential Psychology.* Hrsg. von Gordon W. ALLPORT u. a., New York 1961, S. 61.

45 JERVIS, Giovanni: »Psicologia«. In: *Enciclopedia Europa*. A. a. O., S. 345 ff.

46 *ebenda*.

47 SELYE, Hans: *The Stress of Life*. New York 1956. [Dt. Titel: *Stress. Bewältigung und Lebensgewinn*. München 1988.]

48 RHEINGOLD, J. C.: *The Mother, Anxiety and Death – The Catastrophic Death Comlex*. Boston 1967.

49 BOWLBY, J.: *Maternal Care and Mental Health*. Genf (WHO) 1952, S. 11. [Dt. Titel: *Bindung. Eine Analyse der Mutter-Kind-Beziehung*, München 1975. Siehe dorts. die Einleitung.]

50 LEVIN, A. J.: »The Fiction of the Death Instinct«. In: *Psychiatric Quarterly* XXV, 1951, S. 257–281.

51 LAING, Ronald: *The Divided Self*. 1959. *The Self and Others*. 1960. *The Politics of Experience*. 1967. [Dt. Titel: *Das geteilte Selbst. Eine existentielle Studie über geistige Gesundheit und Wahnsinn*. München 1987. Ferner: *Das Selbst und die Anderen*. Köln 1976. Siehe auch: *Phänomenologie der Erfahrung*. Frankfurt/Main 1969.]

52 BINSWANGER, Ludwig: *Freud und die Verfassung der klinischen Psychiatrie*. 1936.

53 BOSS, Medard: Meaning and Content of Sexual Perversions. New York 1964, S. 46 f.

54 ALLPORT, Gordon W., u. a. (Hrsg.): *Existential Psychology*. New York 1961, S. 97.

55 MASLOW, Abraham: »Existential Psychology: What's in It for Us?« In: *Existential Psychology*. A. a. O.

56 VAN KAAM, Adrian: *Existential Foundations of Psychology*. New York 1969.

57 FEIFEL, Herman: »Death – a relevant variable in Psychology«. A. a. O.

58 RANK, Otto: *Will Therapy, Truth and Reality*. New York 1945, S. 116.

59 *ebenda*, S. 121 f.

60 *ebenda*, Kap. II.

61 *ebenda*, Kap. XII.

62 *ebenda*, S. 148 f. und 304.

63 *ebenda*, S. 146 f.

64 *ebenda*, S. 130.

65 *ders.*: *Psychoanalytische Beiträge zur Mythenforschung*. Wien, Leipzig 1919.

66 *ders.*: *Will Therapy, Truth and Reality*. A. a. O., S. 303 f.

67 *ebenda*, S. 92 f.

68 *ders.*: *Psychology and the Soul*. New York 1931.

69 *ders.*: *Art and Artist*. New York 1968. *Beyond Psychology*. New York 1958. [Dt. Titel: *Der Künstler u. a. Beiträge zur Psychoanalyse des künstlerischen Schaffens*. Leipzig, Wien, Zürich 1925.]

70 BECKER, Ernest: *The Denial of Death*. A. a. O., S. 26 f. [Dt. Titel: *Die Überwindung der Todesfurcht. Dynamik des Todes*, München 1985.]

71 *ebenda*.

72 *ebenda*, S. 202.

73 *ebenda*.

74 *ebenda*, S. 204.

75 *ebenda*, S. 201.

76 *ebenda*, S. 44.

77 *ebenda*.

78 Rank hält an diesem Konzept hartnäckig fest. Vgl. *Psychology and the Soul*. A. a. O. Kap. IV; *Beyond Psychology*. A. a. O., Kap. IV; *Art and Artist*. A. a. O.

79 BECKER, Ernest: *The Denial of Death*. A. a. O., S. 182. [Dt. Titel: *Die Überwindung der Todesfurcht...*, a. a. O.]

80 *ebenda*, S. 164.

81 *ebenda*.

82 *ebenda*, S. 163.

83 *ebenda*, S. 164.

84 *ebenda*, S. 198.

85 FRANKL, Victor E.: *Man's Search for Meaning*. 1969.

86 *ebenda*, S. 154–156.

87 *ebenda*, S. 168.

88 *ebenda*, S. 160.

89 *ebenda*, S. 162.

90 *ebenda*, S. 173.

91 *ebenda*, S. 202.

92 *ebenda*, S. 203.

93 LANDSBERG, Paul: *L'expérience de la mort*. Paris 1933.

94 *ebenda*, S. 28f.

95 *ebenda*, S. 31.

96 CHORON, a. a. O., S. 283.

97 JACOBS, Selby und OSTFELD, Adrian: »An Epidemiological Review of the Mortality of Bereavement«. In: *Psychosomatic Medicine*. Bd. XXXIX, Heft 5, Sept. 1977, S. 344 ff.

7. Todesbewußtsein, Sexualität, Analität

1 *Matthäus* XIX, 11–12.

2 BELMONT, Nicole und VALABREGA, Jean-Paul: «Sessualità». In: *Enciclopedia Einaudi*. A. a. O. Bd. XI, S. 813–80.

3 *ebenda*, S. 815.

4 *ebenda*, S. 820.

5 DE MARCHI, Luigi: *Sesso e civiltà*. Bari 1959.

6 *ebenda*, S. 119 f.

7 *ebenda*, S. 149.

8 *ebenda*, S. 151.

9 FREUD, Sigmund: *Das Unbehagen an der Kultur*. In: Studienausgabe Bd. IX. *Fragen der Gesellschaft; Ursprünge der Religion*. Frankfurt/Main 1964. S. 191–270, hier S. 253.

10 YEATS, William B.: *Collected Poems*. New York 1956, S. 254.

11 BROWN, Norman: *Life against Death*. A. a. O., S. 189.

12 *ebenda*, S. 188.

13 MURRY, John Middleton: *Jonathan Swift, A Critical Biography*. London 1954.

14 Vgl. SHAWCROSS, Charles: *Coleridge's Biographia Literaria*. Bd. II, London 1937, S. 263.

15 *Meditationes Piissimae de Cognitione Humanae Conditionis*. In: MIGNE, *Patrologia Latia*. Bd. CLXXIV, Kap. III, S. 480.

16 *Sancti Oddonis Abbatis Cluniacensis Collationes*. Liber II, Kap. IX.

17 Vgl. MORIN, Edgar: *L'uomo e la morte*. 1980, S. 278.

18 BROWN, Norman: *Life against Death*. A. a. O., S. 208.

19 *ebenda*.

20 *ebenda*.

21 *ebenda*.

22 LAWRENCE, David H.: *The First Lady Chatterley*. London 1959, S. 134.

23 FREUD, Sigmund: *Jenseits des Lustprinzips*. A. a. O., S. 254 f.

24 MAJORE, Ignazio: *Morte, vita e malattia*. Rom 1970.

8. Todesangst und künstlerische Avantgarden

1 RANK, Otto: *Art and Artist*. New York 1968. [Dt. Titel: *Der Künstler und andere Beiträge*, a. a. O.]

2 HUIZINGA, Jan: *Herbst des Mittelalters*. Stuttgart 1965, S. 190.

3 ARIÈS, Philippe: *Storia della morte in Occidente*. A. a. O., S. 111 f. [Dt. Titel: *Studien zur Geschichte des Todes im Abendland*. München 1976, S. 113 f.]

4 RIMBAUD, Arthur: *Oeuvres Complètes*. Paris 1954, S. XXII.

5 VERHAEREN, Émile: *Poesie scelte*. Florenz 1956.

6 TZARA, Tristan: *Note sur l'art nègra*. In: *Sic*. Paris 1917, S. 37.

7 BAHR, Herman: *Expressionismus*. München 1920, S. 111.

8 BLOY, Léon: *La fede impaziente*. Mailand 1946, S. 125.

9 MARC, Franz: *Briefe, Aufzeichnungen und Aphorismen*. Berlin 1920, S. 19.

10 GROHMANN, Will: *Vassily Kandinsky*. Mailand 1959, S. 59. [Dt. Titel: *Wassily Kandinsky. Leben und Werk*. Köln 1958.]

11 Vgl. DE MICHELI, Mario: *Le avanguardie artistiche del Novecento*. Mailand 1982, S. 104.

12 TZARA, Tristan: *Manifesto Dada*. In: *Dada*. Nr. 3, Zürich 1918.

13 *ebenda*.

14 Vgl. DE MICHELI, a. a. O., S. 367 f.

15 *ebenda*, S. 168.

16 *ebenda*, S. 252.

17 *ebenda*, S. 259.

18 *ebenda*, S. 252.

19 BUCARELLI, P. und CARANDENTE, G.: *Catalogo della mostra di Kasimir S. Malevic*. Rom 1959, S. 15.

20 DE MICHELI, Mario: *Le avanguardie artistiche del Novecento*. (1. Ausgabe, Mailand 1959) S. 152.

9. Der Tod im Alltag: Verbannung, Flucht und Resignation

1 GORER, Geoffrey: *The Pornography of Death*. In: *Encounter*, 1955; wiederabgedruckt in: *Death, Grief and Mourning in Contemporary Britain*. New York 1963. [Dt. Ausg. in: *Der Monat*, Nr. 8 (1956).]

2 ARIÈS, Philippe: *Storia della Morte in Occidente*. A. a. O., S. 213 f. [Dt.: *Studien zur Geschichte des Todes...*, a. a. O., S. 179.]

3 *ebenda*, S. 179.

4 GLASER, B. G., und

STRAUSS, A. L.: *Time for Dying*. Chicago 1968.

5 ARIÈS, a. a. O., S. 190. [Dt. Ausg.: S. 159.]

6 URBAIN, Jean-Didier: »Morte«. In: *Enciclopedia Einaudi*. Bd. IX, Turin 1980, S. 519 f.

7 *ebenda*.

8 *ebenda*.

9 KÜBLER-ROSS, Elisabeth: *Death*. New Jersey 1975. [Dt. Ausg.: *Reif werden zum Tode*. Stuttgart 1978.]

10 FEIFEL, Herman: »Death – A Relevant Variable in Psychology.« A. a. O., S. 89.

11 Vgl. *Il Messaggero* vom 8. November 1983.

10. Gibt es einen Sieg über den Tod? oder: Der unbezähmbare Optimismus der Zelle.

1 Artikel »Immortality«. In: *Encyclopaedia Britannica*. A. a. O. Bd. XII, S. 107 ff.

2 CHORON, Jacques: *Death and Western Thought*. A. a. O., S. 267. [Dt. Ausg.: a. a. O., S. 274.]

3 *Le Monde*, Juli 1983; zit. im *Corriere della Sera* vom 27. Juli 1983.

4 TULLIO-ALTAN, Carlo: Artikel »Cultura«. In: *Enciclopedia Europea*. A. a. O. Bd. III, S. 954 ff.

5 LEACH, Edmund: Artikel »Cultura/Culture«. In: *Enciclopedia Einaudi*. A. a. O., Bd. II, S. 521.

6 *ebenda*, S. 528.

7 VOEGELIN, Eric: *Il mito del mondo nuovo*. Mailand 1976.

8 ELIADE, Mircea: *Aspects du Mythe*. Paris 1963. [Dt. Titel: *Mythen, Träume, Mysterien*, Salzburg o. J.]

9 RANK, Otto: *Will Therapy, Truth and Reality*. New York 1936.

10 BECKER, Ernest: *The Denial of*

Death. New York 1973. [Dt. Titel: *Die Überwindung der Todesfurcht...*, a. a. O.]

11 GORER, Geoffrey: *Death, Grief and Mourning in Contemporary Britain*. New York 1963.

12 ARIÈS, Philippe: *Studien zur Geschichte des Todes im Abendland*, a. a. O.

13 URBAIN, Jean-Didier: Artikel »Morte«. In: *Enciclopedia Einaudi*. A. a. O., Bd. IX, S. 519 ff.

14 FEIFEL, Herman: »Death – A Relevant Variable in Psychology«. In: ALLPORT, Gordon W., u. a. (Hrsg.): *Existential Psychology*. New York 1971, S. 85.

15 In: *Psicoterapia Umanistica*. Heft 8, Rom 1983, S. 4.

16 *ebenda*.

17 MORIN, Edgar: *L'uomo e la morte*. A. a. O., S. 122.

18 LEOPARDI, Giacomo: »Der Ginster«, Vers. 130–136. In: *Canzonen*. Bremen 1963, S. 126.

19 ders.: *Zibaldone di pensieri*. Eintragung vom 2. Januar 1829. [Dt. Ausg.: S. 158.]

20 MALRAUX, André: *La condition humaine*. 1933.

21 MORIN, Edgar: *L'uomo e la morte*. A. a. O., S. 273.

22 Artikel »Death«. In: *Enciclopaedia Britannica*. A. a. O., Bd. IV, London 1960, S. 122 ff.

23 MORIN, Edgar: *L'uomo e la morte*. A. a. O., S. 301 f.

24 BERGSON, Henri: *Creative Evolution*. New York 1911, S. 271. [Dt. Titel: *Schöpferische Entwicklung*. Jena 1912, S. 275.]

25 AISCHYLOS: *Tragödien und Fragmente*. Stuttgart 1944, S. 359.

26 ebenda, S. 361.

27 ebenda, S. 358 und 356.

28 ebenda, S. 371.

29 ebenda, S. 388 u. 389.

30 *Unheimliche Begegnung der dritten Art*. Regie Steven Spielberg, 1977.

31 Brief vom 14. Januar 1880 an Malvida Meysenbug. Zit. bei Choron, a. a. O., S. 207.

Charlotte Rudolph
Waldorf-Erziehung
Wege zur Versteinerung
Sammlung Luchterhand 727

Eltern sprechen mit Kindern, Lehrer mit Eltern, die Politiker
sprechen auch ein Wort mit: Was ist die ideale Schule? Kein
Pauken, kein Sitzenbleiben, angstfreies Lernen, Freude, Liebe, freie Entfaltung aller individuellen Kräfte, Wärme verspricht die Waldorf-Schule. Seit ihrem Entstehen aber ist die
Waldorf-Pädagogik, ist diese Art von Schulsystem umstritten.
Charlotte Rudolph war Schülerin einer Waldorf-Schule. Inzwischen sieht sie das immer beliebter werdende Erziehungskon-
zept von Rudolf Steiner mit kritischen Augen. Mit diesem Buch
zieht sie ihre ernüchternde und aufklärende Bilanz.

Zhores Medwedjew
Der Generalsekretär
Michail Gorbatschow
Eine politische Biographie
Aus dem Englischen von Edgar Peinelt
Sammlung Luchterhand 780

»Revolution von oben« – »Wende in Moskau« – Schlagzeilen
der Tagespresse über einen atemberaubenden Prozeß der
Kurskorrektur in der Sowjetunion. Der Westen ist konfrontiert
mit radikalen Abrüstungsvorschlägen, einem neuen Wind in
den internationalen Beziehungen und mit den ersten Schritten
zu einer Liberalisierung und Demokratisierung der sowjetischen Gesellschaft.
Wer ist der Mann, der seit zwei Jahren die zentrale Rolle in der
Umwälzung der inneren Verhältnisse und der internationalen
Politik spielt? Welche Lebenserfahrungen und welche politische Karriere hat er gemacht? Welche Kräfte stehen hinter ihm
und mit welchen Widerständen muß er rechnen?
Zhores Medwedjew ist Dissident und zugleich einer der ge-
nauesten Kenner der internen Verhältnisse der sowjetischen
»Nomenklatura« im Westen. Die Biographie Michail Gorba-
tschows erschien bei Luchterhand im Herbst '86 im Hartcover-
Programm. Die nun vorliegende Taschenbuch-Ausgabe wurde
noch einmal überarbeitet und bis zum Stand vom 31. Juli 1987
aktualisiert.

Neu im Luchterhand Literaturverlag

Kazimierz Brandys
Rondo
Roman
Aus dem Polnischen von Olaf Kühl
Gebunden

»Rondo« ist ein Spiel mit dem Schrecklichen, und sein Schauplatz
ist das Warschauer Theatermilieu unter der deutschen Besatzung.
Denn »Rondo« ist der Deckname einer Widerstandsorganisation,
die es – zunächst – gar nicht gibt.

»Tom« – ein namenloser Statist – hat sie erfunden, um seine
Geliebte zu schützen, eine leidenschaftliche und kompromißlose
Schauspielerin, die für den Widerstand zu jedem Opfer bereit ist.
Mit fiktiven Aufträgen einer fiktiven Organisation schickt er sie
über Land. Aber das von Tom ausgetüftelte Spiel mit dem Schicksal entwickelt seine eigene Logik. Er kann nicht verhindern, daß
die Scheinorganisation eine Realität wird.

Kazimierz Brandys gilt seit langem als der literarische Zeuge der
jüngsten Geschichte Polens: »Briefe an Frau Z.« und »Warschauer
Tagebuch« haben ihm internationalen Ruhm eingetragen.

Neu im Luchterhand Literaturverlag

Richard Wagner
Ausreiseantrag
Eine Erzählung
Gebunden

Nach »Anna und die Uhren«, 1987 und »Rostregen« Gedichte,
1986, nun die erste lange Erzählung Richard Wagners: nicht nur
ein Bericht über die letzten Wochen vor der Ausreise, über den
wachsenden Druck und die Angst vor dem Verlust der Heimat,
sondern auch eine Geschichte über die Minderheit in der Welt.

Hermann Kant
Die Summe
Eine Begebenheit
Gebunden

Satirisch spielt Kant einen Testversuch durch: Was würde passieren, wenn sich Blockfreie, Ost und West an einen Tisch zusam-
mensetzen, um – nach dem Vorschlag von Günter Grass auf dem
KSZE-Kulturforum in Budapest 1985 – eine Alleuropäische Kul-
turstiftung ins Leben rufen? Kant meint, Kultur sei zu schade, um
ein weiterer Zankapfel zwischen den Blöcken zu werden, und er
hat alle seine Mittel an Witz, Humor und ironischer Frechheit eingesetzt, um diese Vorstellung eindringlich zu machen.

Neu im Luchterhand Literaturverlag

Carl von Ossietzky
227 Tage im Gefängnis
Briefe, Dokumente, Texte
Herausgegeben von Stefan Berkholz
Mit Fotos und Faksimiles
Broschur

Der Leidensweg des konsequenten Republikaners und Friedens-
nobelpreisträgers Carl von Ossietzky, der vor 50 Jahren, am 4. Mai
1938, an den Folgen von Folter und Lagerhaft starb, begann am
23. November 1931: An diesem Tag verurteilte das Reichskam-
mergericht den Herausgeber der republikanischen Zeitschrift
»Die Weltbühne« wegen Verrats militärischer Geheimnisse. Hell-
sichtig sah Thomas Mann in diesem Urteil »Vorgriffe auf die Justiz
des kommenden Dritten Reiches«.

Der vorliegende Band, von Stefan Berkholz in der Art eines
politischen Tagebuchs zusammengestellt, dokumentiert 227 Tage,
entscheidend für das Leben Ossietzkys, entscheidend für das Ende
der Weimarer Republik.

Adelheid Duvanel
Das verschwundene Haus
Erzählungen
Gebunden

Neue Erzählungen von Adelheid Duvanel, ausgezeichnet mit dem
Basler Literaturpreis 1987: die Figuren in diesen Kurzromanen
sind wahrhafte Helden, allerdings von einer herausfordernd un-
auffälligen Sorte. Sie sind zu stark, um sich mit den abstumpfen-
den Lebenslügen aus Beruf und Familie zufriedenzugeben.